此防伪页系专门制造

※此防伪页内有多层次固定水印，透光看水印清晰，
水印凹凸立体感明显。

※此防伪页上有开天窗安全线，安全线在可见光下
改变角度可变色，线上印有“自学考试”激光字。

全国高等教育自学考试指定教材

公共政策分析

（含：公共政策分析自学考试大纲） 课程代码 10999

（2023年版）

全国高等教育自学考试指导委员会 组编

主编 傅广宛

中国人民大学出版社

·北京·

中国人民大学出版社自考数字教材配套数字资源使用指南

由全国高等教育自学考试指导委员会组织国内相关领域知名专家，编写了最新版自考教材，并首次配套数字资源。本数字教材有以下特点：

（1）知识点微课贯穿全书，视频扫码随时学。

（2）在线自测题按章分布，边学边练效果好。

（3）支持课程互动和评论，让学习不再孤单。

（4）考试资讯和资源更新，关注公号享服务。

凡是购买正版教材的考生，可凭封面的兑换码免费兑换教材配套数字资源。

数字资源获取方法和使用说明如下：

（1）扫描并关注教材中的“人大社 e 自考”微信公众号。

（2）点击“课程中心”，下拉进入“个人中心”，找到“兑换中心”。

（3）刮开本书所附卡片涂层，获取数字资源兑换码，即可兑换教材配套数字资源。

（4）在“个人中心”—“我的课程”里找到已兑换的课程进行学习。

如兑换码有误或有其他问题，请关注“人大社 e 自考”微信公众号并留言。

组编前言

21 世纪是一个变幻莫测的世纪，也是一个催人奋进的时代。科学技术飞速发展，知识更替日新月异。希望、困惑、机遇、挑战，随时随地都有可能出现在每一个社会成员的生活之中。抓住机遇、寻求发展、迎接挑战、适应变化的制胜法宝就是学习——依靠自己学习、终身学习。

作为我国高等教育组成部分的自学考试，其职责就是在高等教育这个水平上倡导自学、鼓励自学、帮助自学、推动自学，为每一个自学者铺就成才之路。组织编写供读者学习的教材就是履行这个职责的重要环节。毫无疑问，这种教材应当适合自学，应当有利于学习者掌握和了解新知识、新信息，有利于学习者增强创新意识，培养实践能力，形成自学能力，也有利于学习者学以致用，解决实际工作中所遇到的问题。具有如此特点的书，我们虽然沿用了“教材”这个概念，但它与那种仅供教师讲、学生听，教师不讲、学生不懂，以“教”为中心的教科书相比，已经在内容安排、编写体例、行文风格等方面都大不相同了。希望读者对此有所了解，以便从一开始就树立起依靠自己学习的坚定信念，不断探索适合自己的学习方法，充分利用自己已有的知识基础和实际工作经验，最大限度地发挥自己的潜能，达到学习的目标。

欢迎读者提出意见和建议。

祝每一位读者自学成功。

全国高等教育自学考试指导委员会

2022 年 8 月

目 录

公共政策分析自学考试大纲

公共政策分析

全国高等教育自学考试

公共政策分析
自学考试大纲

全国高等教育自学考试指导委员会　制定

大纲前言

为了适应社会主义现代化建设事业的需要，鼓励自学成才，我国在 20 世纪 80 年代初建立了高等教育自学考试制度。高等教育自学考试是个人自学、社会助学和国家考试相结合的一种高等教育形式。应考者通过规定的专业课程考试并经思想品德鉴定达到毕业要求的，可获得毕业证书；国家承认学历并按照规定享有与普通高等学校毕业生同等的有关待遇。经过 40 多年的发展，高等教育自学考试为国家培养造就了大批专门人才。

课程自学考试大纲是规范应考者学习范围、要求和考试标准的文件。它是按照专业考试计划的要求，具体指导个人自学、社会助学、国家考试及编写教材的依据。

为更新教育观念，深化教学内容和方式、考试制度、质量评价制度改革，更好地提高自学考试人才培养的质量，全国考委各专业委员会按照专业考试计划的要求，组织编写了课程自学考试大纲。

新编写的大纲，在层次上，本科参照一般普通高校本科水平，专科参照一般普通高校专科或高职院校的水平；在内容上，及时反映学科的发展变化以及自然科学和社会科学近年来研究的成果，以更好地指导应考者学习使用。

本大纲由中国政法大学傅广宛教授担任主编，清华大学彭宗超教授、北京林业大学林震教授、北京航空航天大学任丙强教授、北京林业大学陈佳副教授、对外经济贸易大学傅雨飞副教授参与编写。

全国高等教育自学考试指导委员会

2023 年 5 月

Ⅰ　课程性质与课程目标

一、课程性质

本课程在本专业中的地位：公共政策分析是一门新兴的跨学科、综合性的交叉学科。无论是在社会公共事务管理还是在其他管理领域，公共政策分析都具有很强的应用性、实践性和可操作性，在理论上也具有巨大的探索空间。公共政策分析是沟通社会公共事务管理理论与实践的重要桥梁之一，是公共权力机关改造自然和社会的基本工具，也是当代社会科学的核心学科之一。本课程在马列主义、毛泽东思想、邓小平理论、"三个代表"重要思想、科学发展观和习近平新时代中国特色社会主义思想的指导下，认真研究公共政策系统及其运行过程的一般规律，分析和总结我国公共权力机关在公共政策实践中的丰富经验，探索不断改进公共政策系统、优化公共政策过程和提高公共政策质量的途径与方法。

设置本课程的目的、任务与作用：使自学考试应考者比较全面系统地掌握公共政策分析的基本理论、基本知识和基本方法，认识公共政策分析的学科要素，认识公共政策的类型与特征，认识政策工具的类型与选择，认识政策过程及其典型理论模型，认识政策过程的诸阶段、诸环节、诸因素的相互联系及对政策结果的影响，了解和掌握我国公共权力机关制定政策与执行政策的理论与方法，了解政策过程的一般特点。其作用在于提高政策分析能力，更好地理解和执行新时代的总政策、基本政策和各项具体政策。本课程的适用专业是政治学与行政学、公共事业管理、行政管理、城市管理等，适用层次为专升本。总之，本课程是为培养和检验自学考试应考者掌握公共政策分析的专门知识、理论、方法及应用能力而设置的一门专业课程。通过本课程的学习，考生应该在政策能力的提升上进入更高的层次。

本课程的学分是 6 学分。

二、课程目标（评价目标）

1. 掌握公共政策的内涵，了解其要素。

2. 认识政策工具的类型与选择。

3. 认识公共政策议程构建、公共政策方案的规划、公共政策执行、公共政策评估与监控、公共政策的稳定、变动与终结等政策过程诸阶段的特征。

4. 掌握公共政策过程诸阶段中各种因素的相互联系，了解这些联系对政策结果的影响。

5. 了解公共政策量化分析方法的基本内容，掌握政策数据收集的基本方法和描述性统计方法，了解统计推断、回归分析、线性规划、成本-收益分析等公共政策分析的常用方法。

6. 提高自学考试应考者的公共政策能力，包括分析公共政策现象的能力、挖掘公共政策规律的能力、利用政策规律实现公共利益的能力等。

三、与相关课程的联系与区别

学习本课程应具备政治学和管理学的基础知识。

“公共政策分析”的源头是政治科学和管理学。“公共政策分析”吸纳了这两门学科的部分理论和原理，形成了一门以研究公共政策为主的独立的学科体系。与“政治学”和“管理学”不同，“公共政策分析”以政策素质的养成和服务于政策实践为特色，在研究领域上，是纯理论研究和纯操作性研究之间的过渡性研究领域，在研究方法方面，既强调定量分析，又强调定量分析与定性分析相结合，强调实证研究。

四、课程的重点和难点

本课程的重点是：政策过程及其理论模型、公共政策问题与议程设定、公共政策方案的规划与抉择、公共政策执行、公共政策的评估与监控。

本课程的次重点是：公共政策与政策工具。

本课程的一般重点是：公共政策的稳定、变动与终结。

本课程的难点是：公共政策量化分析方法的应用。

Ⅱ　考核目标

本大纲在考核目标中，按照识记、领会、简单应用和综合应用四个层次规定考生应达到的能力层次要求。这四个能力层次是递进关系，各能力层次的含义如下：

识记（Ⅰ）：要求考生能够识别和记忆本课程中有关公共政策分析的概念及原理的主要内容，并能够根据考核的不同要求，做正确的表述、选择和判断。

领会（Ⅱ）：要求考生能够领悟和理解本课程中有关公共政策分析的概念及原理的内涵和外延，理解相关公共政策知识的区别和联系，并能根据考核的不同要求对公共政策现象进行逻辑推理和论证，做出正确的判断、解释和说明。

简单应用（Ⅲ）：要求考生能够根据已知的公共政策现象，运用公共政策分析方法，对公共政策现象进行分析和论证，得出正确的结论或做出正确的判断。

综合应用（Ⅳ）：要求考生能够根据已知的公共政策现象，运用公共政策分析的原理，进行多个政策领域的综合分析和论证，并得出解决问题的综合方案。

Ⅲ　课程内容与考核要求

第一章　公共政策分析的学科要素

一、学习目的与要求

1. 了解公共政策分析的概念、内涵、学科特点与研究方法。

2. 理解公共政策系统的概念，掌握公共政策系统的运行过程。

3. 理解公共政策主体和客体的概念，掌握政策主体和客体的具体范畴，熟悉构成政策环境的各个要素，能够对政策环境进行分析。

4. 理解公共决策体制、决策权力的概念，熟悉公共决策体制类型及公共决策规则，掌握构成公共决策系统的各个子系统及其特点。

5. 掌握马克思主义在公共政策分析中国化进程中的作用。

二、课程内容（考试内容）

（一）公共政策分析的内涵界定

1. 公共政策、公共政策分析、政策研究、公共政策学。

2. 公共政策分析的发展。

（二）公共政策的分类、功能与社会本质

1. 公共政策的分类。

2. 公共政策的功能。

3. 公共政策的社会本质。

（三）公共政策系统与公共决策体制

1. 公共政策系统。

2. 公共政策的主体、客体及政策环境。

3. 公共决策体制。

4. 公共政策过程。

（四）马克思主义与公共政策分析的中国化

1. 马克思主义提供了公共政策分析学科方法论的指导。

2. 马克思主义提供了公共政策分析学科的价值引领。

三、考核知识点和考核要求

（一）公共政策分析的内涵界定

1. 识记：（1）公共政策的概念。（2）公共政策分析的概念。

2. 领会：（1）政策分析与政策研究的内涵和区别。（2）公共政策分析的产生。

（二）公共政策的分类、功能与社会本质

1. 识记：（1）公共政策的分类。（2）公共政策的功能。

2. 领会：公共政策的社会本质。

（三）公共政策系统与公共决策体制

1. 识记：（1）政策系统的概念及构成。（2）政策主体内涵及分类。（3）政策客体的内涵。（4）政策环境内涵及分类。（5）决策权力的配置。

2. 领会：（1）公共政策主客体与政策环境的互动关系。（2）公共决策体制的类型。

3. 简单运用：（1）分析政策环境对政策制定的影响。（2）联系实际分析政策系统的构成。（3）公共决策的规则。

4. 综合运用：（1）运用相关知识对公共政策实践中的政策主客体与政策环境的互动关系进行分析。（2）了解公共政策系统的构成并能够结合其内涵对政策实践进行分析。

（四）马克思主义与公共政策分析的中国化

综合运用：（1）运用马克思主义实事求是的分析方法和矛盾分析方法分析相关政策问题。（2）结合实际运用马克思主义的公平理念，分析公共政策目标的确立、公共政策过程的展开、公共政策行为的评价等实际政策过程中的社会资源配置问题。

四、本章重点、难点

1. 重点：（1）公共政策分析的内涵界定。（2）马克思主义与公共政策分析的中国化。（3）公共政策的社会本质。

2. 难点：公共决策的规则。

第二章　政策过程及其理论模型

一、学习目的与要求

1. 掌握政策过程的主要分析框架。

2. 了解基于中国实践的政策过程模型的提出背景，掌握“上下来去”政策过程模型的基本内涵和实际应用。

3. 了解有限理性模型、渐进理论模型和系统理论模型。

二、课程内容（考试内容）

（一）政策过程分析

1. 传统的政策过程分析框架。

2. 政策过程分析的新框架。

（二）基于中国实践的政策过程模型

1. 政策理论模型的作用。

2. 基于中国经验的政策理论模型。

3.“上下来去”政策过程模型。

（三）源于国外经验的政策过程模型

1. 有限理性模型。

2. 渐进理论模型。

3. 系统理论模型。

三、考核知识点和考核要求

（一）政策过程分析

1. 识记：政策过程概念。

2. 简单运用：能够运用制度理性选择框架、多源流框架、倡导联盟框架及政策网络等，对政策过程进行简单分析。

（二）基于中国实践的政策过程模型

1. 识记：（1）共识决策模型的含义。（2）“学习-适应”分析模型的含义。（3）“路径-激励”分析模型的含义。（4）“上下来去”政策过程模型的含义。

2. 领会：政策理论模型的作用。

3. 简单运用：运用“学习-适应”分析模型观察政策过程。

4. 综合运用：运用“上下来去”政策过程模型对当代中国的公共政策进行系统考察和分析。

（三）源于国外经验的政策过程模型

1. 识记：（1）有限理性模型的含义。（2）渐进理论模型的含义。（3）系统理论模型的含义。

2. 简单运用：（1）有限理性模型的具体运用。（2）渐进理论模型的具体运用。（3）系统理论模型的具体运用。

四、本章重点、难点

1. 重点：（1）政策过程理论模型的含义及认识论意义。（2）理性主义模型。（3）有限理性模型。（4）渐进理论模型。（5）系统理论模型。（6）“上下来去”政策过程模型。

2. 难点：（1）多源流框架。（2）倡导联盟框架。

第三章　公共政策问题构建与政策议程设定

一、学习目的与要求

1. 了解公共政策问题的概念、基本属性与分类。
2. 熟悉公共政策问题的察觉、界定和描述。
3. 掌握公共政策议程的触发机制及设定模型。
4. 理解公共政策问题构建与政策议程设定的中国实践和经验。

二、课程内容（考试内容）

（一）公共政策问题的基本概念
1. 公共政策问题的定义。
2. 公共政策问题的基本属性。
3. 公共政策问题的分类。
（二）公共政策问题构建
1. 公共政策问题察觉。
2. 公共政策问题界定。
3. 公共政策问题描述。
4. 公共政策问题构建方法。
（三）公共政策议程设定
1. 公共政策议程的内涵与类型。
2. 公共政策议程的触发。
3. 公共政策议程设定模型。
（四）公共政策问题构建与政策议程设定的中国实践和经验
1. 公共政策问题构建的中国实践和经验。
2. 政策议程设定的中国实践和经验。

三、考核知识点和考核要求

（一）公共政策问题的基本概念

1. 识记：（1）公共政策问题的定义。（2）公共政策问题的基本属性。（3）公共政策问题的分类。

2. 领会：公共问题与公共政策问题的关系。

（二）公共政策问题构建

1. 识记：（1）公共政策问题构建的含义及过程。（2）公共政策问题察觉、界定和描述的含义。

2. 领会：公共政策问题构建方法。

3. 简单运用：对于一个公共政策现象进行公共政策问题构建。

（三）公共政策议程设定

1. 识记：（1）公共政策议程设定的内涵与类型。（2）公共政策议程触发的含义及内在触发机制、外在触发机制的内涵与类型。（3）现有的公共政策议程设定模型及其主要内容。

2. 领会：各种公共政策议程设定模型的侧重点。

3. 简单运用：结合实际分析公共问题进入公共政策议程的条件、障碍及具体方法。

4. 综合运用：公共政策议程设定的完整过程及实践案例分析。

（四）政策问题构建与政策议程设定的中国实践和经验

1. 识记：政策问题构建的中国实践和经验。

2. 领会：政策议程设定的中国实践和经验。

四、本章重点、难点

1. 重点：（1）公共政策问题构建的方法。（2）公共政策议程设定模型及其主要内容。

2. 难点：公共政策议程设定模型。

第四章　公共政策方案的规划与抉择

一、学习目的与要求

1. 了解公共政策目标的定义，熟悉公共政策目标的特征与分类，掌握确定公共政策目标的意义与原则。

2. 了解公共政策规划的概念，熟悉公共政策规划主体的范围，掌握公共政策方案规划与设计的原则、公共政策规划的模型，熟悉公共政策方案预测与评估的步骤和方法。

3. 了解公共政策的抉择主体，熟悉常规决策和危机决策。

4. 了解公共政策工具的概念和分类，掌握公共政策工具选择的意义及影响因素。

二、课程内容（考试内容）

（一）公共政策规划的程序

1. 公共政策目标的确定。

2. 公共政策方案的规划与设计。

3. 公共政策方案的预测与评估。

（二）公共政策的抉择与合法化

1. 公共政策的抉择主体。

2. 公共政策的抉择原则。

3. 政策论证、政策审议与政策采纳。

4. 公共政策抉择的合法化。

5. 常规决策与危机决策。

（三）公共政策工具

1. 政策工具的概念。

2. 政策工具的分类。
3. 政策工具在政策过程中的应用。
(四) 公共政策方案规划与抉择的中国实践与经验
1. 公共政策方案规划与抉择的中国实践。
2. 公共政策方案规划与抉择的中国经验。

三、考核知识点和考核要求

(一) 公共政策规划的程序
1. 识记:(1) 政策目标的含义与特征。(2) 政策规划与政策设计的含义。(3) 政策规划与政策设计的联系与区别。(4) 政策规划的主体。
2. 领会:(1) 政策目标的分类。(2) 政策的基本目标特别是公平与效率的关系。(3) 确定政策目标的意义与原则。(4) 政策学习与政策移植的含义及类型。
3. 简单运用:(1) 政策方案规划与设计的原则。(2) 政策规划的模型与参考框架。
4. 综合运用:政策方案的预测性评估、可行性评估。
(二) 公共政策的抉择与合法化
1. 识记:公共政策的抉择主体。
2. 领会:公共政策抉择的合法化——政策内容的合法化、决策过程的合法化、政策的法律化。
3. 简单运用:(1) 公共政策的抉择原则。(2) 政策论证、政策审议与政策采纳。(3) 常规决策与危机决策。
(三) 公共政策工具
1. 识记:(1) 政策工具的概念。(2) 政策工具的分类。
2. 领会:(1) 政策工具选择的意义。(2) 影响政策工具选择的因素。
(四) 公共政策方案规划与抉择的中国实践与经验
领会:(1) 公共政策方案规划与抉择的中国实践。(2) 公共政策方案规划与抉择的中国经验。

四、本章重点、难点

1. 重点:公共政策抉择的合法化。
2. 难点:(1) 政策工具的分类。(2) 公共政策方案的预测与评估。

第五章　公共政策执行

一、学习目的与要求

1. 了解公共政策执行的研究路径。
2. 掌握公共政策执行的模型与非线性特征。
3. 理解公共政策执行的资源、过程与机制。
4. 掌握公共政策执行偏差的表现、原因以及矫正。

5. 理解我国公共政策执行的实践与经验。

二、课程内容（考试内容）

（一）公共政策执行的研究路径

1. 第一代政策执行研究的自上而下路径。
2. 第二代政策执行研究的自下而上路径。
3. 第三代政策执行研究的整合路径。
4. 中国学者的政策执行研究。

（二）公共政策执行的模型与非线性特征

1. 史密斯模型。
2. 互适模型。
3. 循环模型。
4. 政策执行的非线性特征。

（三）公共政策执行的资源、过程与机制

1. 公共政策执行的资源。
2. 公共政策执行的过程与偏差。
3. 公共政策执行的机制。

（四）公共政策执行的中国实践与经验

1. 公共政策执行的中国实践。
2. 公共政策执行的中国经验。

三、考核知识点和考核要求

（一）公共政策执行的研究路径

1. 识记：政策执行的含义。

2. 领会：（1）政策执行研究的自上而下路径、自下而上路径和整合路径。（2）中国学者的政策执行研究。

（二）公共政策执行的模型与非线性特征

1. 领会：史密斯模型、互适模型、循环模型和政策执行的非线性特征的内涵。

2. 简单运用：运用史密斯模型、互适模型、循环模型和政策执行的非线性特征分析政策执行实践问题。

（三）公共政策执行的资源、过程与机制

1. 识记：（1）政策执行的资源。（2）政策执行偏差的概念。（3）政策执行偏差的表现形式。（4）政策执行的机制。

2. 领会：（1）政策执行的过程。（2）政策执行偏差产生的原因。

3. 简单运用：政策执行偏差的矫正。

（四）公共政策执行的中国实践与经验

领会：中国公共政策执行的实践优势和经验。

四、本章重点、难点

1. 重点：(1) 史密斯模型、互适模型和循环模型的内涵。(2) 公共政策执行的非线性特征。

2. 难点：政策执行偏差的矫正。

第六章　公共政策的评估与监控

一、学习目的与要求

1. 掌握公共政策评估的概念、作用、类型与内容。
2. 掌握公共政策评估的过程与方法。
3. 掌握公共政策监控的内涵与作用，了解公共政策监控机制的构成。
4. 了解公共政策监控的社会系统核算方法、社会审计方法。
5. 掌握中国公共政策评估的实践与经验。

二、课程内容（考试内容）

(一) 公共政策评估概述
1. 公共政策评估的基本概念。
2. 公共政策评估的基本作用。
3. 公共政策评估的主要类型。
4. 公共政策评估的内容。
(二) 公共政策评估的标准与过程
1. 公共政策评估的标准。
2. 公共政策评估的过程。
(三) 公共政策评估的方法
1. 定量评估方法。
2. 定性评估方法。
(四) 公共政策监控
1. 公共政策监控的内涵。
2. 公共政策监控的机制。
(五) 公共政策监控的方法
1. 社会系统核算。
2. 社会审计。
(六) 公共政策评估的中国实践与经验
1. 公共政策评估的中国实践。
2. 公共政策评估的中国经验。

三、考核知识点和考核要求

（一）公共政策评估概述

1. 识记：（1）公共政策评估的基本概念。（2）公共政策评估的基本作用。（3）公共政策评估的主要类型。

2. 领会：（1）政策效果的分类。（2）政策评估的一般内容。

（二）公共政策评估的标准与过程

1. 识记：（1）政策评估的标准。（2）政策评估的过程。

2. 领会：不同评估阶段的内容和作用。

（三）公共政策评估的方法

1. 识记：（1）定量评估方法的类型。（2）定性评估方法的含义。

2. 领会：（1）定量评估方法的具体运用。（2）定性评估方法的要点。

3. 简单应用：思考定量评估方法如何运用于实际政策评估过程中。

（四）公共政策监控

1. 识记：（1）公共政策监控的内涵。（2）公共政策监控的类型。

2. 领会：（1）公共政策监控机制的构成。（2）公共政策监控过程的构成要素。

3. 简单应用：结合有关案例分析我国公共政策的监控机制。

（五）公共政策监控的方法

1. 识记：（1）社会系统核算的含义。（2）社会审计的含义。

2. 领会：社会系统核算、社会审计在政策监控中的作用与特点。

（六）公共政策评估的中国实践与经验

领会：（1）公共政策评估的中国实践。（2）公共政策评估的中国经验。

四、本章重点、难点

1. 重点：定量评估方法的具体运用。

2. 难点：公共政策评估的标准。

第七章　公共政策的稳定、变动与终结

一、学习目的与要求

1. 掌握公共政策的稳定、变动与终结的基本内涵。

2. 掌握公共政策稳定的实现路径。

3. 掌握公共政策变动与终结的影响因素和理论模型。

4. 提升关注现实、运用理论知识分析和解决现实问题的能力。

二、课程内容（考试内容）

（一）公共政策的稳定

1. 公共政策稳定的基本内涵。

2. 公共政策稳定的实现路径。

（二）公共政策的变动

1. 公共政策变动的基本内涵。
2. 公共政策变动的影响因素。
3. 公共政策变动的理论模型。

（三）公共政策的终结

1. 公共政策终结的基本内涵。
2. 公共政策终结的理论模型。
3. 公共政策终结的关键因素与策略。

（四）公共政策稳定、变动与终结的中国实践

1. 中国公共政策稳定、变动与终结的特点。
2. 中国公共政策稳定、变动与终结的影响因素。

三、考核知识点和考核要求

（一）公共政策的稳定

1. 识记：公共政策稳定的含义。
2. 领会：政策稳定的意义及实现路径。

（二）公共政策的变动

1. 识记：政策变动的含义。
2. 领会：（1）政策变动的类型。（2）政策变动的影响因素。
3. 简单运用：政策变动的理论模型及其应用。

（三）公共政策的终结

1. 识记：（1）政策终结的含义。（2）政策终结的内容。（3）政策终结的表现方式。
2. 领会：政策终结的关键因素和策略。
3. 简单运用：政策终结的理论模型及其应用。

（四）公共政策稳定、变动与终结的中国实践

1. 识记：中国公共政策稳定、变动与终结的特点。
2. 领会：中国公共政策稳定、变动与终结的影响因素。

四、本章重点、难点

1. 重点：公共政策变动的理论模型及其应用。
2. 难点：公共政策终结的关键因素和策略。

第八章　定量公共政策分析的技术

一、学习目的与要求

1. 掌握概率抽样和非概率抽样的方法。

2. 掌握描述性统计分析方法。
3. 了解中心极限定理及其用途。
4. 掌握回归分析、线性规划方法的内涵及在公共政策分析中的应用。

二、课程内容（考试内容）

（一）数据收集方法
1. 抽样的基本概念。
2. 概率抽样调查。
3. 非概率抽样调查。
（二）描述性统计方法
1. 集中趋势测定。
2. 离散趋势测定。
（三）推断方法
1. 样本均值及其相关概念。
2. 决策树。
3. 假设检验。
（四）回归分析
1. 回归分析的步骤。
2. 一元线性回归分析。
3. 多元线性回归分析。
4. 回归输出结果。
（五）线性规划方法
1. 线性规划的概念。
2. 线性规划的求解步骤。
（六）成本-收益分析
1. 成本-收益分析的任务。
2. 成本-收益分析的类型。
3. 净现值、收益成本比率及内部报酬率。
4. 成本-效益分析。

三、考核知识点和考核要求

（一）数据收集方法
1. 识记：抽样的基本概念及其内涵。
2. 领会：（1）概率抽样调查的方法及其内涵和应用场景。（2）非概率抽样调查的方法及其内涵和应用场景。
3. 简单运用：（1）概率抽样调查方法的实现步骤。（2）非概率抽样调查方法的实现步骤。
（二）描述性统计方法
1. 识记：测定集中趋势和离散趋势的指标及其内涵。

2. 领会：集中趋势指标（平均数、中位数、众数）和离散趋势指标（极差、四分位差、标准差、异众比率）的测定方法和计算公式。

3. 简单运用：借助描述性统计分析方法进行政策分析。

（三）推断方法

1. 识记：(1）样本均值。(2）中心极限定理。(3）决策树。(4）假设检验。

2. 领会：(1）样本均值与中心极限定理的作用。(2）决策树的意义和使用方法。(3）假设检验的基本思想、两类错误和显著性水平。

3. 简单运用：理解样本均值、决策树和假设检验在政策分析中的应用。

（四）回归分析

1. 识记：(1）回归分析的内涵。(2）一元线性回归分析的内涵。(3）多元线性回归分析的内涵。(4）回归输出结果的含义。

2. 领会：回归分析的步骤。

3. 简单运用：回归分析在政策分析中的应用。

（五）线性规划方法

1. 识记：(1）线性规划的概念。(2）线性规划的求解步骤。

2. 领会：线性规划的方法。

3. 简单运用：线性规划在政策分析中的应用。

（六）成本-收益分析

1. 识记：(1）成本-收益分析的任务。(2）成本-收益分析的类型。(3）净现值。(4）收益成本比率。(5）内部报酬率。(6）成本-效益分析的内涵。

2. 领会：(1）成本-收益分析的运用。(2）成本-效益分析的运用。(3）成本-收益分析和成本-效益分析的差异。

四、本章重点、难点

1. 重点：回归分析方法与成本-收益分析方法在公共政策过程中的运用。

2. 难点：假设检验的基本思想、两类错误和显著性水平。

Ⅳ 关于大纲的说明与考核实施要求

一、课程自学考试大纲的目的和作用

课程自学考试大纲是根据专业自学考试计划的要求，结合自学考试的特点而确定的，目的是对个人自学、社会助学和课程考试命题进行指导和规定。

课程自学考试大纲明确了课程学习的内容以及深度、广度，规定了课程自学考试的范围和标准。因此，它是编写自学考试教材和辅导书的依据，是社会助学组织开展自学辅导的依据，是自学者学习教材、掌握课程内容知识范围和程度的依据，也是进行自学考试命题的依据。

二、课程自学考试大纲与教材的关系

课程自学考试大纲是进行学习和考核的依据，教材是学习掌握课程知识的基本内容与范围，教材的内容是大纲所规定的课程知识和内容的扩展与发挥。课程内容在教材中可以体现一定的深度或难度，但在大纲中对考核的要求一定要适当。

大纲与教材所体现的课程内容应基本一致；大纲里面的课程内容和考核知识点，教材里一般也要有。反过来，教材里有的内容，大纲里就不一定体现。

三、关于自学教材

《公共政策分析》，全国高等教育自学考试指导委员会组编，傅广宛主编，中国人民大学出版社，2023 年出版。

四、关于自学要求和自学方法的指导

本大纲的课程基本要求是依据专业考试计划和专业培养目标而确定的。课程基本要求还明确了课程的基本内容，以及对基本内容掌握的程度。基本要求中的知识点构成了课程内容的主体部分。因此，课程基本内容掌握程度、课程考核知识点是高等教育自学考试考核的主要内容。

为有效地指导个人自学和社会助学，本大纲已指明了课程的重点和难点，在章节的基本要求中一般也指明了章节内容的重点和难点。

本课程共 6 学分。

五、应考指导

1. 如何学习？如果你正在接受培训学习，一定要跟紧课程并完成作业。为了在考试中做出满意的回答，你必须对所学课程内容有很好的理解。请使用“行动计划表”来监控你的学习进展。你阅读课本时可以做读书笔记。如有需要重点注意的内容，可以用彩笔来标注。如：红色代表重点；绿色代表需要深入研究的领域；黄色代表可以运用在工作之中。可以在空白处记录相关网站的报道及相关文章。

2. 如何考试？卷面整洁非常重要。书写工整、段落与间距合理、卷面赏心悦目有助于教师评分，教师只能为他能看懂的内容打分。要回答所问的问题，而不是回答你自己乐意回答的问题！回答时避免超过问题的范围。

3. 如何处理紧张情绪？正确处理对失败的惧怕，要正面思考。如果可能，请教已经通过该科目考试的人。做深呼吸放松，这有助于缓解紧张情绪。考试前合理膳食，保持旺盛精力，保持冷静。

4. 如何克服心理障碍？这是一个普遍问题！如果你在考试中出现这种情况，试试下列方法：使用“线索”纸条。进入考场之前，将记忆“线索”记在纸条上，但你不能将纸条带进考场，因此当你阅读考卷时，一旦有了思路就快速记下。按自己的步调进行答卷。为每个考题或部分分配合理时间，并按此时间安排答卷。

六、对社会助学的要求

要针对重点章、次重点章和一般章节分别提出自学或助学的基本学时建议和要求，要强调注意正确引导、把握好助学方向，正确处理学习知识和提高能力的关系。

七、对考核内容的说明

1. 本课程要求考生学习和掌握的知识点内容都作为考核的内容。课程中各章的内容均由若干知识点组成，在自学考试中成为考核知识点。因此，课程自学考试大纲中所规定的考试内容是以考核知识点的方式给出的。由于各知识点在课程中的地位、作用不同，以及知识自身的特点不同，自学考试对各知识点分别按四个认知（或称能力）层次确定考核要求。

2. 在考试之日起 6 个月前，由全国人民代表大会和国务院颁布或修订的法律、法规都将列入相应课程的考试范围。凡大纲、教材内容与现行法律、法规不符的，应以现行法律法规为准。命题时也会对我国经济建设和科技文化发展的重大方针政策的变化予以体现。

3. 按照重要性程度的不同，考核内容分为重点内容、次重点内容、一般内容，在本课程试卷中对不同考核内容要求的分数比例大致为：重点内容占 60%，次重点内容占 30%，一般内容占 10%。

八、关于考试命题的若干规定

1. 本课程采用闭卷笔试方式进行考试，考试时间为 150 分钟，用黑（蓝）色笔作答。

2. 本大纲各章所规定的基本要求、知识点及知识点下的知识细目，都属于考核的内容。考试命题既要覆盖到章，又要避免面面俱到，要注意突出课程的重点、章节重点，加大对重点内容的覆盖面。

3. 命题不应有超出大纲中考核知识点范围的题目，考核目标不得高于大纲中所规定的相应的最高能力层次要求。命题应着重考核自学应考者对基本概念、基本知识和基本理论是否了解或掌握，对基本方法是否会用或熟练。

4. 本课程在试卷中对不同能力层次要求的分数比例大致为：识记占 20%，领会占 30%，简单应用占 30%，综合应用占 20%。

5. 要合理安排试题的难易程度，试题的难度可分为：易、较易、较难和难四个等级。必须注意，试题的难易程度与能力层次有一定的联系，但二者不是等同的概念。在各个能力层次中，对于不同的考生存在着不同的难度，切勿混淆。

6. 课程考试的题型主要有：单项选择题、多项选择题、简答题、论述题、案例分析题等。

附录：题型举例

一、单项选择题（在每小题列出的备选项中只有一项是最符合题目要求的，请将其选出）

1. 将政策划分为元政策、基本政策和具体政策的标准是（　　）。

A. 公共政策的统摄关系　　B. 公共政策的执行范围

C. 公共政策的内容分布　　D. 公共政策的普遍功能

2. 提出有限理性决策模型的学者是（　　）。

A. 邓恩　　B. 林德布洛姆　　C. 西蒙　　D. 德罗尔

二、多项选择题（在每小题列出的备选项中至少有两项是符合题目要求的，请将其选出，错选、多选或少选均无分）

1. 我国古代关于政策的研究主要集中在四个制度层面，即（　　）。

A. 史官制度　　B. 谏议制度　　C. 策士制度

D. 科举制度　　E. 司法制度

2. 根据最高决策权所属人数的多少，公共决策权配置可分为（　　）。

A. 首长制　　B. 委员会制　　C. 集权制

D. 分权制　　E. 议会制

三、简答题

1. 简述公共政策的社会本质。

2. 简述政策过程。

四、论述题

1. 试论述政策问题的基本内涵。

2. 试论述确定政策目标的意义。

五、案例分析题

国家分批取消部分不必要的职业资格许可和认定

多年来，在一些公共权力的推动下，形形色色的职业资格许可和认定程序大行其道。房地产中介人员要考房地产经纪人证，足底按摩服务员要考足疗师证……一个行业有十几种甚至多达几十种职业资格。一些社会机构趁机通过办班、教材、考试来收取高额的培训费、教材费、考试费。有关部门随意设置职业资格，催生了考证的乱象。

印度诗人泰戈尔有过一句名言："翅膀绑着黄金的鸟儿飞不起来。"绑着太多证书的年轻人，又怎么可能飞得高、飞得远？不是在考证，就是在考证路上，不应该成为现代年轻人的宿命。从 2014 年开始，国家已经先后取消了 400 余项资格证，主要目的就是为了推进简政放权、优化服务改革的进程。

虽然在 2019 年的 8 月和 11 月，国务院分两次取消了部分职业资格许可和认定，消除了一些不必要的就业门槛。但这并不意味着取消所有职业资格和取消职业资格制度，有些行业和职业还是必须要有相关资格认证的，例如律师、教师、建筑师等。换言之，一些不必要的职业资格许可和认定政策必须完全终止，另一些必要的政策则需要保留。这也给考证热中的年轻人提了个醒，那就是要从社会需求和个人职业发展规划出发，重视提高自己的能力。

（1）试述政策缩减的概念。

（2）运用政策缩减的概念，分析国家为什么分批取消部分不必要的职业资格许可和认定。

参考答案

一、单项选择题（在每小题列出的备选项中只有一项是最符合题目要求的，请将其选出）

1. A　2. C

二、多项选择题（在每小题列出的备选项中至少有两项是符合题目要求的，请将其选出，错选、多选或少选均无分）

3. ABCD　　2. AB

三、简答题

1. 公共政策的社会本质就是为了一定的目标而进行的社会资源的配置和社会价值的分配。公共政策的社会本质是公共政策本质的一种表现形式，是公共性与偏好性的矛盾体，这一社会本质存在于公共权力机关为了实现政策目标而进行社会资源配置和社会价值分配的行为中。公共政策是公共权力机关为解决公共问题、实现公共利益、达成公共目标而制定的，这就是公共政策的公共性。公共性是公共政策具有的一种特质，偏好性则是指公共政策需要体现出阶级的意志和利益，维护本阶级的政治、经济利益，体现出公共权力机关的价值观。所以，不同历史阶段的不同统治阶级，其所制定的政策在社会本质上有明显区别。

2. 人们通常所说的政策过程是从确定政策问题到政策终结之间存在的由若干阶段组成的过程。这种观察政策过程的方法被称为政策过程的阶段方法，也称观察政策过程的政策周期方法。这种方法的特点是把政策过程划分为若干阶段加以分别研究。观察政策过程的阶段方法提出了整齐有序的政策步骤、阶段和周期等理念，能够把复杂的政策过程观察结果简化为一种更具操作性的结果，并建立起逻辑上的联系。借此，人们可以深入分析政策过程的复杂性。

四、论述题

1. （1）存在社会客观现实。政策问题来源于社会实际状态与期望之间的差距，虽然期望存在着一定的主观性，但是社会状态和现象是客观的，是不以人的意志为转移的，这些社会现象的客观存在往往通过数字、指标、符号或焦点事件等形式呈现出来。

（2）对社会客观现实的广泛知觉。只有当某一个社会问题被社会中大多数人所察觉，或者被少数能直接影响政府决策者所感知，才有可能进入政策议程，上升为政策问题。

（3）价值、利益和期待的严重冲突。只有相当严重的冲突和特别强烈的需求才能引起社会的普遍关注和政府的高度重视。当大多数社会成员都感受到当前的社会客观现实与他们的价值、利益和期待严重冲突时，会感受到强烈的需求或一种受剥夺的感觉，他们要求政府立即采取措施和行动改变这种社会状况。

(4) 团体活动过程。将社会问题上升为政策问题依靠个人或少数人的力量往往难以实现，人们只有加入一定的团体，依靠团体的行动和力量才能使政府部门重视该问题的存在。

(5) 政府认为有必要采取行动加以解决。一个社会问题要想受到政府重视，使其进入政策议程成为政策问题，必须满足两个条件：一是属于政府职能权限范围内的事务；二是属于政府能力范围内的事务。有些社会问题虽然属于政府职能权限范围之内，但是受到人力、财力等的限制，解决问题的时机尚不成熟，政府也会忽视问题的存在。

2. 在政策制定过程中，尽管人们因环境和自身理性能力的限制而往往难以迅速明确有关政策目标，尤其是那些事关长远和大局或者涉及一些细节的具体政策目标，从而使得人们只能渐进地明确有关政策目标，但这一事实并不能否定我们在政策制定中有关政策目标的确定对政策制定过程的意义。就一般意义而言，确定政策目标的意义主要体现为以下两点：

(1) 它能为制订政策方案提供方向性指导。政策目标就是政策方案所要遵循的方向，如果目标不明确，政策方案也就失去了明确的方向。这不仅不利于政策方案的抉择，更不利于政策方案的贯彻，最终不利于有关公共政策问题的解决。

(2) 它能为政策方案的规划和实施提供核心的评估标准。政策评估的最核心的标准是把方案的可能后果与政策原本的目标进行对比，或者是把政策的执行结果与政策目标进行对比，看两者的差距到底有多大，以及产生这种差距的原因何在，从而决定是修改政策方案和完善实施手段与步骤，还是调整政策目标，甚至完全废止有关政策。

五、案例分析题

(1) 政策缩减指的是采用渐进的方式推进政策终结，以应对政策问题与政策环境的变化，或缓冲政策终结所带来的抵制与冲突。一般来说，政策缩减主要体现为政策目标群体的缩小、政策资源的减少、政策工具的弱化等。

(2) 不必要的职业资格许可和认定程序已经成为推进简政放权、优化服务等改革的阻力。对不必要的职业资格许可和认定逐步进行终结势在必行。

取消不必要的职业资格许可和认定，必须考虑可能对社会带来的巨大冲击，因此国家利用渐进的方式，采用政策缩减的办法对不必要的职业资格许可和认定进行终结。

国家通过取消不必要的职业资格许可和认定，逐步减少对政策的投入，缩小政策实施范围，放松对政策执行的控制，达到政策终结的目的。

大纲后记

《公共政策分析自学考试大纲》是根据《高等教育自学考试专业基本规范（2021 年）》的要求，由全国高等教育自学考试指导委员会公共管理类专业委员会组织制定的。

全国考委公共管理专业委员会对本大纲组织审稿，根据审稿会意见由编者做了修改，最后由公共管理类专业委员会定稿。

本大纲由中国政法大学傅广宛教授担任主编。参加审稿并提出修改意见的有：复旦大学朱春奎教授、厦门大学于文轩教授和中山大学朱亚鹏教授。

在此，对于付出辛勤劳动的本大纲所有编审人员深表感谢。

全国高等教育自学考试指导委员会

公共管理类专业委员会

2023 年 5 月

全国高等教育自学考试指定教材

公共政策分析

全国高等教育自学考试指导委员会　组编

编者的话

公共政策分析是一门应用学科。国家治理体系和治理能力现代化对公共政策分析学科的发展提出了新的要求。人类由工业社会进入后现代社会的发展趋势，为公共政策分析学科注入了新的发展动力。新的理论和研究方法不断融入公共政策分析学科，丰富了公共政策分析的内容并推动着公共政策分析学科的快速发展。公共政策分析的学科价值日益彰显，激发了人们学习和掌握公共政策理论知识的迫切要求。为了顺应这一社会需求，为参加高等教育自学考试的考生提供力所能及的帮助，在全国高等教育自学考试指导委员会的指导下，我们编写了这本《公共政策分析》教材。

本教材的特点如下：

一是坚持在吸纳学科前沿知识的同时，根据自考生特点尽可能降低教材理解的难度。公共政策分析的理论必须与本国的政策实践相结合才能够充分发挥作用，为此，本教材坚持公共政策分析学科发展的本土化方向，突出公共政策分析学科在解决中国政策实践问题上的应用性知识介绍。在内容安排上，本教材紧密结合公共政策分析学科的概念、理论和我国的实践经验，注重公共政策的理论介绍。

二是体现基础性和前沿性相结合的理念。除了系统安排传统的公共政策分析学科的教学内容之外，还根据国内公共政策实践的需要，专章介绍公共政策分析学科的基础性量化研究方法。

三是针对自考生的特点，本教材选择了大量公共政策案例以帮助自考生理解和掌握公共政策分析学科的基本原理，有助于提高自考生运用公共政策分析学科的理论解决实际政策问题的能力。

本教材在编写过程中参考了许多专家、学者和网络上的相关研究成果，在此谨向相关作者致以诚挚的谢意。

本教材由中国政法大学傅广宛担任主编，各章的编写人员如下：

第一章　中国政法大学傅广宛、对外经济贸易大学傅雨飞

第二章　北京林业大学林震、张勇

第三章　华中师范大学定明捷

第四章　清华大学彭宗超、北京航空航天大学任丙强

第五章　中国矿业大学朱雪宁

第六章　中国政法大学傅广宛

第七章　北京林业大学陈佳

第八章　中国政法大学傅广宛

北京大学宁骚教授审阅并修改了本书的编写框架。

中国政法大学李心协助主编做了大量事务性工作，周静涵校对了部分书稿。

本教材在策划、编写和出版过程中，得到了全国高等教育自学考试指导委员会公共管理类专业委员会的大力支持和帮助，在此深表谢意。

由于时间、经历和水平有限，书中难免有不妥之处，欢迎广大读者和考生批评指正。

主编　傅广宛

2023 年 5 月

第一章

公共政策分析的学科要素

学习目标

1. 了解公共政策分析的概念、内涵、学科特点与研究方法。

2. 理解公共政策系统的概念，掌握公共政策系统的运行过程。

3. 理解公共政策主体和客体的概念，了解政策主体和客体的具体范畴，熟悉构成政策环境的各个要素，能够对政策环境进行分析。

4. 理解公共决策体制、决策权力的概念，熟悉公共决策体制类型及公共决策规则，掌握构成公共决策系统的各个子系统及其特点。

5. 掌握马克思主义在公共政策分析中国化进程中的作用。

本章提要

本章首先从学科角度对公共政策分析进行了概念厘定，回顾了公共政策分析的发展历史。然后从公共政策的概念入手，介绍了其分类、功能与社会本质。在此基础上对政策系统概念进行详细阐释，介绍了政策系统的基本构成和运行过程，对政策主体、政策客体的概念和范畴进行深入阐释，并介绍了公共决策体制及决策权力的概念、决策规则以及构成公共决策系统的各个子系统。马克思主义对于公共政策分析学科的中国化进程具有指导作用和引领作用，这些作用促进了马克思主义公共政策分析学科中国化的发展。

引导案例

某市出台政策降低市场主体的制度性交易成本

近日，某市出台《进一步优化营商环境 降低市场主体制度性交易成本工作方案》，该方案的目标是，在降低市场准入条件、降低经营成本、加强监管执法体系建设、维护公平竞争秩序等方面充分发挥作用，促进该市打造市场化、法治化、国际化的一流营商环境。

在价值取向方面，该方案注重打造宽松、规范、便捷、高效的市场准入体系，具体措施包括：支持知识产权使用权作为出资方式；拓展个体电商发展方式和渠道，支持个体网店将网络经营场所变更为线下实体经营场所等。该方案实施后不久，某商贸中心已办理了全国首家个体网店转变为实体个体工商户业务。

该方案强调，要规范重点领域涉企收费，依法查处水、电、气、热、通信、有线电视等市政公用服务领域，以及商业银行、企业宽带、中介服务等领域的价格违法行为；实现市场监管、税务、人力社保、医保、公积金 5 个部门办理事项“一窗受理、一网申报、并联审批”；探索强制性产品认证自检自证，在条件完备、具有良好质量管理水平和信用的企业开展产品自检自证试点。推出这些规范措施，是为了实现该方案的权威性价值分配功能。

在实现政策目标的策略上，该方案提出：营造“两个环境”——精准高效的监管环境和公平有序的竞争环境；优化“两个服务”——质量技术基础服务和政务服务。该方案还为此设计了一系列具体措施，如建立重大政策公平竞争审查会审制度，建立全市统一的标准化企业经营场所信息库，以电子营业执照为企业身份通用标识，在“e 窗通”实现营业执照、税务、社会保险登记等注销事项“一网通办”等。

案例思考：

1. 分析上述政策方案的目标、价值观和策略。
2. 简要分析上述政策方案在控制社会运行、解决公共问题过程中的作用。

本章建议学时：6 学时

第一节　公共政策分析的内涵界定

公共政策分析是一门应用性和理论性都非常显著的学科。其最早隶属于政治学，是政治学的一个重要分支学科。随着公共管理学科的发展，由于公共政策分析所具有的公共性和社会管理性等特征，决定了其同公共管理学科存在天然的学科渊源，当公共管理学科兴起之后，这门学科又逐渐成为公共管理学科的一个重要分支学科。目前，公共政策分析学科既隶属于政治学科也隶属于公共管理学科，但由于其具有非常强大的应用拓展性和理论渗透性，其在社会科学其他学科如经济学、社会学、教育学、传播学等学科领域也具有非常广泛的应用。作为一门具有高度理论探索价值和社会应用价值的学科，第二次世界大战之后公共政策分析学科在生产力发展的推动下，得到了迅速发展，成为社会科学中发展最快的学科之一。

一、公共政策、公共政策分析、政策研究、公共政策学

（一）公共政策

公共政策
的概念

公共政策这一概念具有多种含义，在不同场景下具有不同的用途。较为常见的含义是政府或其他公共组织为实现公共目标所做出的一种选择行为。诸如调节社会冲突、维护国家安全、发展生产力、向社会成员提供公共服务，等等。托马斯·R. 戴伊将其简化理解为“公共政策就是政府选择做与选择不做的事情”。除此之外，公共政策本身还具有其他含义，例如，公共政策可以指代某项公共政策或政策集合，也可以指代特定的学科。拉斯韦尔认为，公共政策是一种含有目标、价值观和策略的，经过设计的规划，这个含义就是指代“某项公共政策或政策集合”；威廉·詹金斯认为，公共政策是由政治行动主体在特定的情境中制定的一组相互关联的决策，包括目标选择、实现目标的手段，这些政策原则上是行动主体力所能及的。这个定义的含义也是指代“某项公共政策或政策集合”。张金马则认为，公共政策是党和政府采取的用以规范、引导有关机构团体与个人行动的行为准则和行动指南。显然，在这个定义里，公共政策是这里的“行为准则和行动指南”的代称。但作为一种学科指代，公共政策是指对于专门研究“规范、引导有关机构团体与个人行动的行为准则和行动指南”的这一门学科的简称。

随着社会的发展和学科的发展，公共政策的含义逐渐丰富和完善，学界对其的理解和认识也在不断深入。将目前的各种认识归纳起来，公共政策的主要含义是：公共政策是政府或其他公共组织为实现公共目标所做出的一种选择行为，其表现形式是规范、引导有关机构团体和个人行动的行为准则和行动指南。同时，“公共政策”一词可以指代某项具体公共政策或政策集合，也指代专门研究前述“规范、引导有关机构团体与个人行动的行为准则和行动指南”的学科，即公共政策学。

（二）公共政策分析

公共政策
分析的概念

公共政策分析多数时候被简称为政策分析。“政策分析”一词是美国学者林德布洛姆首先使用的，他在 1956 年出版了《政策分析》一书，该著作用“政策分析”表示一种将定性与定量相结合的渐进比较分析的类型。另一位在公共政策分析领域具有较大影响的学者爱德华·S. 奎德认为，“政策分析是应用研究的一种形式，用来获得对社会技术问题的更深刻的理解，并提出更好的解决办法。政策分析试图利用现代科学技术去解决公共问题，寻求可行的行动过程，产生信息，排列有利证据，并推导出这些行动过程的可能结果，其目的是帮助决策者选择最优的行动方案。”作为应用数学专家和系统分析与政策分析专家，奎德所具有的专业知识背景使得他对于这门学科的理解独具特色。威廉·N. 邓恩则从另外一个角度阐释了政策分析，认为“政策分析是一种应用性的社会科学学科，它使用各种研究和论证方法，产生并转变政策相关信息，以便政治组织解决政策问题。”张国庆甚至认为，一切涉及公共选择的研究和应用，都可以归属于公共政策分析的范畴。林德布洛

姆、奎德、邓恩和张国庆等学者的描述，在宏观上指出了公共政策分析这门学科的特征，即在存在价值上具有鲜明的应用性，在研究方法上具有定性与定量相结合的鲜明特征。

公共政策分析的概念也具有多重含义。除了前述含义之外，对于政府或其他公共组织出于公共目的所做出的政策选择行为的过程进行分析，也可以用公共政策分析来指代。例如，陈庆云认为，公共政策分析是对政府为解决各类公共政策问题所采取的政策的本质、产生的原因及实施效果的研究。由于公共政策分析是第二次世界大战后才独立出来成为一门学科，学界对其的认识仍在不断深化之中，不同的学者从不同的观察侧重点出发，对公共政策分析学科形成了不同的认识，产生了不同的称谓，导致对于公共政策分析学科的类似称谓较多，除了公共政策分析这一名称之外，类似的还有政策研究、政策学、公共政策学、政策科学等。公共政策分析是这些称谓中最为普遍的称谓，多数时候也简称为政策分析。之所以说是“类似称谓”，是指前述几个称谓有近义之处，但还是存在一些侧重点的差异，并不完全是同义词。

戴维·L. 韦默和艾丹·R. 瓦伊宁认为，公共政策分析是关于公共决策的、以客户为导向的活动，并反映了社会价值。同时进一步解释说，介绍公共政策分析的理论与实践，旨在提供实践方法和理论基础，以有效地进行政策分析和利用政策分析的成果。显然，戴维·L. 韦默和艾丹·R. 瓦伊宁的这个定义及其附带解释更加强调公共政策分析的实用性和应用价值，更加凸显这个学科所具有的反映社会价值的功能。邓恩还认为，狭义上的政策分析是“一门运用多种调查方法并通过辩论和公共讨论，进行创造、严格地评估与沟通政策相关知识的应用性社会科学学科。”显然，邓恩对于政策分析的狭义定义也突出强调了其实用性。

在全面考察的基础上，宁骚教授对公共政策分析的内涵进行了归纳，认为其内涵包括如下几点：（1）研究的主体或者政策分析者是应用取向的政府机构和其他公共组织内部的专业人员，以及民间智库的政策研究人员。（2）研究活动关注的重点或研究范围是“为了政策而分析”，即分析是一个基于政策、政策目标之间的关系，研拟备选方案并从中选择能最大限度地实现该目标的最优方案，以及对政策结果进行科学评估，以期改进政策系统、提高政策质量的过程。因此，政策分析乃是一种科学与艺术结合的活动。就其科学性而言，有关政策分析的理论、模型、技术、方法等，可以经由实证资料的累积而形成系统性的知识；就其艺术性而言，政策分析的成果呈现出规范性和理想性的倾向，强调的是其特别的适用性和有效性而不是普适性，在进行政策分析时，常常会受到分析者主观判断及不确定环境因素的影响。（3）政策分析的目的或目标是公共组织特别是公共权力机关的决策者规划解决社会现实问题。（4）对研究成果的社会反响的期待是被决策者采用政策分析的研究成果并达到预期的政策效果。①

（三）政策研究

政策研究与公共政策分析是含义并不完全相同的近义名词。按照一般的理解，对于公共政策进行专门研究的过程和行为通常称为政策研究。但从确切的意义上理解，政策研究还有更为深刻的意义，由此导致政策研究和政策分析是有一定区别的近义学术名词。戴维·L. 韦默和艾丹·R. 瓦伊宁将二者的区别之处分为五个方面进行了讨论，具体如表 1－1 所示。

---

① 宁骚．公共政策学：2010 年版［M］．北京：高等教育出版社，2010.

表 1-1　政策研究与政策分析的区别

范式	主要目标	“顾客”	常见类型	时间限制	大致缺陷
政策研究	预测能够被公共政策改变的变量变动产生的影响	政治学相关专业	运用正规方法分析政策相关问题；预测结果	有时有最后期限的压力，也许会由于问题重复发生而减轻	困难在于难以将研究的成果转化为政府的行动
政策分析	对有利于公共问题解决的备选方案进行系统的比较与评估	制定政策的特殊人群和机构	综合现有的研究成果与理论，预测备选政策方案的结果	强烈的时间压力；完成的分析通常针对具体的决策	由于顾客导向和时间压力变得缺乏远见

资料来源：戴维·L 韦默，艾丹·R 瓦伊宁．公共政策分析：理论与实践［M］．刘伟，译．4 版．北京：中国人民大学出版社，2013.

戴维·L. 韦默和艾丹·R. 瓦伊宁比较具体地比较了政策研究与政策分析的区别，虽然在学术实践上并非那么严格，但这个比较结果突出强调公共政策分析的实用性是不争的事实。对于公共政策进行研究的过程和行为被称为政策研究，这只是一种建立在简单理解基础上的称谓。对于其更深刻的含义，学界普遍认为，政策研究的最终目标是试图建构出政策理论，重在了解公共政策过程与公共政策本身，因此政策研究对于公共政策的描述性与诠释性倾向显著。综合考虑多数学者的观点，我们认为，政策研究的内涵是，预测那些能够被政策改变的变量所发生的变动而产生的影响，运用正规方法分析政策相关问题，研究政策内容、政策过程和政策产出，探寻政策与其主体和客体之间，与有关社会和自然环境诸因素之间的因果联系及内在规律，侧重于建构政策理论，推动研究方法的创新，完善并推动学科的发展。

（四）公共政策学

公共政策学是公共政策分析的另一个近义词。公共政策学又称政策学或政策科学，是一个综合性很强的称谓。其综合性表现在，既包含了政策研究的特征，也包含了政策分析的特征，其研究范围和研究方法特征自然也涵盖“政策研究”和“政策分析”两个领域。公共政策学的研究方法特征也满足这两个领域的需要。多数学者认为，公共政策学是一门为探讨公共政策运作过程所涉及的各种理论性、学术性、实务性等相关知识而形成的系统学科。学界往往把公共政策学的特征简化表达为：公共政策学＝政策研究＋政策分析。公共政策学十分注重问题导向，从政策问题的建构开始，就体现了鲜明的问题导向特点。公共政策分析学科的创始人拉斯韦尔认为，公共政策分析是一门“解决问题的学科”，在一定程度上也体现了公共政策学的实用价值。因此，公共政策学尽可能地运用科学方法研究公共政策的内容、过程与产出，探索其固有规律，形成系统性知识，并运用这种知识进行政策分析，进而通过公共权力机关将研究成果转化为政策实践。

基于上述原因，公共政策学对于知识整合、问题导向和实用价值等方面的追求是该学科自身的必然要求。为此，运用跨学科的知识解决公共政策过程中的问题，将公共政策的研究建立在多学科的基础之上，就成为公共政策学塑造其独特品格过程的追求之一。自然科学的新突破、新技术、新理论会随着整个科学技术的发展不断地影响公共政策学的思考方式，这就导致公共政策学形成了自身的特征，包括学术研究与应用研究相结合，理论构建与提供政策分析成果相结合，探索公共决策规律与改进政策系统、提高政策质量、控制社会运行、解决公共问题等相结合。研究方法属于公共政策学学科总体特征的一部分，公共政策学研究方法的特征包括：强调定量分析但不排斥定性分析，而是强调定量分析与定性分析相结合；接受经验实证主义，注重经验的历史积累，又强调运用现代科学方法进行实证研究；在强调研究发现必须具有逻辑一致性的同时，也强调研究发现要具有可检验性等。

综上所述，公共政策是指政府或其他公共组织为实现公共目标所做出的一种选择行为，诸如调节社会冲突、维护国家安全、发展生产力、向社会成员提供公共服务，等等，有时也可指代公共政策学这一学科。公共政策分析则是研究公共政策的一门学科，以实用性为学科的突出特征，其学科任务是探索公共决策规律、改进政策系统、提高政策质量、控制社会运行、解决公共问题。

二、公共政策分析的发展

公共政策分析作为一门学科产生较晚，一直到 20 世纪 50 年代初才作为独立学科出现，但其孕育的过程却长达数千年。作为一门应用性很强的学科，将公共政策分析应用于中国的政策实践，服务于中国的现实需要，是彰显其学科价值的重要途径之一。为了实现这一目的，公共政策分析的中国化发展是必由之路。公共政策分析最早的源头可以上溯至中国的殷商时期，但作为一门第二次世界大战后的新兴学科却诞生于国外，然后又被引入中国。此后，在结合中国的政策实践进行应用的过程中，其概念、理论、方法、模型和分析思路逐渐打上本土化的烙印，开始凸显中国特色。公共政策分析的中国化是一个过程，影响因素很多，但从漫长的发展历史来看，其基础动力主要由历史渊源、现实需求、生产力推动等要素组成。随着政策实践的深入，中国公共政策分析将继续朝着本土化的方向发展。

（一）中国古代的政策研究

公共政策是国家和政府治国理政的工具。政策与公共政策在一些条件下并不是同义词。公共政策的基本特质之一就是要体现出公共性，但政策却未必一定体现出公共性。在中国漫长的历史发展过程中，许多政策其实是“私政策”而非公共政策。这些“私政策”主要是为了私人利益而制定，为了私人利益而执行。政策是国家产生后的产物。随着国家的产生，就产生了各种各样的政策，有了政策，也就有了关于政策的研究。我国古代关于政策的研究主要集中在史官制度、谏议制度、策士制度、科举制度等四个制度层面。

1. 史官制度

在殷商时期，对于政策的研究主要体现在史官制度的作用上。史官制度是一种官职设置制度。史官是宫廷中的一种官职。获宫廷任命撰写国家历史、集团历史或机构历史的人被称为史官。中国历代均设置史官。史官既负责整理编纂前朝史料史书，也负责搜集记录本朝的史实。有关国家大典的文字记载、册命起草、法令归档管理等事项都归史官负责。

中国最早的史书《尚书·周书》，就是西周史官留下来的一部分公文。它实际上是周天子一系列重要决策的记录，其中蕴含着珍贵的政策思想。在履行史官职责的过程中，史官必然进行一定程度的政策思考，这可以看作中国最早的政策研究。

2. 谏议制度

谏议制度是指古代的一种进谏制度，始于汉代。在辛亥革命以前，虽然我国的政治体制是君主制，但君主在作决策时，为了自身的利益，也常常会听取臣子的建议。臣子负有向君主反映情况、分析问题、提出对策的职责。专门负责提出谏议者被称为谏官。谏议包括奏议和封驳两种形式。奏议一般是指采取书面形式向君主提出批评性的意见。但如果上奏的谏官是统治集团议事机构成员，也可采取口头形式。封驳则是指当谏官认为敕令或其他含有君主旨意的文件不妥时，加封后退回，以示异议。甚至在君主已经做出决策的情况下，也可以要求其收回成命，但这种做法也常常会受到申斥和惩罚。从秦开始，在中央集权的政治体制内建立起了一套由君主直接控制的监察系统，这套系统对政策制定负有谏诤之责，对政策执行具有监控功能。不管哪种谏议形式，谏官必须首先要对政策进行思考和研究，然后才能够得出向最高统治者进谏的结论。这可以认为是古代中国在谏议制度层面的政策研究。

3. 策士制度

士是春秋战国时期崛起的一个特殊的知识人和思想者阶层，后泛指中国古代社会的知识分子。策士是士的一个重要组成部分，原指战国时期游说诸侯的纵横之士，后泛指专为统治者出计策、献谋略的人。春秋战国时期是我国从奴隶制向封建制的过渡时期，在这一社会大变革的时代，策士的政策能力对各诸侯国的生存与发展至关重要。其以文韬武略、经国治世的才能为统治者所赏识。在长达百年的“合纵”“连横”中，策士为了所依附的政治集团利益和阶级利益奔走呼号，以政策设计和滔滔辩力为雄，凭借机谋智慧、口才辞令周旋于政治集团之间，在错综复杂的政治、军事和外交斗争中大显身手，乃至于形成“得士者昌，失士者亡”的局面。策士从地位低下到受到赏识和任用，进身之阶就是向卿大夫甚至国君游说，而游说的资本则是其所拥有的政策设计、政策分析、政策预测等能力以及献策技巧。因此，策士是中国历史上较有影响的一批政策研究者。其留下的著作如《管子》《论语》《商君书》等，至今仍在治国安邦中发挥着重要的启示作用。这可以看作士和策士制度层面的政策研究。

4. 科举制度

科举制度是中国古代政治体制的政治录用机制，这个机制最重要的特征是十分重视政策能力。为维护王朝统治，大多数统治者都选择重视政策的制定与执行，由此发展为重视政治人才的征聘。在实践中，则在仕的入口处注重考核有待入仕者的施政能力。隋炀帝时“以试策取士”，唐代科举取士，贡举有明法、明策等科目；宋代在考试内容上强调“先策论后诗赋”；王安石变法的内容之一是考试项目取消诗赋，专考经义和时务策。中国古代的大部分读书人以“读书做官”作为人生目标。“学而优则仕”的政治传统在我国古代先秦时期形成，科举制度则在隋唐时期形成。这些制度的共同特点是为学业优良者构建“朝为田舍郎，暮登天子堂”的跻身统治阶层的通道。这决定了古代的读书在一定意义上是将来做官的准备过程。为了金榜题名，读书人必然会关注政府运作，重视自身政策能力的养成，以至于有些古代读书人的考卷就成为政策研究的杰出著作，如宋代苏轼在应考时所进的“时务策”之一《教战守策》甚至成为传世之作。这些可以视为科举制度层面的政策研究。

总之，中国古代的政策研究是十分发达的，其影响十分深远。中国古代的史官制度、策士制度、谏议制度和科举制度在政策研究中起着非常重要的作用。尽管如此，公共政策分析却没有在中国漫长的农业社会里形成一个独立的学科体系，而是诞生在了其他国家，从学科发展来看，这不能不说是一个历史的曲折。

（二）西方国家的政策研究及公共政策分析的产生

西方国家的政策研究主要集中在工业革命之后。18、19 世纪欧洲进入大机器时代，在工业革命的冲击之下，封建主义的社会经济形态迅速衰落，新的生产力、生产关系诞生，整个国家对科技发展必然重视，要求国家的基本政策进行与之相适应的变革，使之被赋予新的政策理念和价值取向。产业革命和科学技术的进步，为人们从经验和定量方面研究公共政策提供了新的条件和手段。从产业革命前后到第一次世界大战前，许多学者和思想家，如卡尔·马克思、亚当·斯密、克劳塞维茨和马克斯·韦伯等，在政治学、经济学、军事学、社会学等领域做了大量的理论研究和方法论探索，其成果为公共政策分析的形成奠定了理论和方法论的基础。这门学科得以形成的历史条件，一些是由于其他学科的形成和发展造成的，另一些是由于政治、经济、科学技术的发展所导致的。主要历史条件有以下四个方面：系统论、信息论、控制论的产生；决策科学的形成；行为科学的形成和行为主义政治学的进展；凯恩斯主义的出台与政府政策领域的扩大。

系统论、信息论和控制论提供了一种新型的、科学的思维方式。这种思维方式的特点是系统性、动态性和最优化。作为上述“三论”的后续研究，20 世纪 70 年代又开始形成了“大系统论”。大系统论试图把“三论”组合成为统一的理论方法的体系。“三论”和大系统论奠定了包括公共政策分析在内的决策科学理论和方法论基础。决策科学与公共政策分析之间是一般与个别的关系，前者取得的所有重要研究成果，如有限理性决策模型和决策过程理论，以及博弈论的相关内容等，都直接成为公共政策分析的内容。

行为科学是运用自然科学的实验和观察的方法，研究在自然和社会环境中人的行为规律以及人与人的相互关系的学科。行为科学的宗旨，概括来说，就是解释、预测、控制人的行为，以利于达到群体和组织预期的目标。行为主义革命催生的一批政治学研究成果成为产生公共政策分析的催化剂，其中许多重要成果直接地被公共政策分析所采纳。此外，从方法论上讲，行为主义政治学对公共政策分析中的量化分析方法也产生了重大影响。

凯恩斯主义出台后，其被奉为政府制定政策的依据，强化了公共政策对于经济、社会生活的正面作用。许多国家政府的实践也证明，公共政策能够对经济、社会体系的健康运行产生巨大的影响。于是，公共政策领域自然得到了大大扩展，公共政策分析作为一门独立的学科呼之欲出。政策制定与执行中涉及的专门知识大大超出了传统的政府知识领域，这种局面使得政策分析、政策咨询、政策评估的职业化在发达国家应运而生。这也对公共政策分析的诞生起到了直接的催化作用。

在以上条件的孵化之下，1951 年由美国著名的政治学家勒纳和拉斯韦尔共同主编的

《政策科学：视野与方法的近期发展》一书面世，该书首次提出并界定了“政策科学”这一概念。书中所收论文对公共政策分析的概念、政策科学的学科特点和基本范畴、科学的决策方法等，都做了比较明确的探讨，奠定了公共政策分析的学科基础。这本书被誉为“政策科学的开山之作”“公共政策分析的经典著作”，被人们视为公共政策分析诞生的标志。拉斯韦尔是公共政策分析的创立者。行为主义和决策科学是这个学科的主导范式。公共政策分析与决策科学在创始阶段就形成了你中有我、我中有你的态势，这决定了公共政策分析天然地具有两大源头，即政治学和管理科学。

第二节　公共政策的分类、功能与社会本质

一、公共政策的分类

公共政策的分类
分类、功能
与社会本质

公共政策的分类是通过比较公共政策之间的相似性，把具有某些共同点或相似特征的公共政策归属于一个不确定集合的逻辑方法。分类的目的在于能够使大量纷繁复杂的公共政策系统化和条理化，以便更容易地发现和掌握公共政策发展的普遍规律。一般来说，公共政策的分类标准主要有公共政策的统摄关系、公共政策执行的范围、公共政策的内容分布等。

（一）按公共政策的统摄关系分类

按公共政策的统摄关系的不同，公共政策可划分为元政策、基本政策和具体政策。元政策、基本政策、具体政策之间则存在着衍生关系和统摄关系。

1. 元政策

元政策是用以指导和规范政府政策行为的一套理论理念和方法的总称。其统摄关系表现其在政策体系中居于管总的地位，所以又称为总政策、总路线或总方针。元政策对于其他各项政策起着指导作用和规范作用，对于其他政策的统摄能力最强，其他各类政策均服从于元政策。元政策是整个政策系统中牵一发而动全身的政策，其任何变动都会引发其他政策在价值取向、政策目标、政策执行方式等方面的变动。在元政策与其他政策的关系处理上，毛泽东同志指出：“我党规定了中国革命的总路线和总政策，又规定了各项具体的工作路线和各项具体的政策。但是，许多同志往往记住了我党的具体的各别的工作路线和政策，忘记了我党的总路线和总政策。而如果真正忘记了我党的总路线和总政策，我们就将是一个盲目的不完全的不清醒的革命者，在我们执行具体工作路线和具体政策的时候，就会迷失方向，就会左右摇摆，就会贻误我们的工作。”① 这就告诫全党，在处理元政策与其他政策的关系时，要始终把握元政策的统摄地位和其他政策的从属地位。“一个中心、两个基本点”“四个全面”“五位一体”等，就属于为解决不同时期国家所面临的突出公共政策问题而制定的元政策。

① 毛泽东．毛泽东选集：第4卷［M］. 2版. 北京：人民出版社，1991：1316.

2. 基本政策

基本政策是针对某一社会领域或社会生活某个基本方面制定的、在该领域或方面起全局性与战略性作用的政策，又称作基本国策。基本政策是由总政策衍生出来的，是联结元政策与具体政策的中间环节，是总政策在某一领域的具体化；同时，它又是对该领域的具体政策起统摄作用的政策，包括政策制定者的价值观和政治信仰能够通过基本政策得到反映。例如，在经济发展和生态环境保护方面制定的“坚持以提高发展质量和效益为中心”“绿水青山就是金山银山”“加快实施创新驱动发展战略”，在国际关系方面制定的“打造人类命运共同体”“一带一路”倡议等，就属于基本政策。

3. 具体政策

具体政策是由基本政策衍生而来的，又称为部门政策。具体政策在整个政策体系中处于从属地位，既从属于元政策，也从属于基本政策。具体政策是基本政策的具体化方案，是为了贯彻基本政策而制定的可操作性突出的政策。在形式上一般表现为明确的具体行动准则或者具体行为规范。例如，国家制定的“三孩生育政策”“九年义务教育政策”等。

（二）按公共政策执行的范围分类

按公共政策执行范围的不同，公共政策可划分为中央政策和地方政策。在我国，中央政策是党中央或广义的中央政府所制定的政策；地方政策则是党的地方各级领导机关或广义的地方政府所制定的政策。两类政策的实施范围不同，一类在全国实施，另一类在地方行政区域内实施。在单一制国家，两类政策存在服从与被服从的关系。服务于局部的地方政策必须服从服务于全局的中央政策。

（三）按公共政策的内容分布分类

公共政策是为解决一定的社会公共问题而制定的。政策内容所针对的社会公共问题分布的领域，也是所制定的政策内容分布的领域。按公共政策的内容分布的不同，公共政策可划分为政治政策、经济政策、科技政策、教育政策、卫生政策、文化政策、交通运输政策等。虽然政策内容是针对这些领域的，但实施后的政策效力未必会局限在这些领域，往往会超出这些领域。例如，早年我国在人口领域所实行的计划生育政策，实施后的政策效力远远超出了人口领域，甚至超出了经济领域和政治领域。因此这种分类方法只是根据政策内容所针对的社会公共问题分布的领域所进行的一种理想化的分类。在这种分类结果下，其政策效力作用于政策对象的广度与深度、时间与空间等需要具体问题具体分析。

二、公共政策的功能

公共政策的功能是指公共政策所发挥的有利作用或效能。公共政策的功能表现在多方面，其基本功能有以下四种。

（一）管制功能

管制是通过制定公共政策和设计相应的机制，以控制某些不良现象蔓延或者阻止某些不良现象的出现。例如价格管制、销售管制等。实现政策目标，既可以通过倡导或鼓励来达成，也可以通过阻止政策对象不做什么来达成，后者就属于管制。公共政策具有管制功能，这种功能往往是通过明晰的、以公共政策的规定为表现形式而展现出来。政策管制功能分为积极性管制功能和消极性管制功能。政策的积极性管制功能是政策条文的规定所产生的政策效力导致政策对象不能、不愿、不敢超出规范。政策的消极性管制功能是指，政策条文规定当政策对象发生违反条文规定的行为时，需要受到相应的惩罚。法律是一种特殊的公共政策，刑法等用于法庭审理案件的法律，一般具有消极性管制功能。管制功能的实质是政府以强制手段，对政策对象做出限制其某些决策能力的一种强制性措施。

（二）引导功能

公共政策本身具有政策目标，这个目标除了规范政策制定过程和执行过程等之外，还有一系列的规范作用。根据这个政策目标，通过政策对人们的行为和事物的发展加以引导，就使得政策本身被赋予了导向性。实际上是利用公共政策给社会的发展和人们的行动确定了方向。这个过程能够减少社会的混乱度，使整个社会生活按照减少混乱度的要求，纳入政策目标上来，使之按既定政策目标有序前进。引导功能属于政策的积极功能之一。这项功能使人们认识到应该具备怎样的行为及具备这些行为的原因。引导功能的基础在于创造人们符合政策要求的动机，动机产生之后人们自然就要寻找能够满足动机的目标，如果能够使人们寻找的目标与公共政策目标保持一致，就能够成功实现公共政策的引导功能。

解释性案例 1-1

引导合理消费——化妆品消费税新政策释放积极信号

经国务院批准，我国自 2016 年 10 月 1 日起调整化妆品消费税政策，其中对普通美容、修饰类化妆品免征消费税，高档化妆品消费税税率由 30%下调为 15%。

权威人士指出，此次调整化妆品消费税政策，迈出我国消费税改革的重要一步，一方面旨在发挥消费税调节收入分配、引导合理消费的积极作用，另一方面通过对普通化妆品免征消费税并降低高档化妆品税率，有助于减轻消费者负担。

有关专家认为，此次调整化妆品消费税政策，是继 2006 年我国取消日化产业的“护肤护发品”税目后又一针对化妆品领域的大动作，也是消费税改革向前推进的重要一步，体现了消费税面向高污染、高消费和高耗能产品征收消费税的政策引导意图。

目前，我国消费税主要针对烟、酒、化妆品、贵重首饰及珠宝玉石、鞭炮焰火、成品油、汽车轮胎、摩托车、小汽车、高尔夫球及球具、高档手表、游艇、木制一次性筷子、实木地板等征税，2015 年初增加对电池、涂料征收消费税。进一步调整消费税征收范围、环节、税率，把高耗能、高污染产品及部分高档消费品纳入征收范围，是消费税的改革方向。

此次调整的最大看点是取消对普通美容、修饰类化妆品征收消费税，将“化妆品”税目名称更名为“高档化妆品”，征收范围包括高档美容、修饰类化妆品，高档护肤类化妆品和成套化妆品，同时下调税率。

“化妆品”税目调整为“高档化妆品”，体现了消费税引导合理消费的既定原则。此次调整让普通化妆品成了日常消费品，有助于降低居民消费税负，释放鼓励消费的积极信号。

有关专家认为，近些年随着百姓生活水平的提高，洗发水、口红、指甲油等很多化妆品成为日常消费品，消费税政策也在不断调整，如2006年就取消了对护肤护发品征收消费税。此次明确对普通化妆品免征消费税，对高档化妆品降税，体现了国家公共政策的引导功能，进一步减轻了消费者的负担。

资料来源：韩洁，申铖．引导合理消费 为消费者减负——化妆品消费税新政策释放积极信号［EB/OL］.（2016-09-30）［2023-05-25］. https://www.gov.cn/xinwen/2016-09/30/content_5114348.htm.

（三）调控功能

公共政策的调控功能是指公共政策所具有的对各种利益群体的矛盾进行调节与控制的作用。就全社会而言，各种不同的利益群体之间不可避免地会出现各种利益矛盾和冲突，运用政策的调控功能，能够有效地对这些矛盾和冲突进行调节与控制，以实现社会的平稳运行。在某种意义上说，公共权力机关的治理手段之一就是制定和执行公共政策，所以公共政策是公共权力机关实现善治的主要途径。要做到善治，就需要对包括利益关系在内的各种社会关系加以调节和控制，使其维持在一定水平的良性状态。在所有调控手段之中，公共政策的调控功能是其他管理社会手段所难以具备的。政策的调控功能有直接和间接两种形式。利用行政手段和指令性计划，不通过市场机制来进行的调控就是直接调控，利用经济手段通过市场机制来实现的调控就是间接调控。

（四）分配功能

公共政策就是对于全社会的资源进行权威性分配，所以对社会公共利益进行分配是公共政策功能的题中应有之义。尤其是公共政策所具有的价值或利益分配功能，更是公共政策最常见的作用之一。在分配偏好方面，通常情况下公共政策倾向于把价值或利益分配给与政府主观偏好一致或基本一致者、最能代表社会生产力发展方向者及普遍获益的社会多数。社会是否保持稳定，与公共政策是否发挥良好的分配功能息息相关。所以，公共政策的分配功能对社会的良性运行和稳定发展有着非常直接的影响。

三、公共政策的社会本质

公共政策的社会本质就是为一定的目标而进行的社会资源的配置和社会价值的分配。公共政策的社会本质是公共政策本质的一种表现形式，是公共性与偏好性的矛盾体，这一社会本质存在于公共权力机关为了实现政策目标而进行社会资源配置和社会价值分配的行为中。公共政策是公共权力机关为解决公共问题、实现公共利益、达成公共目标而制定的，这就是公共政策的公共性。公共性是公共政策具有的一种特质，偏好性则是指公共政策需要体现出阶级的意志和利益，维护本阶级的政治、经济利益，体现出公共权力机关的价值观。所以，不同历史阶段的不同统治阶级，其所制定的政策在社会本质上有明显区别。

公共政策目标在整体上看，是三类目标的集合体，即公共利益目标、阶级目标和政府自利性目标。如果公共政策并非公共利益至上，就往往不能代表大多数人的利益，包括履行社会经济职能、管理社会事务的职能、保持相对稳定的政治局面等。这样，国家往往根据统治阶级的需要，组织社会经济活动，发展科技文化事业，管理某些社会公共事务，从而使国家履行管理社会事务方面的职能。这种职能必然通过国家政策体现出来。在阶级社会中，如果公共政策没有阶级性，将导致公共政策缺乏根本的偏好性，政策过程必然会迷失方向。政府的自利性目标是一个客观存在，政府自身的存在、维持和发展都需要公共政策具有一定的自利性目标，因此公共政策目标也会包含政府的一些自利性目标。

所谓社会资源的配置，指的是政策主体为实现政策目标而进行的人力、物力、财力等资源的配置。这种社会资源配置是多方面的，包括确定政策方案过程中的社会资源配置，包括之后进入政策执行阶段的社会资源配置，还包括政策评估阶段的社会资源配置。政策主体制定什么样的政策、确定什么样的政策目标，既取决于其主观认识，也取决于能够配置的资源的种类和多寡。高铁建造成本每千米超过一亿元，所以在改革开放之前，尽管国家也需要高铁，但做出建造高铁的决定是非常困难的，因为那时候无论是技术资源还是财政资源都非常有限。只有在改革开放之后，在国家富起来和强起来的今天，国家才会做出建造高铁的决定并付诸实施。

政策收益在不同的利益群体间的分布行为称为社会价值的分配。公共政策中的社会价值，一般指的是生产资料、生活资料、权力、财富、荣誉、地位等。社会价值分配，是由政策制定者在生产关系、社会关系以及政治体系中的地位所决定的，因此社会价值的分配在不同的社会群体间往往表现出非均衡的状态。拉斯韦尔指出，权势人物是在可以取得的价值中获取最多的那些人。可望获取的价值可以分为尊重、收入、安全等类别，取得价值最多的人是精英；其余的人是群众。同时，拉斯韦尔还根据一些社会群体的特点，阐述了公共政策在不同的社会群体间进行价值分配的过程。

第三节　公共政策系统与公共决策体制

一、公共政策系统

（一）系统的概念

要素是构成系统并维持其有序运行的基本组成单位，直接作用于系统的形成、性质与发展。要素之间存在着一定的层次、目标、需求、环境、结构等有机联系，为了应对生存环境挑战，各要素之间通过消息、物质、能力的协作与博弈，形成不断的动态平衡模式来驱使内部整体趋于完善，这种整合机制称为系统。系统观点有利于客观认知研究对象的内部结构和运行规则，具有一定的科学性与方法论价值。就管理学科而言，借助于系统理论可以更深刻地认识管理要素的相互联系和作用，从本质上理解管理形态和动态。系统理论强调系统组成要素之间的整体性、层次性、协同性、开放性等特征。

（二）公共政策系统的概念

公共政策系统的概念

对于公共政策系统的概念，中外诸多学者基于不同视角提出了不同观点。威廉·N. 邓恩指出，政策系统包括政策、政策主体和政策环境，政策主体是指政策决策者和参与者，政策环境则涵盖了地理环境、经济环境、政治文化、国际环境和社会变迁等因素。政策、政策主体和政策环境这三者通过不断进行物质、信息等交换，构成了检测、评估、预测和优化的全过程政策体系。宁骚指出："政策系统是指一个由政策主体和其他利益相关者，以及将他们与政策客体、政策环境联系起来的政策支持系统、政策反馈系统等所组成的有机整体。"政策系统也分为动态政策系统和静态政策系统。动态政策系统即政策系统内部各要素之间的互动、影响、反馈和调适；静态政策系统即以政府为主的公共部门出台的公共政策体系。

（三）公共政策系统的构成

公共政策系统是由多个组成部分相互作用和影响而构成复杂的网络。协调运用各个要素的关系是推动公共政策的制定、实施和评估的关键因素。政策系统在特定的政治、经济和社会环境下，由政策主体、政策客体等各种要素相互作用，共同完成政策的制定、执行与反馈过程。值得注意的是，政策系统内部结构需与外部环境动态匹配。虽然政策制定对政策环境产生作用，但政策环境的变化会对政策制定产生影响和约束。政策系统能清晰地揭示出政策活动自身所蕴含的矛盾，从而寻找出推动政策活动产生阶段性推进的动力。政策系统是由政策主体系统、政策支持系统等子系统及其与环境相互作用而构成的巨系统。子系统在内部关系上是相互联系、相互依存、相互作用的。

（四）公共政策系统的运行过程

公共政策系统的运行亦即公共政策过程的展开，其运行始于公共政策制定中的利益输入，经过利益综合、政策形成、政策发布、政策执行、政策反馈即完成一个运行周期。具体而言，公共政策系统的运行过程如下。

1. 利益输入

政策过程以公共政策制定为起点，政策问题的提出实质上就是民众或相关利益群体反映和表达自身利益诉求，并将其输入政策系统的过程。

2. 利益综合

公共政策是人们为解决特定的公共问题的行动计划。经过各种渠道输入进政策系统的利益诉求纷繁复杂，在政策系统制定政策时，要充分考量各社会群体之间的利益相关性。政策系统对各种利益关系的综合平衡，即为利益综合。

3. 政策形成

政策形成是政策系统针对有关的重要政策问题，依照一定的程序和原则确定目标，拟定、评估和选择有关政策方案并最终择定的过程。在此期间，由于社会群体的利益、追求和价值取向不同，公共政策目标经常要在这些不同的群体利益和价值取向之间寻求协调。不仅如此，在全局与局部之间、民主与科学之间、公平与效率之间也有相当的冲突。这就要求政策系统充分运用政策支持系统的各种手段，如系统论、控制论和运筹学等，对各政策方案的可行性、合理性进行全面的评价。公共决策体制在政策形成过程中具有重要作用。

4. 政策发布

政策发布是政策合法化的必要步骤。在政策正式形成之后，通过一定的方式，将政策文本向公众予以公布，让公众知晓政策的内容及生效时间，甚至为了让公众了解相关政策还可能要举行各类政策解读等活动，从而为下一步的政策执行奠定一定的基础。

5. 政策执行

政策执行是将政策付诸实践的过程。政策执行的重要作用是人们利用公共政策对社会利益予以分配、对公众行为进行引导和限制，从而使一部分人可能从中受益，另一部分人可能利益受损。政策的实际效果如何，往往与政策执行者的执行意愿有很大关系，而执行意愿与人们的利益直接相关。

6. 政策反馈

作为公共利益的权威性分配，政策的实施受多方面因素的影响。为促进政策目标的最终实现，必须建立必要的反馈机制。一般来说，政策实施效果由政策评估系统进行科学、系统地评估，并将评估结果提供给政策制定或执行系统。政策制定系统基于反馈进行必要的政策调整，而政策执行系统则对执行行为进行相应的调整，以促进政策更加有效执行。

二、公共政策主体、客体及政策环境

公共政策主体、客体及政策环境

政策目标能否如预期达成，政策主体、客体及政策环境具有重要影响。本质上，政策效果是政策主体和客体基于特定的政策环境互动的结果。在政策过程中，政策主体通常是根据政策客体的需求和利益来制定政策并执行政策，而政策客体则可以通过反馈和参与来影响政策的制定和实施。政策主体、政策客体、政策环境的相互作用直接关系到整个公共政策体系的运行，对政策目标的实现有决定性影响。

（一）公共政策主体

在政策系统的范畴里，政策主体是指能够自主认知、间接或直接参与政策制定、实施、评估、监督等政策过程的组织、团体和个人。

1. 直接主体

公共政策的直接主体，是指拥有公共资源的分配权，能够对社会价值进行权威性分配，主导政策过程的个人、机关或组织。

（1）代议机关。代议机关又称代表机关，能够独立行使国家立法职能，通过选举制度产生并代表人民的意愿行使国家立法权。其基本职能为制定、修改、废止法律和其他规范性文件，即直接把国民意志以及具有稳定性、普遍性特征的政策上升为法的形态。立法是代议机关制定公共政策的基本形式。

（2）行政机关。行政机关是指依法行使国家行政管理职权，在宪法和法律的规定下负责实施国家行政管理职能、执行国家法律和政策，同时拥有政策制定权的政府机关。行政机关包括中央行政机关和地方行政机关两个层级。在我国，中央行政机关是指国务院及其直属机构，国务院是我国最高国家行政机关；地方行政机关是指省、自治区、直辖市及其下属的市、县、区、乡镇等行政机构。

（3）司法机关。司法机关是依法成立的行使司法权的国家机关，其主要职责是依据法律接受诉讼、审判裁决和执行。在我国，司法机关指人民法院、人民检察院。我国司法机关属于公共政策的直接主体，必须遵守国家法律法规和公共政策，同时也需要对公共政策的执行进行监督和维护。总体上来看，司法机关在政策过程中主要发挥执行职能。

（4）政党、军队领导人及宗教领袖。在部分国家，在特定的政治体制内处于领导地位的执政党，或者主导政治体制的军人执政机构，或者政教合一体制中的宗教领袖，也属于公共政策的直接主体。

2. 间接主体

公共政策的间接主体是指通过压力、舆论、私人接触等方式介入公共政策过程、对政策过程产生一定影响，但不拥有合法强制力的个人、团体、组织、社群或社会关系网络等。间接主体可以分为三类：次国家政策行为者、跨国政策行为者、全球性政策行为者。

（1）次国家政策行为者主要是指在国家层面之下，与国家政策制定与执行相关的个人或组织。这些行为者不具有合法的强制力，但可通过多种方式对公共政策制定和执行发挥影响作用，从而实现自身或所在利益集团的政策目标与利益诉求。如，利益集团通过游说、宣传、诉讼、政治支持等途径，影响立法机关和行政机关的政策制定；由自媒体、报纸、广播、电视、杂志、互联网等组成的大众传媒的传播，为公众参与政策过程提供便捷渠道；公民个体通过投票、听证、书信、投诉等多种途径影响政策过程与政策执行；智库通过发表文章和报告向政府传达社会观点，同时了解政府的需求，提出更符合政府价值取向的政策建议。

（2）跨国政策行为者是指能够在国际范围内发挥影响作用的政策行为者。其在国际化不断加深背景下，影响政策进程、实现政策目标，从而塑造跨国政策环境，积极推动全球经济发展和国际合作。如跨国公司、多国公司、美洲国家组织、石油输出国组织、东南亚联盟等，这些类型不一的组织在全球化的背景下，跨越国家边界，在全球政策制定、执行和影响过程中扮演着重要角色。

（3）全球性政策行为者是指能够影响全球政策进程的政策制定者，主要包括全球性政府组织和全球性非政府组织两大类，如联合国、世界贸易组织、国际奥林匹克委员会等。这些组织具有广泛的代表性和影响力，通过各种途径影响政策进程，从而实现其政策目标，并影响其他国家的政策制定。全球性政策行为者的存在对于全球经济社会的发展与国际合作等政策制定和建议具有重要的意义。

（二）公共政策客体

公共政策客体是指公共政策能够直接或间接对其发挥作用、施加影响的目标群体，是政策主体希望通过政策制定和实施来发挥影响的政策效果体现者。从政策指向对象的类型来看，公共政策客体主要包括公共政策问题和目标群体两大类。

1. 公共政策问题

公共政策问题是公共政策客体的重要组成部分。问题是现实状态与期望之间的差距。只有当某领域的问题涉及面较广，受到公众的广泛关注，才有可能成为公共问题。而只有被政府关注并列入政府议事日程，通过制定相关政策试图解决的公共问题才能成为公共政策的客体，也就是公共政策问题。

2. 目标群体

目标群体是公共政策客体范畴中归属于“人”的部分，是指受政策作用、管制、调节的社会成员。公共政策的目标群体因政策的性质和目的而有所不同。目标群体在整个政策体系的运行中具有显著的被支配地位，是政策目标的作用对象，但并不意味着目标群体在政策面前就处于完全的顺从地位，实际上，目标群体通过自身对政策及其执行的反应，可以通过一定的渠道及方式对政策规划和执行行为产生重要影响。此外，由于目标群体成员的实际情况不同，导致利益需求也不同，对相应政策的认知也不同，增加了政策执行的复杂性。

（三）公共政策环境

公共政策环境是指在政策过程中作用于公共政策的外部因素的总和，包括政治、经济、地理自然、社会文化、法治和国际环境等。在制定公共政策的过程中，政策主体需要充分了解和考虑政策客体的特点和需求，并结合政策环境的变化进行科学规划和决策，以实现公共利益的最大化。

1. 政治环境

政治环境是指影响政策制定和实施的政治因素，包括政治制度、行政体制、政治文化、政治关系、政党竞争、国家与社会的关系状况、利益集团和公众舆论等。政治环境决定了政治主体之间的权力、权利分配及其相互关系，决定了政治系统的民主化、合法化程度。政策的制定和实施必须考虑政治环境的影响，以便更好地协调各方的利益，以达成政策目标。政治环境的变化可能导致对政策重新进行评估和重新调整，良好的政治环境可以促进多元主体间的良性互动，从而提高政策实施的效果。

2. 经济环境

经济环境是指对政策系统的生存、发展与运行具有重要影响的各种经济因素的总和。具体指的是一个国家或地区的社会经济状况和国家经济环境，包括生产力的发展状态、生产资料所有制形式、经济结构、经济总量、资源配置、产业结构、劳动力市场、法律制度、交通运输、经济总量、家庭收入、人均收入、消费者支出模式等。这些因素相互作用，构成了一个国家或地区的宏观经济环境和微观经济状态。经济环境为政策系统提供运行所必需的资源，直接影响政策实施的效果和成果。政策主体的决策目标、决策行为、决策原则、决策方法等都要受到经济环境的制约。因此，经济环境对公共政策的制定和实施具有重大影响。

3. 地理自然环境

地理自然环境是一个国家生存和发展的物质基础，具体是指政策系统所处的地理位置和自然状况，包括国土面积、地形地貌、气候、水、土壤、生物等自然资源，以及它们之间的相互作用关系。地理自然环境与公共政策有着紧密的联系，政策总是在特定的自然地理环境下（空间环境）运行的，自然地理环境的特征对政策制定、执行和监控具有重要的影响。自然环境也会直接或间接地影响政策实施的效果。例如，天气和气候变化可能会对灾害防治政策的实施产生影响，自然资源的丰富程度和质量也会影响资源利用政策的有效性。

4. 社会文化环境

社会文化环境指的是对政策系统生存、发展与运行产生重要影响的社会状况与文化状况，是一个社会或文化圈所共有的文化认知、价值观念、社会结构等因素。其对于人们的行为方式、思维方式以及个体与群体的关系等方面产生深远影响。社会文化环境包括人口结构、性别与年龄的比例、社会群体的职业构成、民族分布、文化传承、道德风尚、地域文化、人口素质、历史背景、意识形态、民族心理、国民受教育程度等。社会文化环境的不同会导致政策系统在制定、实施和评估政策时采用的方式不同，从而影响政策的效果和实际效益。因此，重视社会文化环境对政策过程的影响，是政策制定和实施过程中不可忽视的重要环节。

5. 法治环境

法治环境是指对政策系统的生存、发展与运行产生重要影响的所有实际或潜在的法治状态，包括法律体系、法律机构、法规、执法状况、司法体系、法治文化等。法律法规的完备性和司法体系的公正性将直接或间接地影响政策制定和实施的合法性和可行性。在依法治国的环境下，政策执行在程序上和结果上将更加规范和公正。

6. 国际环境

国际环境是指本国以外国际社会中各种要素及其互动组合、发展演化的共同体。它既包括全球范围内的政治、经济、文化、军事、外交发展演变的共同趋势、全球秩序及规则，也包括对政策系统生存、发展和运行产生一定影响的国际竞争、合作与冲突等关系。

公共决策体制的内涵

三、公共决策体制

（一）公共决策体制的内涵

决策行为要达成预期目标，必须按照不同时期的政治经济发展和决策活动的要求，对决策行为加以规范，形成制度，建立相应的决策体制。由政策行为者持续不断地互动所形成的关于公共决策权力配置的制度、程序、规则与方式等，称为公共决策体制。公共决策体制与政治体制紧密相连，尤其是在决策权力的分配上，政治体制对公共决策体制有深远影响。科学合理的公共决策体制为公共决策提供有力的制度保证，从而规范决策行为，降低决策成本。决策权力是公共决策体制中的关键要素。公共决策体制是约束和规范决策权力运行的制度性要件。

（二）公共决策权力及其配置

1. 公共决策权力

公共决策权力是指决策主体在决策过程中对他人的控制力、制约力和影响力。公共决策权力是一种公共权力。在政策主体系统中，决策权力的基础既来自正式的职务权力、法定权力，也来自非正式的人格权威、技术权力，而更多的则是二者的结合。

2. 公共决策权的配置

为有效行使决策权力，需要按照一定的标准对其进行配置。根据不同的标准和不同的角度，决策权力的配置可分为不同的类型。

根据最高决策权所属人数的多少，公共决策权的配置可以分为首长制和委员会制。首长制也称“一长制”“独任制”，是指最高决策权为特定个体所独掌，并由其承担全部决策责任的体制。其优点在于能够快速地做出决断，有利于应对急难险重等时间性要求比较高的问题；其缺点是容易导致权力滥用，可能会形成专断的作风，影响决策的民主性。委员会制又称“合议制”“会议制”，是指最高决策权配置给由两人以上组成的委员会，政策方案的最终抉择由委员会根据一定的原则进行。其优点在于能够听取多方面意见，集思广益，同时还能通过决策协调各方意见，达成政策共识，利于决策民主化；其缺点主要是决策比较耗时，各方达成共识的成本较高，责任分散。

根据决策权限的集中与分散程度，公共决策权的配置可以分为集权制和分权制。集权制指的是决策事务与决策权均集中于上级决策机关，下级机关只能依上级决策机关的意志和决策指令行事。其优点在于决策者能够做到统筹兼顾，且决策的效率较高；其缺点是政策的适应性差。分权制指的是各级决策机关在各自的管辖范围内拥有相对独立的决策权，上级机关不干预下级机关的决策活动。其优点在于下级机关能够因地制宜地进行决策；其缺点在于往往不能很好的消弭本位主义的影响。

此外，依据上下级机关的指挥控制方式的不同，公共决策权的配置可以分为完整制和分离制；根据决策系统中各部门的职责权限和范围的不同，公共决策权的配置可以分为层级制和职能制。

（三）公共决策体制的类型

公共决策体制是在一定历史条件下，结合一个国家自身的经济基础、政治条件、文化传统等因素，进行人为设计和塑造的政治体制之一，是政治发展的产物。目前世界各主要国家的公共决策体制并不相同，一般可区分为以下几种类型。

1. 人民代表大会制

人民代表大会制是按照民主集中制原则，由选民直接或间接选举代表组成人民代表大会作为国家权力机关，统一管理国家事务的政治制度。人民代表大会制度是我国的根本政治制度，也是当代中国实行的公共决策体制。中华人民共和国的一切权力属于人民。人民行使国家权力的机关是全国人民代表大会和地方各级人民代表大会。全国人民代表大会和地方各级人民代表大会都由民主选举产生，对人民负责，受人民监督。中国共产党领导的人民代表大会制的主要特点是：全国人大是国家最高权力机关，行使立法权。全国人民代表大会产生国家行政机关、监察机关、审判机关、检察机关。地方各级人民代表大会是地方国家权力机关。地方各级人民代表大会在本行政区域内，保证宪法、法律、行政法规的遵守和执行；依照法律规定的权限，通过和发布决议，审查和决定地方的经济建设、文化建设和公共事业建设的计划。民主集中制既是人大制度的组织原则，也是人大及其常委会行使决策权必须遵循的原则，即实行集体决策，组成人员充分审议，在进行表决的基础上，按多数规则做出决定；中国共产党的执政地位通过党对人大的领导来实现，即党的主张通过国家权力机关，变成国家的法律和政策，变成国家意志。全国人民代表大会依据宪法和法律的规定，行使监督职权。

2. 总统制

总统制是发源于欧美地区的一种决策体制，也是资产阶级民主共和国的一种政权组织形式，与议会内阁制相对称。在总统制下，由选民分别选举行政机关和立法机关，由总统担任国家元首，同时担任政府首脑。行政机关、立法机关、司法机关相互独立，互不隶属而又相互制衡；在这种“三权分立”的体制下，总统拥有相对较大的决策权。政府不对议会负责，总统可以对议会通过的法案行使否决权，有权任命国家最高法院的大法官；在内阁里拥有最终决策权。三权分立的制衡机制使总统拥有的决策权受到制约，使之不至于成为绝对的权力。从国家最高决策权来看，美国的公共决策体制属于典型的总统制。有些国家虽然也设总统，但总统只是国家元首，不兼任政府首脑，内阁由议会产生，只对议会负责。这种情况属于半总统制或者双首长制。

3. 议会制

议会制是以英国为代表的一种决策制度。这种决策制度以议会为国家政治活动中心，政府须对议会负责。议会制的基本特征是由选民选举出代表或议员，然后由代表或议员组成代表机关或议会，再由在代表机关或议会中占多数席位的政党或政党联盟组成内阁，内阁对议会负责。在实行议会制的国家里，立法机关与行政机关并不完全分立，议会的决策对政府的决策有决定性的作用，政府决策最终服从于议会决策。因此，公共决策体制得以正常运行的关键是在议会里是否能够获得多数支持。在议会制里，决策的基本规则为多数规则。国家元首（君主、总统、主席等）不拥有实质意义的决策权。

4. 半总统半议会制

半总统半议会制又称双首长制、半总统制、混合制、双元首脑制等。这种国家机构体系模式兼具总统制和议会制这两种体制特点。总统是国家元首，由选民选举产生，不对议会负责，实际掌握最高行政权，有权任命政府总理和部长等内阁成员，主持内阁会议，并负责公布法律，有权要求议会重新审议已通过的法律，统率军队等。同时，在征询总理和议会两院议长意见后，总统有权宣布解散国民议会，并享有采取紧急状态措施的权力等。实行这一体制的国家以法国为代表。在法国以及其他实行法国式的双首长制国家里，总统既是国家元首又拥有行政决策权，其行政决策实行首长制；以总理为首的内阁，其决策的行使则有赖于议会多数的支持。

5. 超级总统制

这种公共决策体制又被称为“总统集权制”，俄罗斯被认为是实行超级总统制的典型国家。其在组织结构上与法国式的半总统半议会制或美国式的总统制相似，但在立法、司法、行政等各组织机构之间的权力关系配置上却非常不同。虽然实行“三权分立”，但总统权力极大，议会权力很小。在这种公共决策体制的实践中，议会的真正决策权仅限于立法权；总统任命总理和组织政府；总统有权解散议会、决定议会选举和全民公决等重大国家事务，获得议会多数席位的政党无权组阁。因此，超级总统制的议会权力相当有限。无论是法国的双首长制还是美国的总统制，其总统决策权的广泛性远远不及超级总统制。

6. 委员会制

委员会制是指共和政体的一种特殊形式，又称合议制。其主要特征是国家最高行政机关为委员会，其成员由议会选举产生，行政首脑由委员会在其成员中选任。瑞士实行的就是这种公共决策体制。作为国家最高行政机关的委员会，其主席、副主席不得单独行使委员会职权；政府只是由议会选举产生的一个委员会，该委员会实行集体领导，其主席对内主持会议、对外履行国家元首的礼仪性职责；政府从属于议会，基本职能是执行议会决策，其自身决策权的行使仅限于政策执行这样的操作过程。在这种决策体制里，决策权并非由单一领袖所拥有，而是主要由议会按照多数规则行使；委员会决定问题时由集体讨论多数通过，以合议制形式集体行使职权。委员会制与总统制的区别在于其总统由委员会成员轮流担任；众议院不能对委员会提出不信任案，委员会也无权解散众议院。

7. 军事独裁制

军事独裁制是指军队掌握国家全部或大部分权力的独裁类型的政府，是通过发动政变而夺得国家政权的军队领导人实行的一种决策体制。近代以来，在欧洲和拉丁美洲的国家里，都曾出现过军事独裁制。大多数军事独裁制是在政变中推翻了原有的文官政府后确立的。作为一种独特的政治形式，军人政权多数是在一些第三世界国家的政治发展过程中得到确立的，而不是通过宪法和法律规定的程序或普遍的选举实现的，也没有得到所在国原有宪法架构和制度原则的认可和支持。掌握政权的军事集团对现存国家政治秩序和原有权力机构大都持否定态度，这种决策体制主要有两种类型：第一种类型是以军人决策取代政府决策；第二种类型是在军人主导下形成政府决策。

（四）公共决策的规则

现代政治是程序政治，程序就是一系列规则。公共决策不仅涉及决策权力的配置，也要制定和遵循一定的决策规则。所谓决策规则，就是决策主体择定最终政策方案的程序和方法。决策规则划定了一个范围，政治竞争者必须在此范围内制定其战略和策略，并开展政治斗争。不同的决策规则对最终的选择具有非常重要的影响，决策规则的改变很可能导致决策结果的变化。公共决策必须遵循一定的规则，这既是公共决策理论的要求，也是公共决策实践检验的结果。只有遵循一定的普遍规则，决策才有可能是科学和有效的。政策制定主体采纳的基本决策规则主要包括投票规则、听证规则和集体协商规则。

1. 投票规则

投票规则是现代公共决策规则中最为普遍的规则，它通常由全体一致规则和多数规则组成。

（1）全体一致规则。

全体一致规则又称“一票否决制”，即所有拥有投票权的直接决策者都对某项政策方案投赞同票，或者至少在没有任何一票反对的情况下，政策方案才能转化为正式的公共政策。

全体一致规则有两个基本特征：第一，决策主体在形式上都能绝对平等地分享决策权，任何一个否决行动都会对政策方案的通过产生决定性的影响；第二，决策结果达到了“帕累托最优”，即所有决策主体都能因最终的方案选择而获得一定的收益，没有人因此而受损。全体一致规则的缺陷是决策成本过高，在客观上鼓励人们运用一些策略来争取自己偏好的方案胜出。例如，利用讨价还价、弃权等手段，这样就达不到制定决策方案的目的。

（2）多数规则。

所谓多数规则，就是采取少数服从多数的原则，以得票最多的政策方案作为获得通过的政策方案。多数规则采取两种基本形式：简单多数规则和过半数规则。

1）简单多数规则。所谓“简单多数”，就是在多种政策方案的择优中，哪一项方案得到的赞成票最多，则该方案就成为获得通过的公共政策方案，而不必超过半数。该规则是最易于为人们接受的一种决策方法。简单多数规则一般要求参与决策的群体成员数量为奇数。

2）过半数规则。这是指一项决策表决的时候必须要超过 1/2 的投票人赞同方才得以通过的规则。过半数规则是现代社会中被最广泛运用的决策方式。在实践中，人们更习惯于选择反映“大多数”人意愿的过半数方式。过半数规则表决后的决策要求全体参与者必须遵守和服从。根据不同需要，过半数的人占全体决策群体成员的比例可以是 2/3 票制、3/5 票制等。采用过半数规则时，不同的投票次序将会产生不同的结果。如果根据需要改变投票次序，则各种政策方案都有可能通过，这种现象称作“投票悖论”。

2. 听证规则

公共决策听证是公共决策主体在决策过程中（在政策出台之前或实施之后）就政策动议、政策方案或政策效果依法直接听取有关团体、专家学者，特别是与该决策有利害关系的当事人意见的一种程序规定。听证制度一般包括告知和通知、公开听证、委托代理、对抗辩论、制作笔录等内容。

行政决策听证制度为保证公共决策的科学性提供了制度上保证的可能性。行政决策听证制度存在的主要问题包括：缺乏统一的决策听证规则；听证会在听取意见制度中的定位不合理，忽视了其他听取意见制度的完善；听证会参与主体的广泛性不足，听证会代表的产生方式不合理等。

3. 集体协商规则

集体协商规则，就是在决策过程中决策群体中的成员通过提出自身的观点并充分考虑其他人的偏好，适时修正自己的观点，从而赋予决策以合法性的规则。集体协商体现了决策过程中的民主性，能够发挥群体的智慧。集体协商规则必须具备：（1）合法性。协商过程的合法性不仅仅出于多数的意愿，而且还基于集体的理性反思结果，反映了更高程度的集体认知和道德责任。（2）公开性。集体协商体现了公开性，人们能够对这些政策的前提和含义提出疑问。（3）责任性。由于协商是公开的，人们知道特定建议的来源和依据，所以能够更好地支持决策，更具有责任感。

（五）公共决策系统的构成

公共决策系统依循公共决策体制而运转，同时又对这一体制产生作用和影响。一般认为，公共决策系统由公共决策中枢系统、公共决策执行系统、公共决策信息系统、公共决策咨询系统、公共决策监控系统和公共决策评估系统组成。

公共决策系统的构成

1. 公共决策中枢系统

公共决策中枢系统是现代公共决策体制的核心。公共决策的中枢系统享有法定的权力，决定决策方案。对公共决策的运行过程和其他系统进行有目的的组织、指挥、协调和监督，控制着公共决策的方向和发展进程。一个部门只能有一个公共决策中枢系统行使决策权，拥有公共决策权的领导集体或个人是公共决策中枢系统的核心。

公共决策中枢系统有多种权力运行方式，可以是委员会制，也可以是首长制，还可以是两者结合的混合制。决策者首先要对决策价值进行判断，确定是否继续进行此项决策，然后根据其价值确定公共决策目标，进而制定决策方案，最后依据要解决的问题选择最适合的决策。

2. 公共决策执行系统

决策中枢系统作出决策后，大量的具体工作就依赖于决策执行系统。决策执行系统是由实现决策目标、完成决策任务为宗旨的组织和人员组成的。

3. 公共决策信息系统

现代社会信息技术高速发展，整个公共决策过程特别是对决策方案的抉择，都离不开及时有效的信息，信息工作贯穿整个公共决策的全过程。公共决策信息系统是政策系统的"神经"系统。它是一个有组织、有规程、相互协调的有机协作系统，包括情报部门、统计部门、档案部门、系统数据库、图书资料部门以及政策信息的咨询、反馈部门。其主要任务是把来自各种信息源的信息收集起来，进行加工和处理，然后通过一定的途径传输给决策中枢系统和咨询系统，为决策中枢系统和咨询系统提供服务。

4. 公共决策咨询系统

随着社会发展的日益复杂化，现代决策者所需要解决的问题、所承担的责任、所行使的职权与他们的知识、能力之间的差距越来越大。要弥补这一差距，就必须发挥由专家学者和专业人员组成的咨询系统的作用。由政策咨询机构或专家、幕僚等组成的系统即公共决策咨询系统。这一系统以改进决策质量为目标，综合运用现代科学理论和先进的技术手段，进行政策研究、政策规划和政策咨询，并向政策主体系统提供新思想，提供可供选择的政策方案，评估政策实施效果。

5. 公共决策监控系统

公共决策监控系统是为防止决策活动出现重大误差所设立的系统。该系统将及时向相关系统报告公共决策过程中出现的问题，是决策中枢机构之外的、对决策者的决策行为和决策内容进行监督控制的机构，属于公共决策体制的监控系统。国情不同，监控系统对公共决策的监控方式也有所不同。

6. 公共决策评估系统

公共决策评估系统的主要功能是评估决策的质量。为检查公共决策信息系统、公共决策中枢系统、公共决策咨询系统、公共决策执行系统和公共决策监控系统是否在正常地运行，有必要明确相应的评估机制并建构有效的评估系统。

四、公共政策过程

一般认为，从政策问题的逐步显现到最终解决通常需要经历一个较为漫长的过程，政策系统的各要素在这个过程中的相互作用会深刻影响政策问题的解决过程，而这种相互作用也会受到政策系统内外各种因素的影响。对政策过程知识的关注，形成了政策过程的研究传统，通过理解公共政策是如何从政策问题开始产生的，发现政策过程的内在规律，试图构建模型从程序上改进公共政策。① 因此，将复杂和抽象的政策过程划分为一系列清晰可见的政策发展阶段，对各阶段展开独立研究和比较分析，进而深入探讨政策要素在各个阶段的相互作用就成为较为现实可行的做法。从阶段论的角度而言，所谓的政策过程主要指在围绕政策问题解决所进行的权威性利益分配过程中，公共政策所经历的从问题界定、议程设置、政策规划到政策终结等阶段，政策主体、政策客体以及政策环境等政策要素会以不同的方式作用于这些阶段，影响这些阶段的发展走向，使得政策过程呈现出动态发展的特点。需要强调的是，虽然政策过程可以按照不同的分类方法划分为“七阶段”、“五阶段”或“六阶段”等，但是对于实践中的政策过程而言，某项具体的公共政策可能会“跳跃”某些阶段或者在某些阶段面前“停滞不前”，由此可能导致“政策问题已经不复存在，政策却仍然在生效而没有被及时终结”，或者“政策出台之后就被搁置一边”等情形。因此，一项政策实际的生命过程，不一定完全与其逻辑过程相符，或繁或简全依具体的政策内容和环境而异。②

在将政策过程划分为不同阶段的基础上，一些学者还进一步研究了这些阶段之间的前后衔接关系，从而提出了不同的政策过程类型。按照宁骚教授的归纳，这些政策过程类型大体上有以下四种：（1）直线型。该政策过程类型将政策过程划分为问题认定、建议方案、政策采纳、政策执行和政策评估等阶段，按照政策产生和发展的顺序，这些阶段形成前后衔接的序列型政策过程。（2）循环型。该政策过程类型认为政策问题很难通过一次性的政策过程来加以解决，有时必须经历不断循环反复、累积改进的过程。（3）金字塔型。该类型认为政策过程是一个自上而下的过程，决策权力掌握在由极少数人构成的立法机关手中，而人数比之稍多的行政机关则掌握了政策执行权，这两个机关构成了金字塔的上层和中层，社会大众及其利益表达组织则居于金字塔的底层。（4）同心圆型。该类型认为公共政策是一个由外及里和由里及外的过程，不同类型的政策主体在这个过程中处于或核心或边缘的位置。③

在政策过程的不同阶段划分中，“五阶段”的划分相对而言是更为常见和通用的划分方式，其他方法多是以此为基础的细分。“五阶段”的内容包括以下方面。

1. 政策问题构建与政策议程设置

作为政策过程的首要环节，政策问题构建与政策议程设置是指社会问题经过问题察觉、界定和描述，进入政府的议事日程而成为政策问题。

2. 政策规划和合法化

政策规划是在政策问题构建与政策议程设置的基础上，提出问题解决方案的过程。政策规划过程是各种政策主体可以积极参与、建言献策的过程，也是在既定原则指导下，推动政策问题解决的分析过程，包括目标确立、方案设计、可行性论证、后果预测以及方案选择等环节。决断子系统和咨询子系统及其互动在政策规划中发挥着核心作用，政策规划过程既是基于目标导向的理性设计过程，通过精心设计和理性比较，选择能解决问题的最

---

① 李文钊．拉斯韦尔的政策科学：设想、争论及对中国的启示［J］．中国行政管理，2017（3）：137－144.

② 张金马．政策科学导论［M］．北京：中国人民大学出版社，1992：115.

③ 宁骚．公共政策学［M］．3版．北京：高等教育出版社，2018：189－190.

优方案，又是基于利益分配导向的政治过程，试图通过利益交换、说服和强制等方式实现政策主体之间的合作和妥协。在对政策方案做出抉择之后，必须要由合法的政策主体经过法定程序使其成为正式的政策。

3. 政策执行

如果没有有效的政策执行，再完美的政策方案也只是一纸空文，作为政策过程的中间环节，政策执行是指执行子系统运用各种资源，通过政策宣传、解读、细化、准备、实施、监控等方式将政策目标转化为政策现实的过程。政策执行既可以检验政策的成效，也可以为后续政策方案的完善提供重要依据，通常具有针对性、适应型、能动性、时限性和权威性等方面的特征。

4. 政策评估和政策监控

当政策被付诸实施之后，需要依据一定的标准和程序对政策引起的政策客体的变化、在政策过程中产生的成本收益等进行及时评估，以便检验政策对政策问题的解决程度，并成为决定政策走向和合理配置资源的重要依据。一般而言，依据不同的标准，政策评估可以被分为不同的类型。就政策效果评估而言，政策效果评估可以细分为政策产出和政策影响两方面，这些评估主要围绕效率、效益、效果、公正性、回应性以及适当性等标准展开①。相对而言，政策监控贯彻在政策过程的始末，对政策过程的各个主要环节进行监控有助于保障政策的合法性和有效性，及时纠正政策过程出现的各种偏差，保障政策目标的实现。

5. 政策调整与政策终结

当利用政策评估和政策监控获得一定的信息之后，就可以根据实际情况对政策方案、政策目标和政策措施等内容进行增减、修正、更新和撤换等。这种调整并非重起炉灶、从头再来，而是在现有目标和方案基础上进行渐进调适，进一步优化政策方案与政策目标以及政策主体与政策客体之间的关系。除了进行政策调整，当通过政策评估获得的信息表明既有政策已经实现了预定目标，或者不再能够满足政策环境和政策客体的要求，以至于政策的消极效果逐渐显现，那么就需要政策主体主动采取措施来终止政策或者与政策有关的功能、机构或项目。

从政策问题构建和政策议程设置到最后的政策调整与政策终结，往往意味着一项政策经历了一个完整的政策周期。不同政策的周期时间长度有差异，这种差异性主要与政策目标的复杂性、政策环境的变动性和政策实施的难度等有关。政策周期是建立在政策过程的阶段论基础之上的，虽然政策过程的阶段论在理论和实践中都不乏批评性意见，但是这种阶段论仍然在公共政策分析中居于重要位置，为理解政策周期的运行提供了科学的分析框架。

---

① 威廉·N邓恩．公共政策分析导论［M］．4版．谢明，伏燕，朱雪宁，译．北京：中国人民大学出版社，2011：249.

第四节　马克思主义与公共政策分析的中国化

马克思主义对于公共政策分析的中国化进程具有指导作用和引领作用，这些作用促进了公共政策分析中国化的发展。

马克思主义提供方法论指导和价值引领

一、马克思主义提供了公共政策分析学科方法论的指导

公共政策分析在中国的发展，离不开对马克思主义的立场、观点和方法的运用。马克思主义方法论中的一些基本方法，既是马克思主义的重要组成部分，同时也是马克思主义理论体系的灵魂和精髓。这些基本方法在中国公共政策分析学科体系的发展中起着重要的指导作用和引领作用。

（一）实事求是的方法

实事求是贯穿于马克思主义理论体系的始终，是马克思主义理论体系的精髓。作为马克思主义哲学方法论体系中的主线，实事求是方法为中国公共政策分析学科的方法论提供了理论基础。在思考政策问题时应该秉持的基本原则就是实事求是。构建公共政策问题、制定公共政策、执行公共政策等各个政策过程的展开都应如此。为了在政策实践中做到实事求是，必须做到具体问题具体分析。具体问题具体分析是马克思主义的一条原则，集中体现了唯物辩证法的理论品格，是马克思主义活的灵魂。具体问题具体分析为政策实践带来的启发是：政策实践应在矛盾普遍性原理的指导下，具体分析矛盾的特殊性，并找出解决矛盾的正确方法。要求在公共政策问题构建、政策制定和政策执行等过程中，根据所面临实际问题的不同情况采取不同的政策措施。具体问题具体分析这一马克思主义活的灵魂，有助于克服公共政策制定和执行中的一刀切、一概而论等现象。

（二）矛盾分析的方法

矛盾分析的方法集中体现了辩证唯物主义的精神实质与核心，在我国公共政策实践中得到了广泛应用。毛泽东同志所写的《矛盾论》，就是将矛盾分析运用于中国革命的典范。在长期的政策实践过程中，矛盾分析始终是我国政策分析的主要方法之一。毛泽东同志所写的《论十大关系》是一篇马克思主义的经典文献，提出了正确处理文章中所述矛盾的方针和政策。矛盾分析的经典观点是，世界充满矛盾，没有矛盾就没有世界，认识世界就是认识矛盾、解决矛盾。邓小平同志指出："实现四个现代化是一场深刻的伟大的革命。在这场伟大的革命中，我们是在不断地解决新的矛盾中前进的。"① 邓小平及全党深入分析了我国社会主义的主要矛盾，深刻指出，在社会主义初级阶段，我国国内的主要矛盾是人民日益增长的物质文化需要同落后的社会生产之间的矛盾。这一主要矛盾决定了这一阶段必须集中力量发展生产力。把握好这一主要矛盾是制定社会发展战略和策略的主要依据。全党根据这一判断做出了全面改革的重大决策，制定了一系列基本政策和具体政策。

① 邓小平．邓小平文选：第2卷［M］．北京：人民出版社，1994：152-153.

一定社会的主要矛盾不是一成不变的。在不同社会形态的条件下，或者相同社会形态的不同历史阶段，社会主要矛盾往往会有不同的表现。在党的十九大上，习近平总书记宣布中国特色社会主义进入了新时代，这标志着国家历史开始了一个新阶段，即从“新时期中国特色社会主义”进入了“新时代中国特色社会主义”。从“新时期”大步迈入“新时代”，这是中国特色社会主义事业的一个巨大的历史跃升。进入新时代后，我们党根据政策环境的不断变化，顺应民心，及时从各种社会关系的不断调整之中深入认识、适时提出和正确处理社会不同时期的主要矛盾问题。习近平总书记在党的十九大报告中明确指出，中国特色社会主义进入新时代，我国社会主要矛盾已经转化为人民日益增长的美好生活需要和不平衡不充分的发展之间的矛盾。这是党凭借高度的历史自觉和敏锐的前瞻而做出的具有科学性的论断，这一论断得到的全体人民的高度认同，为我国经济社会发展过程的各类政策实践奠定了理论基石。

在矛盾分析中，矛盾普遍性和特殊性的辩证关系是辩证唯物主义的主要原理之一。该原理要求政策过程必须在普遍性原理的指导下，具体地分析矛盾的特殊性，遵循从特殊到普遍，再由普遍到特殊的认识规律，准确把握政策过程的规律及其特点。同时政策过程的展开必须走“从群众中来，到群众中去”“解剖麻雀”的路径。为此，需要通过政策制定和政策执行等一系列政策过程的试点来总结经验和寻求政策创新。首先选择条件适宜的地方进行政策实验，取得经验，对于相关政策进行补充、调整和完善，然后才能逐步推广。矛盾的特殊性是指事物的矛盾及每一个矛盾的各个方面都有它的特点，事物的矛盾在发展的不同阶段也各有特点，矛盾普遍性和特殊性是描述矛盾存在的特点的范畴。在政策实践中，这一原理规定了政策实践必须注意矛盾的特殊性，要善于全面分析矛盾，根据政策实践中矛盾的特殊性，灵活制定和执行政策，正确处理发展改革的全局和局部的关系，坚持一分为二的观点，坚持留有政策的回旋空间和调整余地，防止片面性。

主要矛盾与次要矛盾的辩证关系，要求在构建公共政策问题、制定和执行政策时，首先要善于抓住重点、抓住关键，集中主要力量去寻找主要矛盾、解决主要矛盾，同时又要妥善地处理次要矛盾，使之与处理主要矛盾统筹兼顾。在中国特色社会主义进入新时代，我国社会主要矛盾已经转化为人民日益增长的美好生活需要和不平衡不充分的发展之间的矛盾。这个主要矛盾贯穿社会生活的各个方面。因此，推动高质量发展是解决我国社会主要矛盾的必然要求。坚持以经济建设为中心，仍然是兴国之要；坚持发展不停步，仍是解决我国所有问题的关键。

这就决定了在政策的指导思想上，必须根据社会主要矛盾的转变，把政策目标从解决“有没有”转变到解决“好不好”上来，即为了满足人民的物质文化需要，应推动经济社会发展从高速度增长向高质量增长转变。政策的重心在于调整各类生产关系，科学合理地配置各种生产要素，以解决“不平衡”“不充分”的问题。不断增强人民群众的获得感、幸福感、安全感，始终贯彻以人民为中心的发展思想，不断促进人的全面发展，稳步推动全体人民共同富裕，使其成为各类政策的出发点。同时，还要根据推动高质量发展的必然要求，引导、培育、维护人民对于美好生活的需要。对于一些次要矛盾，例如铺张浪费、不顾生产力的发展阶段、违背社会公德的生活需要等，也要进行坚决抵制。

二、马克思主义提供了公共政策分析学科的价值引领

价值取向是公共政策对社会利益关系调整的基本指向或倾向，也是政策过程对各种资源配置的行动指南。公共政策分析学科所研究的主要问题，就是公共权力机关对于全社会的权威性资源分配过程。公共政策对社会利益关系的调整必须坚持一定的价值取向，作为研究公共政策的学科，自然也需要保持与公共政策相统一的价值取向。公共政策的价值取向直接影响公共政策分析学科的内容、特征和基本框架。因此，中国特色社会主义进入新时代，公共政策分析学科更需要以马克思主义为价值引领，这是公共政策分析学科发展的必然要求。

公平是社会存在和发展的必要条件，是维护社会秩序和稳定的基本保证，数千年来被人类视为永恒的价值追求之一。公平具有历史性，基于对资本主义社会不公平的现实批判，以及对为资本主义不公平的现实进行辩护的理论的批判，马克思主义构建了其公平观。马克思、恩格斯在《共产党宣言》《哥达纲领批判》等一系列经典著作中，系统阐述了社会主义公平的一般特征，形成了马克思主义的公平观。无产阶级的主要奋斗目标就是建立一个公平公正的社会，这对于社会主义国家的公共政策目标赋予了明确的规定性意义，任何公共政策目标，都不能偏离无产阶级的主要奋斗目标。人类发展的历史实践证明，最具科学性的公平观就是马克思主义的公平观。人类有过形形色色的公平观，包括中国古代公平正义的理念和思想，包括西方古代柏拉图和亚里士多德的公平正义观等，但无论是内涵还是本质，都无法与马克思主义公平观相提并论。马克思主义公平观是在批判地继承前人公平思想的基础上逐步发展起来的，是以辩证唯物主义和历史唯物主义为基础建立起来的，因此对于新时代的公共政策分析学科发展具有鲜明的价值引领作用，能够在公共政策目标的确立、公共政策过程的展开、公共政策行为的评价等一系列政策环节中成为各种社会资源配置的行动指南。

除了作为社会良性运行的基本条件之外，公平也是人类社会追求的最高目标。公平是由生产方式所决定的经济关系，而不是由分配方式决定的法权观念。实现公平正义，需要大力发展社会生产力，建立以生产资料公有制为基础的社会制度。马克思主义认为，平等应当不仅是表面的，不仅在国家的领域中实行，它还应当是实际的，还应当在社会的、经济的领域中实行。这就为在公共政策领域全面体现公平思想提供了重要遵循。习近平同志深刻指出，“实现社会公平正义是由多种因素决定的，最主要的还是经济社会发展水平”①，这个观点是对马克思主义公平观的发展。习近平同志强调：“不论处在什么发展水平上，制度都是社会公平正义的重要保证。”② 这个观点揭示了制度与公平正义的关系，是我们党重视公平正义制度的具体体现。进入新时代，无论是规范市场竞争，还是维护公平正义，都需要一套更加完整的制度，而制度创新则是公共政策创新的重要形式之一。通过公共政策创新，能够在更高经济发展水平上维护社会公平正义。这种政策创新，必须全面遵循马克思主义公平观的价值引领。公共政策的公共性、权威性及合法性等都建立在公平理念的基

① 中共中央文献研究室．习近平关于社会主义社会建设论述摘编［G］．北京：中央文献出版社，2017：28.
② 同①29.

础上，没有公平理念的支持，公共政策的公共性、权威性及合法性也将不复存在。因此，我国公共政策的各项功能发挥是以马克思主义公平观的引领作用为前提的。

解释性案例 1－2

让每个孩子享有受教育的机会

2019 年 4 月，习近平总书记在重庆考察的第一站，就是位于大山深处的石柱土家族自治县中益乡小学。习近平总书记 2013 年 12 月 23 日在中央农村工作会议上的讲话指出："再穷不能穷教育，再穷不能穷孩子，保证贫困家庭孩子受到教育，不要让孩子输在起跑线上。"

如今，中益乡小学有了可喜的新变化。"娃娃们用上崭新的塑胶操场，住上能洗热水澡的宿舍，还实现了网络教学环境全覆盖。"校长刘斌说，"我们的孩子越来越自信，越来越阳光。"

"两不愁三保障"，其中重要的一条就是义务教育有保障，而控辍保学则是实现目标的重要任务。党的十八大以来，各地多措并举加大劝返复学力度，制定"一生一案"工作方案精准施策，同时对劝返复学学生进行分类安置，合理安排教学内容，帮助他们尽快适应校园生活。

2021 年，全国九年义务教育巩固率达到 95.4%，比 2012 年提高了 3.6 个百分点，义务教育普及程度超过世界高收入国家平均水平。义务教育阶段建档立卡脱贫家庭辍学学生自 2020 年底保持动态清零，历史性地解决了长期存在的辍学问题，全面实现了义务教育有保障。

努力让每个孩子享有受教育的机会，这是庄严的承诺，也是奋进的方向。

——随迁子女入学不再难。各地积极贯彻落实随迁子女入学相关政策，以流入地政府管理为主、以公办学校为主安排随迁子女就学；进一步健全以居住证为主要依据的入学办法，简化证明材料，降低入学门槛；全面实行免试就近入学和"公民同招"，严禁收取借读费、赞助费，发现一起查处一起。2021 年，全国义务教育阶段随迁子女在公办学校就读和享受政府购买民办学校学位服务的占比达到 90.9%。

——家门口就有普惠幼儿园。党的十八大以来，"幼有所育"取得显著成效，各地以县为单位制订普惠性幼儿园布局规划，大力发展公办园，积极扶持民办园，提供普惠性服务；同时落实政府投入为主、家庭合理分担、其他多渠道筹措经费的学前教育投入机制。2021 年，全国学前三年毛入园率达 88.1%，普惠性幼儿园覆盖率达 87.8%，公办园在园幼儿占比达 51.9%。

——残疾孩子受教育机会大幅增加。按照精准核查、科学评估、分类安置的原则，各地就近就便优先安排适龄残疾儿童就读，对重度残疾、无法到校就读的残疾儿童提供送教上门服务。2021 年，适龄残疾儿童义务教育入学率达 95%以上，在此基础上，全面向学前、高中以上阶段两端延伸，确保各类适龄残疾儿童"应入尽入"。

资料来源：丁雅诵．推进教育公平　共享优质教育［N］．人民日报，2022－05－05（6）．

马克思主义的公平观是我国公共政策公平正义价值取向的根本理论依据。党的十八大以来，我国的公共政策全面具体地体现了马克思主义公平正义的价值观，把追求社会公平正义提到了新的高度。对内的政策有精准扶贫等，涉外政策包括共同建设“一带一路”等。共同建设“一带一路”，旨在高举和平发展的旗帜，积极发展与沿线国家的经济合作伙伴关系，共同打造政治互信、经济融合、文化包容的利益共同体、命运共同体和责任共同体。这些政策实践体现着我国公共政策公平正义的价值取向，体现着马克思主义公平观的价值引领。习近平同志强调：“我们要随时随刻倾听人民呼声、回应人民期待，保证人民平等参与、平等发展权利，维护社会公平正义，在学有所教、劳有所得、病有所医、老有所养、住有所居上持续取得新进展，不断实现好、维护好、发展好最广大人民根本利益，使发展成果更多更公平惠及全体人民，在经济社会不断发展的基础上，朝着共同富裕方向稳步前进。”① 显然，马克思主义的公平正义目标是融入我国政策理念并外化为各种形式的公共政策的不懈追求。在马克思主义的公平正义目标的引领下，构建以权利公平、机会公平、规则公平为主要内容的政策体系，成为我国公共政策分析学科的重要研究领域之一。

马克思主义人本思想为公共政策分析学科提供了人民利益至上的价值取向，奠定了公共政策分析学科中贯彻以人民为中心思想的价值基础。马克思主义的人本思想的核心是注重实现人的自由全面发展。《共产党宣言》指出：“每个人的自由发展是一切人的自由发展的条件。”② 人民不仅是国家的主人，也是创造世界历史的动力。以人为本，就是要把人民的利益作为一切工作的出发点和落脚点，不断满足人们的多方面需求和促进人的全面发展；促进城乡协调发展、区域协调发展、经济社会协调发展，坚持人与自然和谐发展，处理好经济建设、人口增长与资源利用、生态环境保护的关系。以习近平同志为核心的党中央提出以人民为中心的发展思想，坚持一切为了人民、一切依靠人民，始终把人民放在心中最高位置、把人民对美好生活的向往作为奋斗目标，推动整个社会走上生产发展、生活富裕、生态良好的文明发展道路。中国共产党人的初心和使命，就是为中国人民谋幸福，为中华民族谋复兴。这个初心和使命是激励中国共产党人不断前进的根本动力。因此，以人民为中心，促进人的全面发展，是我国公共政策分析的最根本的价值取向。所有政策过程必须首先考虑人民的需要，以让人民满意成为一切政策的价值取向，坚持把人民拥护不拥护、赞成不赞成、高兴不高兴、答应不答应作为衡量政策是否具有可行性的标准，作为制定各项方针政策的出发点和落脚点。

本章小结

公共政策是指政府或其他公共组织为实现公共目标所做出的一种选择行为。诸如调节社会冲突，维护国家安全，发展生产力，向社会成员提供公共服务，等等。公共政策分析则是研究公共政策的一门学科，以实用性为学科的突出特征，其学科任务是探索公共决策规律、改进政策系统、提高政策质量、控制社会运行、解决公共问题。

公共政策的分类标准主要有：公共政策的统摄关系、公共政策执行的范围、公共政策内容分布等。较常用的分类是把公共政策分为元政策、基本政策和具体政策。公共政策的社会本质就是为一定的目标而进行的社会资源的配置和社会价值的分配。公共政策的社会

① 中共中央文献研究室．习近平关于社会主义社会建设论述摘编［G］．北京：中央文献出版社，2017：25－26.

② 马克思，恩格斯．马克思恩格斯文集：第2卷［M］．北京：人民出版社，2009：53.

本质是公共政策本质的一种表现形式，是公共性与偏好性的矛盾体，这一本质通过社会资源配置和社会价值分配的行为表现出来。

公共政策系统一般包括政策主体、政策客体和政策环境等要素。政策过程就是政策的生命过程，是一项政策从政策问题构建到政策终结的整个运行过程。理想状态下的政策过程有直线型、循环型、金字塔型、同心圆型四种常见形态，就实际的政策过程来说，环节缺失成为常态。虽然受到一些批评，阶段论仍然是政策过程分析的主导性框架，主要包括政策问题构建与政策议程设置、政策规划与合法化、政策执行、政策评估和政策监控、政策调整和政策终结，这些阶段构成了一个完整的政策周期。

马克思主义对于公共政策分析学科的中国化进程具有指导作用和引领作用。马克思主义方法论中的一些基本方法，如实事求是的方法、矛盾分析的方法等，既是马克思主义的重要组成部分，同时也是马克思主义理论体系的灵魂和精髓。这些基本方法在中国公共政策分析学科体系的发展中起着重要的指导作用和引领作用。公共政策分析对社会利益关系的调整必须坚持一定的价值取向，作为研究公共政策的学科，自然也需要保持与公共政策相统一的价值取向。公共政策的价值取向直接影响公共政策分析学科的内容、特征和基本框架。中国特色社会主义进入新时代，公共政策分析学科更需要以马克思主义为价值引领，这是公共政策分析学科发展的必然要求。

思考与练习

1. 如何理解公共政策的学科属性？
2. 如何理解政策研究和政策分析的区别？
3. 简述公共政策的社会本质。
4. 政策系统由哪些要素构成？
5. 哪些环境因素会影响公共政策？
6. 公共决策体制的内涵包括哪些内容？
7. 公共决策系统由哪些子系统构成？
8. 试述马克思主义对公共政策分析学科的指导作用和引领作用。

在线自测

扫一扫　练一练

第二章

政策过程及其理论模型

学习目标

1. 掌握政策过程的主要分析框架。

2. 了解基于中国实践的政策过程模型的提出背景，掌握“上下来去”政策过程模型的基本内涵和实际应用。

3. 了解源于国外经验的政策过程模型，掌握有限理性模型、渐进理论模型和系统理论模型。

本章提要

本章主要探讨的是政策过程的分析框架，重点介绍了以“上下来去”政策过程模型为代表的基于中国实践的政策过程模型，并对源于国外经验的政策过程模型如有限理性模型、渐进理论模型和系统理论模型做了介绍。

引导案例

党的二十大报告诞生记

2022年10月16日上午10时，北京人民大会堂，中国共产党第二十次全国代表大会隆重召开。习近平总书记代表第十九届中央委员会向大会作了题为《高举中国特色社会主义伟大旗帜 为全面建设社会主义现代化国家而团结奋斗》的报告。

三万余字的报告，凝聚党心民心，全面总结过去五年工作和新时代十年的伟大变革，提出开辟马克思主义中国化时代化新境界新要求，擘画迈向全面建设社会主义现代化国家新征程、向第二个百年奋斗目标进军的宏伟蓝图。

2021年11月，党的十九届六中全会决定，党的二十大于2022年下半年在北京召开。

党的二十大，是在全党全国各族人民迈上全面建设社会主义现代化国家新征程、向第二个百年奋斗目标进军的关键时刻召开的一次十分重要的大会。作为大会筹备工作的重要组成部分，起草一份凝聚全党全国智慧、反映人民意愿、对党和国家事业发展具有重大指导作用、在国际社会产生积极影响的纲领性文献，是开好大会的重要环节。

2022年1月，习近平总书记主持召开中共中央政治局常委会、中央政治局会议，决定成立党的二十大文件起草组。文件起草组由习近平总书记担任组长，王沪宁、赵乐际、韩正担任副组长，党和国家有关领导同志、有关部门和地方负责同志参加。

2月16日，习近平总书记主持召开党的二十大文件起草组第一次全体会议，宣布中央关于成立党的二十大文件起草组的决定。文件起草工作正式启动。

3月15日，党的二十大文件起草组举行第二次全体会议，起草组同志认真交流对习近平总书记重要讲话的认识和体会，讨论报告涉及的重大理论和实际问题。

5月17日，党的二十大文件起草组举行第三次全体会议。习近平总书记听取各地区各部门各方面反馈意见和建议汇总情况汇报，研究讨论党的二十大报告框架方案。

6月27日，习近平总书记主持召开党的二十大文件起草组第四次全体会议，讨论修改党的二十大报告稿初稿。

7月11日和7月21日，习近平总书记主持召开中央政治局常委会会议，审议党的二十大报告送审稿。中央政治局常委同志赞成报告稿的框架思路、内容结构、重大思想、主要提法，并对完善报告稿提出了具体建议。

党的二十大报告起草过程中，习近平总书记自始至终高度重视、全程领导，多次主持召开起草组工作会议，多次主持中央政治局常委会会议、中央政治局会议审议报告稿，对涉及党和国家事业发展的重大理论和实践问题进行讨论研究。

一场场扎实调研、一次次深入讨论、一遍遍精心修改……在习近平总书记的领导下，文件起草组共召开6次全体会议，数十次小组和工作班子会议以及专题会议，对重要观点、重要提法、重要举措反复推敲、论证、打磨，报告稿在层层推进中逐步丰富、完善、成熟。

“在起草工作中要充分发扬民主，加强调查研究，广泛听取意见，集中起各方面智慧。”习近平总书记在党的二十大报告起草伊始就明确强调。

1月27日，党中央向各地区各部门发出《关于对党的二十大报告议题征求意见的通知》，决定就党的二十大报告议题在党内一定范围组织讨论，广泛征求意见，同时，通过一定方式征求部分党外人士意见和建议。

按照党中央部署，54 个单位承担重点课题调研任务，围绕 26 个专题开展调研，形成 80 份调研报告，共计 132.7 万字。在 3 个月连续深入调研中，64 个课题组到各省区市实地调研 179 批次；25 个课题组对 465 个单位进行书面调研；10 个课题组委托 252 个单位进行专题调研。各课题组共召开 1 501 场座谈会、18 场视频座谈会，参会 19 022 人次。课题组咨询访谈 1 847 人次。

4 月 15 日至 5 月 16 日，党的二十大相关工作网络征求意见活动开展。这是我们党历史上第一次将党的全国代表大会相关工作面向全党全社会公开征求意见。

“围绕党的全国代表大会相关工作开展网络征求意见，是全党全社会为国家发展、民族复兴献计献策的一种有效方式，也是全过程人民民主的生动体现。”习近平总书记早在 2 月份就对此次网络征求意见作出重要批示。在网络征求意见结束后，习近平总书记再次作出重要指示，指出要总结这次活动的成功做法，走好新形势下的群众路线，善于通过互联网等各种渠道问需于民、问计于民。

在人民群众广泛响应、积极参与下，活动期间共收集各类意见建议留言超过 854.2 万条、2.9 亿字，体现出了建言数量、质量“双高”的特点。经过认真梳理汇总，按照尊重原意、分类整合、突出重点、简洁凝练的原则，摘编具有建设性、代表性的意见建议 1 675 条，并印发文件起草组全体同志，各小组结合本组负责起草的有关部分范围，逐条研究相关建议，提出吸收意见的建议。

6 月 9 日、8 月 18 日、8 月 23 日、8 月 26 日、8 月 29 日，习近平总书记先后在成都、沈阳、北京主持召开 5 场党的二十大报告起草和党章修改工作征求意见座谈会，听取 31 个省（自治区、直辖市）党政主要负责同志、解放军各大单位和中央军委机关有关部门主要负责同志提出的修改意见和建议。7 月 4 日至 5 日，文件起草组召开 4 次党的二十大重点课题调研成果汇报会，分别听取了 48 个调研组围绕 23 个重点课题开展的调研成果汇报。

7 月 11 日，中央政治局常委会会议第一次审议党的二十大报告送审稿。中央政治局常委同志赞成报告稿的框架思路、内容结构、重大思想、主要提法，并对修改完善报告稿提出了重要意见。7 月 21 日，中央政治局常委会会议第二次审议报告稿，常委同志一致同意关于报告稿的修改建议。7 月 28 日，中央政治局会议第一次审议党的二十大报告送审稿。中央政治局委员一致赞成报告稿。

8 月 4 日，中央办公厅向各地区各部门发出通知，就党的二十大报告征求意见稿在党内一定范围组织讨论、征求意见。

8 月 31 日，习近平总书记在北京主持召开座谈会，当面听取各民主党派、全国工商联和无党派人士对党的二十大报告征求意见稿的意见。

到 9 月 1 日，经统计，围绕党的二十大报告征求意见稿，108 个单位在征求 4 700 余人的意见基础上提交了书面意见，党外人士提交了 10 份书面材料，各地区各部门各方面共提出修改意见 1 570 条，扣除重复意见后为 1 435 条。其中原则性修改意见 173 条，具体修改意见 1 262 条。

截至提交党的十九届七中全会审议，文件起草组对党的二十大报告稿共作出增写、改写、文字精简 260 处，覆盖各方面意见和建议 269 条。

9 月 9 日，中央政治局会议第二次审议报告送审稿。中央政治局委员听取了文件起草组关于研究吸收各方面意见建议修改报告稿的情况汇报，审议了报告送审稿，准备提交党的十九届七中全会审议。

9 月 26 日、29 日，习近平总书记分别主持中央政治局常委会会议和中央政治局会议，研究党的二十大关于十九届中央委员会报告的决议稿。

10 月 9 日，党的十九届七中全会召开。文件起草组全体同志认真听取与会同志意见建议，对报告稿进行完善修改。

10 月 16 日，党的二十大开幕会上，一份份凝聚全党意志、体现人民意愿的二十大报告醒目地摆在了 2 300 多名代表和特邀代表的座席前。党的二十大召开期间，根据各代表团和列席人员讨论反馈的意见，对报告稿又作出了修改。

党的二十大报告起草过程，真正成为坚持走群众路线、充分发扬民主、集中全党全国人民智慧的过程，成为深入调查研究、总结实践经验的过程，成为充分解放思想、广泛凝聚共识的过程。

资料来源：张旭东，丁小溪．推动中华民族伟大复兴号巨轮乘风破浪、扬帆远航——党的二十大报告诞生记［N］．人民日报，2022－10－26（8）．有删减．

案例思考：

1. 党的二十大报告作为党和国家的重大政策是如何产生的？
2. 二十大报告的产生过程如何体现党的领导和全过程人民民主的统一？
3. 试用“上下来去”政策过程模型分析党的二十大报告诞生的过程。

本章建议学时：6 学时

第一节 政策过程分析

公共政策被看作是一个从制定到终结的周期过程。各国的政治制度、历史经验、文化传统、意识形态等会对公共政策过程产生深刻的影响，形成各具特色的政策过程。西方学者基于西方国家的实践经验和理论资源概括总结出了一些具有广泛影响的公共政策过程分析模型，我国学者也在不断根据当代中国丰富的公共政策经验和理论资源，总结概括出适合中国国情的公共政策过程理论模型。

一、传统的政策过程分析框架

通常说的政策过程是从确定政策问题到政策终结之间存在的由若干阶段组成的过程。这种观察政策过程的方法被称为政策过程的阶段方法，也称观察政策过程的政策周期方法。这种方法的特点是把政策过程划分为若干阶段加以分别研究。观察政策过程的阶段方法提出了整齐有序的政策步骤、阶段和周期等理念，能够把复杂的政策过程观察结果简化为一种更具操作性的结果，并建立起逻辑上的联系。借此，人们可以深入分析政策过程的复杂性。

政策科学的奠基者、美国政治学家哈罗德·拉斯韦尔在《决策过程》一书中最早提出了政策过程阶段论。他把决策过程分为情报、建议、规定、行使、运用、评估、终结七个阶段。此后，拉斯韦尔在耶鲁大学的学生布鲁尔（Garry D. Brewer）发表《政策科学的出现》一文，他根据拉斯韦尔的思路，提出了政策过程的六阶段学说，这六个阶段是：创始（制定目标，设计方案）、估算（讨论问题，提出方案）、选择（讨论方案，选择方案）、执行（制定实施规则，监控执行情况）、评估（根据既定标准，比较判断绩效）、终结（分析成本结果，改善或结束政策）。“六阶段”说对 20 世纪 70 年代中期以后的政策过程模型产生了深刻影响。另一位美国学者阔德提出的政策过程阶段包括这样的循环过程：澄清问题—确定目标和标准—寻找和设计备选方案—收集数据和信息—建立和检验模型—检验模型的可行性—评估成本和效果—解释结果—对假定的咨询—提出新的备选方案（重回澄清问题环节）。

美国学者查尔斯·琼斯（Charles O. Jones）认为，政策过程的分析框架包括认知/界定、聚合、组织、表达、议程设定、规划、合法化、预算、执行、评估以及调整/终结十一个环节。琼斯又从系统分析的角度，将政策过程分为五个阶段：问题认定、方案产生（包括方案合法化、方案预算拨款）、方案执行、方案评估和问题解决或方案终结。琼斯的政策过程与功能如表 2－1 所示。

表 2－1　琼斯的政策过程与功能

序号	过程环节	功能	政府活动
1	问题认定	定义、综合、组织	政策问题的接受、分析、认定
2	方案产生	规划、立法、拨款	产出方案和预算
3	方案执行	组织、解释、实施	服务、投资、控制、监督以及解决问题
4	方案评估	说明、衡量、分析	政策执行、检查、信息反馈
5	方案终结	问题解决、政策变更	产出变更政策

詹姆斯·安德森（James E. Anderson）对政策过程和功能的阐释更加明确，并提出了政策议程和政策合法化在政策过程中的意义。安德森在《公共决策》（1975、1979）中，提出了包含五阶段的政策过程分析模式。安德森的政策过程及功能具体如表 2－2 所示。

表 2－2　安德森的政策过程及功能

序号	过程环节	功能	政府活动
1	政策议程	使问题引起政府注意	认定政策问题
2	政策规划	进入解决问题的行动	提出有关的政策方案
3	政策采纳	使政策合法化	接受最终通过的方案
4	政策执行	运用政策解决问题	开动行政机器执行政策
5	政策评估	确定政策结果	使政策确实产生作用

公共政策过程分析框架在东方学者的笔下也有了进一步的发展，我国台湾学者伍启元在概括政策过程时曾提出了“政策生命过程”的比喻。林水波、张世贤在其《公共政策》一书中，对政策过程进行了较为全面的概括，具体如表 2-3 所示。

表 2-3　林水波、张世贤的政策过程

序号	过程环节	意义和功能
1	政策问题认定	产生正确的政策基础
2	政策规划	配置资源、解决问题的行动方向
3	政策合法化	保证公共政策有效执行
4	政策执行	解决问题的实际操作
5	政策评估	检验政策的执行效果，确定政策是否变更
6	政策终结	问题解决，政策完成使命，政策变更

美国佐治亚州立大学的卡尔·帕顿和佐治亚工学院的大卫·沙维奇将公共政策过程划分为界定问题、确定评估标准、确认备选方案、评估备选方案、比较备选方案、评估结果六个步骤。

对于第一步骤的界定问题，两人提出不要不经质疑就接受最初对问题的陈述，因为随着条件的变化和形式的改变等，问题需要经常被重新界定。由于顾客目标的不明确或者陈述的目标冲突，问题经常难以被界定；假设有问题存在，要努力确定它的宽度和广度，理解不同个人和团体的立场和影响，知道是否已经获得足够的信息来进行分析，以及搜集更多的资料是否有益处。在界定问题阶段要有意义地陈述问题，减少不相关的材料，并用数字来表述，集中于中心问题和关键要素，用减少不确定的方法来界定问题。

第二步骤的确定评估标准，主要是为了在备选方案间进行比较、衡量和选择，这些衡量标准包括成本、效益、效率、平等、管理简单、合法及政治可接受性。这些标准是与参与政策的各个团体最相关的，可能来自顾客提供，或者间接通过目标陈述提出，或者由可以获得的资料决定。

第三步骤的确认备选方案是基于对政策各方的价值和所追求的东西所形成的初步方案。对于备选方案要明确说明选择的细节，通过研究分析和经验、集体研讨技术和概述实施等，可以确认适用于特定组织的备选方案。

第四步骤的评估备选方案，主要关注每项方案的预期影响在何种程度上满足评估标准。此外，在评估阶段要采用多种方法而非单一的方法评估，用平等的观念来评估，并且注意从政治角度来考察方案。

第五步骤为比较备选方案，可以运用比较形式、量化术语、图表来总结备选方案的优缺点，也可以用概括事实的方法来展示复杂的政治因素。这个阶段需要从技术优先和政治可行性来区分备选方案，并进一步提问是否已经确认了正确的问题、是否忽视了问题的一些重要部分，以及是否已经评估了现实中的备选方案。

在第六步评估结果时，需要在实施中对政策方案进行维护和监督，确保它们不被意外地改变形式；同时，衡量它们产生的影响，确定它们是否已产生了预期的影响，并且决定是继续、修改还是中断方案。这一阶段需要分派任务和责任，制定监督和评估政策实施的规划，而且认识到政策失败的可能原因非常重要，包括计划为什么不能像设计的那样实施，或者虽按设计的那样实施但不能产生预期结果的原因。这种政策实施后的“调查后分析”需要经常迅速地进行，并在实施政策后的一段时间重新修改评估资料。

我国学者从20世纪90年代后期开始关注政策过程的研究。政策的生命过程一般可以划分为广义决策与广义执行两大部分。广义决策包括公共问题的发生、政策问题的确认、政策议程的建立、备选方案的提出、政策方案的评估、政策方案的选择；广义执行包括政策方案的执行、执行效果的评估、政策的调整与改变、政策的废止与终结。宁骚教授在《公共政策学》一书中，按照“政策问题与议程设定”“政策方案的规划与抉择”“公共政策执行”“公共政策的评估与监控”“公共政策的变动与终结”五个方面介绍了公共政策的过程。

政策过程阶段论模型之所以盛行，主要是公共政策有一个发生、发展的变化过程，表现出阶段性的特征，阶段途径符合公共政策的阶段性特征。阶段论模型为人们理解复杂的政策过程提供了一个简化模型，把复杂抽象的政策过程分解为若干简单具体的阶段，易于被接受、理解和应用。阶段论模型具有高度概括性特征，与常识一致，可运用于不同的政策领域、不同的文化背景。

二、政策过程分析的新框架

公共过程的阶段途径虽然给人们提供了简化的分析框架，但它也越来越受到人们的质疑，其中的批评主要是来自保罗·萨巴蒂尔（Paul A. Sabatier）等人，这些批评包括：阶段途径用线性的观点看待各阶段的关系，忽视了观念或思想在政策过程中的作用；阶段途径没有提供因果关系的解释，它没有深入探究政策过程中的因果关系，难以根据政策过程各阶段的相互关系对下一阶段进行预言；阶段途径对实践中的政策过程了解片面，其作用也有限，不能依据经验进行检验；阶段途径自上而下的过程描述，未考虑基层的作用和其他因素；单一的政策周期假定，把政策过程的循环反复和复杂性过分简单化；对阶段的先后描述不准确，事实上，政策过程的各阶段是相互交叉和相互作用的。

从20世纪80年代中期开始，西方国家的政策分析学者在批判反思阶段启发法的基础上，提出了各种关于政策过程的新理论框架和分析途径。

（一）制度理性选择框架

制度理性选择（Institutional Rational Choice）框架不是单一的框架，而是一类框架。这一类框架的焦点是，制度规则是如何改变由物质上的自我利益所激励的自觉理性个人的行为。制度理性选择被认为是目前政策过程的新理论框架中较为成熟和较具影响力的途径。

美国制度学派先驱之一凡勃仑首先将制度问题纳入科学研究，对制度进行了系统的逻辑实证研究。他认为，制度是大多数人所共有的一些“固定的思维习惯、行为准则、权力与财富原则”。新制度经济学的主要代表人物道格拉斯·诺斯认为制度是一系列被制定出来的规则、守法程序和行为的道德伦理规范。埃莉诺·奥斯特罗姆认为：制度既包括组织，也包括构成组织内和组织间相互作用模式的规则；制度本身是不可见的。制度是指人类反复使用且共享的由规则、规范和策略等构成的概念。

制度理性选择框架包含的理论有“人的理论”“物品的理论”“制度设计和评价的理论”。“人的理论”认为，任何政策选择以及这种政策能产生何种激励效果等都与人有关，更确切地说都与人当时所处的决策环境及人性的冲动有关，对人性的研究是一个非常重要的分析维度。“物品的理论”认为，一种物品或服务的属性直接关系到现实中该种物品或服务的政策选择和制度安排。实际上，现实中的任何政策或制度安排，都隐含有对物品属性的前提假设或判断。“制度设计和评价的理论”运用制度设计和评价的理论，对现实的公共政策和制度安排进行分析和评价，为公益物品或服务的生产或供给提供一种有效的替代选择。基于这三种理论，焦点就集中在“人们是主观理性的”“人们的行为受到制度规则的强烈影响”“人们试图影响制度规则以改变其他人的行为”。

美国学者埃莉诺·奥斯特罗姆更集中于制度分析和发展（Institutional Analysis and Development，IDA）框架，制度分析和发展框架最初区分了宪法、集体选择和操作决策这三个决策层次以及它们的关系，然后阐明了可以在这三个决策层次中用于分析结果和对结果进行评估的基本要素。制度分析和发展框架的一部分是确认行动舞台、相互作用形成的模式和结果，并对结果进行评估。分析的第一步是确认一个概念单位，即所谓的行动舞台，它是个体间相互作用、交换商品和服务、解决问题、相互支配或斗争的社会空间，它可以用来分析、预测和解释制度安排下的社会个体的可能行为。行动舞台包括行动情境和该情境下的行动者；行动情境可以解释人类行动与结果的规律性并有可能改善情境。行动情境的特征可以用七组变量刻画：（1）参与者；（2）职位；（3）产出；（4）行动-产出关联；（5）参与者实施的控制；（6）信息；（7）给定产出的收益和成本。行动舞台的另一部分——行动者包括四组变量的假设：（1）行动者带给情境的资源；（2）行动者对世界状态和行动的评估；（3）行动者获取、处理、保留和使用知识的附带效应和信息的途径；（4）行动者用来选择某种行动路线的过程。基于行动情境和行动者的构成，可以对行动舞台内的结果进行预测，并对结果进行评估。总体而言，制度分析和发展框架是一个关于规则、自然和物质条件以及共同体属性如何影响行动舞台的结构、个体所面临的激励以及其结果产出的通用术语，它广泛用于教学活动和公共资源管理等领域。

（二）多源流框架

多源流框架

多源流框架（the Multiple-streams Framework）是约翰·金登（John W. Kingdon）在《议程、备选方案和公共政策》一书中，根据科恩、马奇和奥尔森等人的有关组织行为的“垃圾桶模式”而提出的。垃圾桶模式被用来解释“无政府状态”组织的决策过程。“无政府状态”组织有三个特征：一是目标模糊；二是对如何达成目标的方法不甚清楚；三是参与决策的人员有相当的流动性。科恩、马奇和奥尔森等人认为，美国的大学就是“无政府状态”组织的典型。垃圾桶模式认为，具有以上三项特征的组织，其决策常常取决于四股力量——问题、解决方案、参与人员和决策的机会。这四股力量就像四道溪流，有时各行其道、互不干扰，有时又会交汇在一起。也就是说，什么问题会浮上台面成为热门的议题，并进入决策程序，就看这四股力量的消长和互动。

多源流分析主要用来解释政策如何制定、解释政策的形成过程，包括议程的确定和决策过程。多源流理论分析揭示了在模糊性条件下的政策选择过程，回答了三个重要的问题：政策制定者的注意力是如何分配的？具体问题是如何形成的？对问题及其解决方法的发现是怎样和在哪里进行的？另外，多源流分析方法借鉴了有限理性和组织理论方面的成果，将整个系统或独立的决策作为分析单元，并且对信息影响决策的方式尤为关注，它关注将“输入”转变为“输出”的过程，即“黑箱”里的运作。多源流分析方法与混沌理论（Chaos Theory）相似，假设了大量的随机残差，认为系统并非处于平衡之中，而是不断地演化。它将政策过程看作由如下三股源流所构成的过程：问题流（由关于各种问题的数据以及各种问题定义的支持者所组成）、政策流（包含政策问题的解决方案的支持者）和政治流（由选举和民选官员所组成），这三种源流平时彼此独立运行，只有当“机会窗户”（政策窗口）打开时，才允许政策活动家将不同的源流配对。在问题流方面，为什么政策制定者对一些问题给予关注，却对其他问题视而不见？这主要取决于官员了解实际情况的方法，以及这些实际情况是如何被定义的。政策流是由政策共同体中的专家提出，其政策被选择的标准来自技术可行性和价值观念的可接受性。政治流主要是国民情绪、压力集团的争夺、行政或立法上的换届。当这三股源流在关键的时间点“结合”时，问题就会被提上议事日程，这样的时间点就是“政策窗口”。当“政策窗口”打开时，那些愿意投入时间、精力、信誉、金钱，以及在可预见的将来可以获得物质、有意追寻重大回报的政策活动家就会运用各种技巧使某个政策提上议事日程。

（三）倡导联盟框架

倡导联盟框架（The Advocacy Coalition Framework，ACF）是由保罗·萨巴蒂尔和詹金斯-史密斯在《政策变化和政策取向的学习》（1988）和《政策变化和学习》（1993）等论著中提出的，由于其遵循的是政治系统论的分析路径，所以也被称作“系统论视角的政策倡导联盟框架”。倡导联盟框架由萨巴蒂尔花费多年发展，其研究始于1981—1982年在比利菲尔德（Bielefeld）大学的学术研讨，寻求阶段启发式（当时主流政策研究）的替代框架，它包括从自上而下和自下而上方面的政策，并在政策过程中将技术信息放到十分突出的地位。

倡导联盟框架

如图2-1所示，倡导联盟框架的逻辑路线图是：相对稳定的系统变量（包括问题领域的基本属性、自然资源的基本分布情况、根本的社会文化价值、基本宪法结构等）与政策子系统外部事件（包括社会经济条件的变迁、公众舆论的变化、系统内占统治地位的联盟的变化、来自其他政策子系统的决策和影响等）这些动态变量之间相互作用，同时系统的静态变量和动态变量分别对政策子系统内各政策行为者的限制和资源产生影响。政策的产生或变迁是政策子系统中不同的政策行为者的联盟相互竞争、凭借拥有的资源试图使他方接受并实施自己的政策主张，以及作为独立第三方的政策掮客通过寻找合理的解决方案以减少竞争所引起的冲突的结果。政策子系统中各政策行为者结成不同的政策倡导联盟，其内部共享基本价值、因果信念、问题认知等，并产生一致性行为。在各联盟中，政治精英的信念体系可分为三个层次：深层核心（由根本的、规范的原则理念所构成，这是一个人的基本价值体系）、政策核心（指的是政策子系统内为实现深层核心的价值信念而采取的基本策略和政策立场）和次要层面（由各种必要的工具性的决定和信息所构成，以在特定政策领域实现政策核心层次的信念为目标）。政策子系统内各倡导联盟互动的结果是公共决策的形成和政策的产出与实施，而这种结果对政策子系统外部的系统静态变量和动态变量形成反馈。①

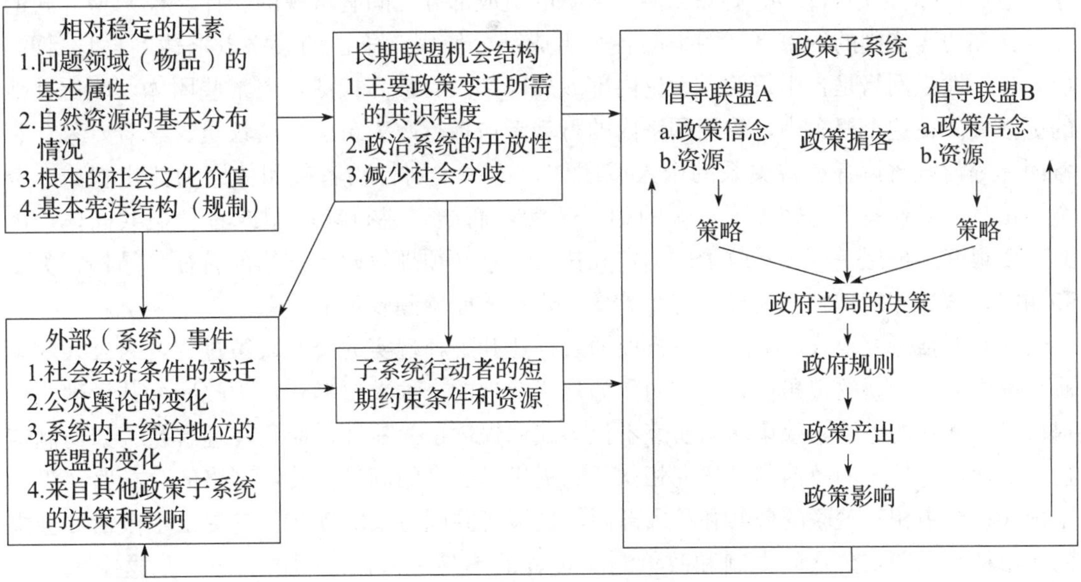

图 2-1 倡导联盟框架

(四) 政策网络研究

政策网络是 20 世纪末期西方国家学者考察公共管理和公共政策的新视角、新途径。所谓政策网络，是指在公共政策制定和执行过程中，政府和其他行动者围绕共同的实际是不断协商的信念和利益而结成的正式的（制度性的）和非正式的联系。这些行动者相互依赖，而政策就是从它们的互动中产生出来的。它是由国家和社会中的有关组织和个人为了制定或执行政策而形成的一种联合，目的是实现资源的整合、共享和有效利用，以提高公共管理和公共服务的水平。政策网络强调在公共政策制定和执行过程中，政府和其他行动者之间相互依赖，而政策就是从它们的相互作用中产生出来的。

政策网络近年来在欧美发达民主国家中已成为政策研究和政策分析的风潮，最早使用“政策网络”一词的是彼得·卡津斯坦（P. Katzenstein），他于 1977 年出版了《权力与财富之间》一书，在比较外国经济政策的研究中把政策网络看作是将国家与社会行动者予以联结的机制，是“公私行动者之间的一种关系模式”。尽管此后他没有再提这个术语，但是其他学者用组织学和人类学的分析元素综合了政策子系统的有关概念，最后提出政策网络的概念，并从 20 世纪 80 年代后期开始这个概念被越来越多地运用于公共政策分析。政策网络研究范式仍处于发展时期，在不同国家关注的对象略有差别，但其研究者总的看法都是深受公共管理和现代政府治理理论的影响，认为政府不再扮演万能的角色，因此政策

① 宁骚．公共政策学［M］．3 版．北京：高等教育出版社，2018：218－219.

过程中有关政治的协商就无可避免，政策网络的重要性就在于促进合作、协调与建立共识。

罗兹概括了政策网络的以下四个基本特征，并将其作为构建"罗兹模型"（Rhodes Model）的四项核心假设。(1) 相互依赖：网络的存在是因为一个组织必须依赖其他组织才能达成目标。(2) 持续的资源交换：网络的组成部分之间有常规的交往。(3) 博弈式的互动：在博弈规则的约束下，网络的各个组成部分使用竞争性的策略以求达到自身目的。(4) 自治性：网络是自组织的，无论内部或外部都没有最高权威，但某些团体可能比其他的更强大。在这个概念中，政策网络内的行动者包括行政人员、国会议员、学者专家、利益团体等与该政策有利益关系的个人或团体，这些个别行动者或团体因为法定权威、资金、信息、专业技术与知识等资源的相互依赖，而结合成行动联盟或者利益共同体。因此，要很好地把握一项公共政策的制定和执行，就必须理解政策网络的特征、结构、类型和功能，这样才能理解政策过程与政策变化，也才能预测政策的效果。

政策网络研究范式的兴起，一方面通过描述和解释现实的公共政策过程，为公共政策研究提供了一个新的视角；另一方面作为现代治理的一种重要形式，为政府公共管理改革提供了一种新的思路。政策网络研究不仅为我们提供了简易性，而且在理解政策如何制定这一方面，与传统的政治制度研究相比，它提供了更多的洞见。政策网络的分析路径强调了现代社会中相互关联的公共和私人部门的决策者共同决策的现实。它提出了政治社会中的一个核心问题：公众问责制和政策制定过程的不易进入性之间的张力。从这个意义上说，政策网络突出了国家与公民社会之间的紧密联系。有学者指出，政策网络概念是与传统的刻板的国家和公民社会两相糅合的一种方式，国家主体也是公民社会的主体，他们在社会中生活，与代表社会利益的各种集团具有密切的联系。因此，国家主体的利益是随着集团主体的利益的发展而发展的，国家主体自主性存在的程度，取决于政策网络的性质。

政策网络研究目前最关心的还是国家层面的政策网络，尽管这个路径的核心假设是网络渗透于政府的各个层次，而且注意到不同国家中政策网络的不同类型。当然，政策网络也用来研究国家之上的组织，如欧洲联盟和东南亚联盟的政策过程，同样的尤其在英国，政策网络被广泛应用于地方治理研究；也有少量的著作对不同国家的政策网络进行了比较研究。由于容易受到环境的影响，政策网络研究倾向于使用案例研究。尤其在英国，由于继承了经验主义传统，其大部分理论只是对各种政策部门决策的描述。网络框架成了一个组织经验材料的方法，而非需要接受检验的模型。在一定程度上，政策网络只是被当作一种研究工具而非理论。

第二节　基于中国实践的政策过程模型

一、政策理论模型的作用

一般意义上的政策理论模型是对政策过程的抽象与模拟。它是认识主体为着一定的认识目的，依据相似性原则而构造出来的一种理念系统，以简练精准反映研究对象。利用政策理论模型能够方便理解那些难以直接观察到的政策过程的内部构造，解释政策现象的变化以及政策过程中各种要素之间的关系，是了解和探索公共政策过程的快捷有效方法。

作为人为构建的一个高度凝练化的理论系统，政策理论模型具有以下作用：

首先，政策理论模型能够帮助认知。理论模型对所观察到的现象或事实进行凝练，突出事物的重要方面，而不是所有内容。这样，理论模型可帮助人们更容易区分本质特征和非本质特征，识别重要因素或变量之间的关系。政策理论模型能够帮助人们分析或解释政策过程的运动。公共政策研究需要从纷繁复杂的实际政策过程中总结、提炼带有规律性的关系，这种规律性的关系可以对政策过程中各要素的相互作用及其结果即运行状况做出分析或解释。其次，政策理论模型具有预测作用。理论模型是一种提炼的结果，模型化的理论往往是一种规律的表达，当模型所表达的规律运用于类似政策过程的时候，就可以预测这个政策过程的发展结果，因此其具有预测作用。

为什么在进行公共政策分析时需要借助于模型呢？除了上述作用外，还有必要指出以下两点：

第一，公共政策学研究的对象是具体的，具有客观实在性，因此这门学科具有突出的实证性；同时整个研究过程又十分强调从个别到一般、从特殊到普遍、从具体到抽象，强调从中发现有关因素之间的因果关系或一定的相关性，发现事物运动的规律。这就要求在政策分析之前预先制定出推理程序和前提条件，选择相关变量，因此设想一个特定的模型就是一种有效的方法。

第二，决策程序是根据模型的特征，人为地编制出的政策制定与执行的步骤顺序。模型对于政策研究和实际决策的意义，就在于通过它就可以把决策理论、方法与实践结合起来，形成一个可实施的决策流程图，即格式化、标准化、工程化的决策程序，使决策有统一的语言、符号、规格，从而限制和缩小决策者主观随意性的自由度，减少决策失误，保证决策的科学性和高质量。

二、基于中国经验的政策理论模型

我国的公共政策学是在改革开放进程中，特别是在党的十三届六中全会决定中强调“建立和健全民主的、科学的决策和执行程序”之后建立和发展起来的；其概念体系、理论框架基本上是从西方国家引进的；相关教科书中介绍的决策模型都是西方国家特别是美国学者建构的；这些概念、理论和模型所依据的是西方国家特别是美国的公共决策的经验事实，用以整理事实的分析工具渗透着西方国家特别是美国的价值观念。因此，用这样的概念、理论和模型分析中国的公共政策，就难以真实反映实际的政策过程。为了有效地描述和说明中国共产党和中国政府的伟大决策实践，就需要依据中国公共决策的经验事实来建构有中国特色的公共政策过程模型。中华民族有数千年的历史，有着丰富的决策实践和决策思想遗产。中国共产党在领导中国新民主主义革命和社会主义建设过程中在决策上成功地实现了马克思主义普遍真理与中国的具体实践相结合。因此，对于中国的公共政策学研究者来说，有责任发掘本土资源，构建有中国特色的政策过程模型。有解释力、吸引力的模型是以获得巨大成功的原型为前提的。在这样的原型已经存在的情况下，如果我们不妄自菲薄，就能够构建有中国特色的公共政策过程的理论模型。在这一点上取得成功，我们就有可能构建起中国自主的公共政策学理论体系。

我国学者基于现实国情从不同角度构建了一些本土化的理论模型。

（一）共识决策模型

薛澜等对中国公共政策制定过程进行研究，分析了政策共同体、思想库和利益相关者的行为和作用，提出了共识决策模型。该模型认为，在中国政治体制下，政策参与者之间以达成共识为目标诉求，共识决策包含有限理性决策和渐进决策的内容，比如，提出的政策方案是有限的，各种备选方案的取长补短也以折中、协商和渐进为基本特征。

在共识决策模型看来，中国的政治制度环境是形成共识决策的重要变量。一方面，民主集中制原则强调民主和集中的辩证统一关系，在实践中体现为充分尊重集体讨论的首长决策机制；另一方面，我国的政府体制也强化了共识目标，中国执政党采取委员会制的集体领导制度，从中央到地方，党的各级委员会实行集体领导和个人分工负责相结合的制度，各级党委负责重大政策制定，自然地，政策决策就会以凝聚共识为目标。

共识决策的具体方式有圈阅、会议、协调、动员、听证等多种。为了在部门间集聚共识，还会建立多层次的论证和反馈机制，构建机构化的政策共同体，在上下级政府、部门之间展开充分的讨论。在讨论中，参与政策制定的行动主体之间就争议进行磋商，能够折中则相互妥协，不能折中则调整语言表述，使政策内容趋向模糊，寻找各方都能接受的表述。

共识决策模型展示了中国制度环境下政策决策的基本流程和显著特征，对于理解中国政策决策过程富有启发性。共识决策模型也存在局限性：第一，共识决策缺少制度化的意见分歧解决机制，不同部门之间的意见分歧没有一种清晰的审议程序和裁决机制。实际上，高层政治权威总是扮演着最终裁决者的角色。第二，共识决策过程很难保障各方参与者具有平等的意见表达渠道。由于意见表达渠道的畅通情况不一样，使得各种政策意见未能充分展开辩论，共识主要表现为有限参与者之间的共识。

（二）“学习-适应”分析模型

王绍光从政策议程的视角提出了“学习-适应”分析模型，以此来解释20世纪80年代以来中国取得巨大成就的内在原因。他提出，理解改革开放以来的中国模式，可从适应能力和学习模式两个变量入手。适应能力是指面对环境变化等因素造成的种种不确定性时，一个制度在发现和纠正现有缺陷、接受新信息、学习新知识、尝试新方法、应对新挑战、改进制度运作方面的能力。学习模式是指有意利用某时、某地有关政策或制度的经验教训来调整此时、此地的政策或制度。影响一种治理适应能力的因素有很多，王绍光认为，学习能力发挥着最基础性的作用。

政府治理需要面对各种复杂局面，要应对未知环境、不确定性、价值和利益冲突等问题。包括决策者、政策研究者和专家在内，所有人都只具备有限理性，不可能预见一切可能出现的局面，无法预见各种可能的后果，无力做出最佳抉择。根据渐进决策理论，决策者往往优先诊治最迫切的议题，比较有限的备选方案，而不是寻找最佳方案。

这一分析模型认为，改革开放以来中国政治的学习模式发生了很大变化。王绍光以农村合作医疗体制的变迁为例，发现改革开放以来中国不仅向实践学习，还通过政策实验进行学习，不仅注重本土实践，也十分注重吸取其他国家实践中的经验和教训。20世纪80

年代以后，小范围进行的干预性试验也成为重要的学习源，旨在通过试验发现有效的政策目标和工具。另外，学习的推动者也开始包括政策倡导者，比如中央政府、地方政府、国际组织、国内外学术机构等，它们在政策变迁中发挥的作用越来越大。

“学习-适应”分析模型为划分政治体制提供了新的标准。该研究指出，除了传统的政体类型划分外，世界上的政治体制也可以按学习模式、适应能力来划分。这一分析模型认为，相较于是否实行竞争性选举，学习模式的优劣、适应能力的强弱对治理结果的影响更为显著。适应能力也许比其他能力更重要，不具备适应能力，富国可以变为穷国，强国可以变为弱国；具备适应能力，贫穷、落后、不平等的国家也可以逐步走向繁荣昌盛的康庄大道。

（三）“路径-激励”分析模型

基于中国政府运行的制度环境，杨宏山分析了单一制与联邦制的环境差异性，根据政策路径的明晰度、激励的强度两个自变量，构建了政策执行的“路径-激励”分析模型。其中，政策路径是指将政策内容转化为实际结果的途径，一项政策有可能详细规定政策路径，也可能予以模糊处理。激励机制是指中央政府对地方政府实施政策激励，包括正向政策激励和负向政策激励。

根据政策路径的明晰性和自上而下的激励强度，政策执行方式可划分为四种类型。

1. 全面执行

当政策路径的明晰性高、激励强度大时，地方政府有很高的积极性，会将政策纳入常态管理，认真全面执行政策。

2. 试验执行

当政策路径的明晰性低、激励强度大时，地方政府会创造条件开展政策试验。

3. 变通执行

当政策路径的明晰性高、激励强度小时，地方政府会对政策做变通处理。

4. 象征执行

当政策路径的明晰性低、激励强度小时，地方政府则会做表面文章。

“路径-激励”分析模型对于理解中国地方政府的多样化执行模式具有一定解释力，为预测特定政策的实施结果提供了分析视角。如果政策路径不明晰、政策实施的预期收益低，地方政府就会采取象征性策略。这一理论模型也存在局限性，对于同一项政策，在同样的激励强度下，地方政府的政策执行结果却存在差异性。地方政府的内在动机和学习能力的差异性，也会影响对政策意图的理解，影响政策工具的开发应用，进而影响政策执行结果。

三、“上下来去”政策过程模型

“上下来去”政策过程模型

上述理论模型都在一定程度上反映了中国政策过程的实际情况，但还只是公共政策某个环节和阶段的模型化。北京大学宁骚教授则从整个政策过程的视角，基于中国共产党民主集中制和群众路线的原则与经验，提出了“上下来去”政策过程模型。

公共政策过程模型需要借助两种资源：第一种是理论，特别是认识论和历史理论；第二种是公共政策的经验认识。在中国共产党领导中国新民主主义革命和社会主义建设的过程中，这两种资源往往能够以主观与客观、理论与实践、知与行的统一获得某种一致性。因此基于中国化马克思主义的认识论和方法论，可以建构一个新的政策过程模型。鉴于政策制定过程在认识论上是一个从“形而下”到“形而上”的过程，政策执行过程在认识论上是一个从“形而上”到“形而下”的过程，与此同时，整个政策过程在政策主体与政策客体的关系上则是“从群众中来，到群众中去”的过程，所以我们从总体上称之为“上下来去”政策过程模型（见图 2-2）。这里建构的“上下来去”政策过程是一个逻辑过程。在政策过程的不同阶段使用虚线隔开，表示划分是相对的。政策过程是主体认识世界、改造世界的过程。公共政策的主体是执政党和公共权力机关，它们只有在独立自主的条件下才可能真正地、完全地按照“上下来去”指示的决策路线去制定和执行政策。这里所说的“独立自主”，既包括主权国家能够完全独立地根据自己的具体情况和特殊条件决定自己的政治方针、政策和行动，也包括地方政府和中央政府下属的其他公共权力机关在统一的战略、策略之下，因地制宜，因时制宜，从不同地区、不同历史条件的具体情况出发，决定当时当地的工作任务和工作方法。

政策的社会认识过程		
政策制定过程	政策执行过程	政策过程的循环
实事求是，一切从实际出发： • 从客观到主观 • 从实践到认识 • 从个别到一般	实事求是，一切从实际出发： • 从主观到客观 • 从认识到实践 • 从一般到个别	物质—精神—物质循环往复 实践—认识—实践循环往复 个别—一般—个别循环往复

↓ ↑

政策的社会操作过程		
政策制定过程	政策执行过程	政策过程的循环
从群众中来： • 从群众到领导 • 从民主到集中 • 从点到面：“解剖麻雀”，引出一般；调查—研究—决策	到群众中去： • 从领导到群众 • 从集中到民主 • 从面到点：一般号召与个别指导相结合；试点—总结—推广	群众—领导—群众循环往复 民主—集中—民主循环往复 点—面—点循环往复

图 2-2 “上下来去”政策过程模型

“上下来去”政策过程是一个具有鲜明中国特色的政策过程模型。但是，由于科学决策是这个模型的根本追求，所以它乐于接纳从国外引进的以科学决策为根本诉求的任何决策理论、决策模型和决策手段。“上下来去”政策过程模型是由若干个亚模型组成的，如决策认识的真理性模型、群众-领导模型、个别-一般模型等。这些亚模型在现阶段只是一个轮廓，比较粗放，有待于进一步地开发和充实。西方国家学者在另外的理论背景和经验事实的基础上建构的决策模型，经过改造可以被整合到某一个亚模型中去，例如理性决策模型和有限理性决策模型之间的对立有可能在政策认识的真理性模型中得到消解，精英决策模型以科学决策为根本诉求的成分可以被政策操作的群众-领导模型所吸纳，等等。更有意义的是，西方现代社会调查的程序设计和技术手段、统计方法、计算机决策辅助系统等，都可以在“上下来去”政策过程模型的社会操作过程中大显身手。

模型中的“上”指的是主观、精神、认识、理论以及居于上位或核心地位的政策行为者，“下”指的是客观、物质、实践、行动以及居于下位或外围地位的政策行为者。“上”与“下”是互动的，互动的路线和方向在政策的社会认识的过程中是客观—主观—客观（或物质—精神—物质）、实践—认识—实践、个别——般—个别；在社会操作的过程中是从群众中来，到群众中去，其具体操作性程序是群众—领导—群众、民主—集中—民主、点—面—点。这两个过程中的上下互动都不是一次完成的，而是要经过无数次的循环往复，具体如图 2-3 所示。

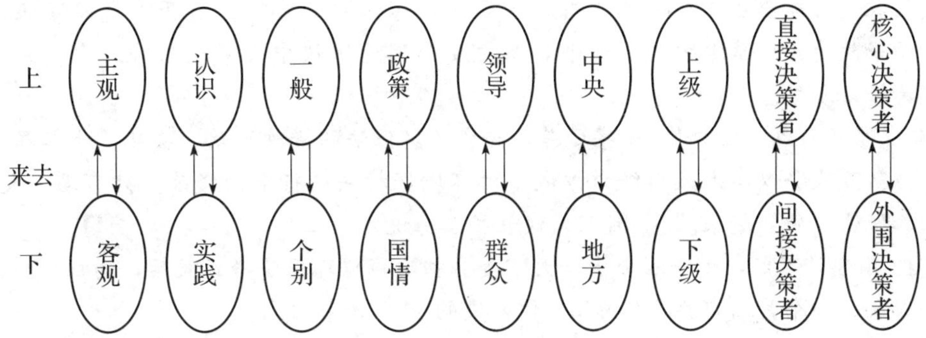

图 2-3 “上下来去”模型中的上下互动

“上下来去”政策过程模型包含四个子模型：政策认识的实事求是模型、政策操作的群众-领导模型、政策操作的民主-集中模型、政策操作的试验模型。

（一）政策认识的实事求是模型

政策认识的实事求是模型也称政策认识的真理性模型。其基本命题是：政策的正确性取决于政策主体经由实践而对客观真理发现和把握的程度，客观真理是认识对象本身固有的规律性。一个特定的政策过程可分为从实践中获得理论的认识，再使认识回到实践、指导实践、接受实践检验这样两个大的阶段。模型的核心命题是：“实事求是，一切从实际出发”、“摸着石头过河”（在认识论意义上）、“实践是检验真理的唯一标准”。

（二）政策操作的群众-领导模型

政策操作的群众-领导模型也称政策操作的群众路线模型。其基本命题是：政策过程是一个群众—领导—群众的过程。正确的政策来源于群众的实践、群众的经验、群众的意见，来源于作为政策主体的领导“紧紧地依靠群众，密切地联系群众，随时听取群众的呼声，了解群众的情绪，代表群众的利益”。政策形成的过程应是领导者将群众的分散的无系统的意见集中起来，经过研究，化为集中的系统的意见，找出解决问题的方法的过程；政策执行过程则是领导者又到群众中去宣传解释政策，使政策化为群众的认识，带领群众坚持下去，并在群众行动中检验政策是否正确，然后再从群众中集中起来，修正、完善政策，再到群众中坚持下去的过程。

解释性案例 2-1

从修正到修订：环保法历经四审精雕细琢显民意

2014 年 4 月 24 日，十二届全国人大常委会第八次会议表决通过了修订后的《中华人民共和国环境保护法》（以下简称“环保法”）。从修正到修订，从“小修补”到“大手术”，这部新法历经四次审议，在此期间两次广泛征求社会意见和建议，从立法宗旨到具体条文，写入了民声，体现出民意。

我国现行环保法于 1989 年开始实施。多年来，环保法修法呼声不断，从 1995 年到 2001 年，全国人大代表共有 2 400 多人次提出修改环保法的议案 78 件。

全国人大常委会于 2012 年 8 月和 2013 年 6 月对环保法修正草案进行了两次审议，2013 年 10 月和 2014 年 4 月，对环保法修订草案进行了两次审议，共四次审议。

全国人大常委会法工委副主任信春鹰表示，环保法的修改，前两审是以修正案的方式，后两审改为修订草案方式。这个转折主要是因为审议中大家认为修正案方式有局限性，改为修订草案。

“从‘修正’到‘修订’，一字之差，转变了环保法的修改思路。去年，十二届全国人大常委会第五次会议决定采用修订方式，对环境保护法进行全面修改。只有动‘大手术’才能让环保法‘硬’起来。”全国人大代表吕忠梅说。

2012 年 8 月下旬，十一届全国人大常委会初次审议环保法修正案后，向社会公开征求意见和建议。一个月内，共收到 9 572 位网民的 11 748 条意见。

2013 年 6 月，十二届全国人大常委会第三次会议对修正案草案二次审议稿进行了审议。7 月 19 日至 8 月 18 日，修正案草案二审稿向社会公开征集意见，共有 822 人提出 2 434 条意见。

“这个过程正是公众参与立法的过程。”全国人大常委会法工委有关负责人表示，第一次征求意见，各方面对环境保护法的定位、基本制度等提出了许多修改意见。第二次征求意见，各方面主要针对二审稿提出了若干具体修改意见。比较集中的问题主要有环境公益诉讼、环境评价机制和各主体的环保义务等。

十二届全国人大二次会议发言人傅莹表示，通常一部法律三审就可付诸表决，而环保法经过四审，就是为了更好地吸纳社会的才智，更好地反映社会的关切。

资料来源：余晓洁，顾瑞珍，吴晶晶．从修正到修订：环保法历经四审精雕细琢显民意［EB/OL］．（2014－04－24）［2023－10－12］．https://www.gov.cn/xinwen2014－04/24/content_266252.htm.

（三）政策操作的民主-集中模型

政策操作的民主-集中模型也称政策操作的民主集中制模型。其基本命题是：正确的政策的形成及其有效实施有赖于民主集中制原则的实行。这个模型的核心命题是“在民主基础上的集中”和“在集中指导下的民主”。

（四）政策操作的试验模型

政策操作的试验模型的基本命题是：正确的政策的形成和执行是一个从点到面、再从面到点的过程。这个模型的核心命题是“一切经过试验”“解剖麻雀，引出一般”“一般号召与个别指导相结合”。

第三节　源于国外经验的政策过程模型

公共政策学是首先在西方国家的社会环境中形成与发展起来的一门学科，目前公共政策学中广为传播并被普遍接受的有关公共政策过程的理论模型，大都是西方国家学者基于西方的经验进行总结和概括而成的；与这些模型存在着对应的相似性关系的原型存在于西方国家。我们指出这一点不是主张不加分析地排斥这些模型，而是主张在掌握和应用这些理论模型的过程中要注意它们所依据的特定的事实和经验。

一、有限理性模型

有限理性模型

政策制定者是全智全能的还是在主客观条件的限制下认识外部世界？对事物的客观规律的认识是一次完成的还是一个渐进的从相对真理到绝对真理的过程？从认识论上揭示政策过程的实质，基本上都是围绕着这样一条主线展开的，由此形成了一系列理论分析的框架或者理论模型。

决策者依据完整而综合的信息做出理性的决策，即遵循以最小的投入获得最大的产出的原则，选择最优方案，使用最佳、最适当的手段，达到最大值的政策结果。由这样一组假设构成的一个分析途径，称作理性决策模型或者决策的理性主义模型。

这个模型假定决策者是“理性人”，而理性人则被赋予以下特征：

（1）当面对多种选择时，他会做出一个决定。

（2）他会依据其价值偏好，在各种可能的选择中排列出优先次序。

（3）他的价值偏好会随着时空变化而转移。

（4）他通常从所有的方案中，择定偏好等级最高者。

（5）面对同样的选择，他会做出同样的决定。

该模型还假定了决策者如何将其理性主义的决策活动贯穿于整个政策过程中。

（1）发现问题。决策者之所以要进行决策，首先是因为实际的管理过程中面对一个存在的问题，需要对这个问题加以解决。

（2）提出目标。理性决策模型理论假设作为决策主体的人是完全理性的，他根据自己的目的或价值观，针对已发现的问题提出解决问题的目标，并将这些目标进行排列或组合。

（3）设计方案。决策者将所有可能的解决问题的方案全部一一列举出来，以供备用。

（4）预测后果。决策者运用一系列的科学方法对每一决策方案进行评估，预测执行该方案后所要达到的结果及其可能带来的新问题。

（5）分析比较。决策者将各个方案进行一一对比，在比较的基础上排列出先后顺序。

（6）选择最优方案。决策者在对各个方案进行比较分析后，选取其中一个预测结果与目标最为一致的方案作为决策的最佳方案。

这一过程的结果是做出一项理性的决策，这一决策经过实施将最有效地达到既定的目标。

然而决策的理性主义模型也因其过于理想化而受到了强烈的批评。批评者认为：第一，这个模型设定决策者为理性人，这个设定是缺乏经验支持的；第二，这个模型假定决策者是公正的、客观的、理智的，而在实践中决策者的公正、客观和理智却常常是极为有限的；第三，这个模型过高地估计了逻辑推理和数学模型作为政策分析工具所起的作用，因为在实践中这两种分析工具面对社会性、政治性、文化性公共政策问题时却往往束手无策；第四，这个模型假定决策者全智全能，但是在实践中决策者拥有的知识、获得的信息都是有限的，不可能预先对投入-产出、成本-收益的比例做出精确的计算。在所有的批评者中，经济学家和管理科学家赫伯特·西蒙和政治学家查尔斯·林德布洛姆是最具权威性和代表性的。他们不是完全抛弃这个模型，而是认为如果对它做适当的改进，它就可以成为基本的、现实可行的政策分析方法。

西蒙提出了决策者有限理性的命题。在他看来，理性指的是一种行为方式，是指在给定条件和约束的程度内适于达到给定目标的行为方式。由于这些条件和约束，而使得：第一，按照理性主义的要求，行为主体应具备关于每种抉择的后果的完备知识和预见，而事实上，行为主体对后果的了解总是零碎的。第二，由于后果产生于未来，在给它们赋以价值时，就必须凭想象来弥补其当时所缺少的体验。然而，对价值的预见不可能是完整的。第三，按照理性的要求，行为主体要在全部备选行为中进行选择。但对真实行为而言，人们只能想到全部可能行为方案中很少的几个。因此，西蒙认为决策者在管理决策中是不可能达到最佳程度的，而只能是追求一种近似的优化途径，即“寻求满意”的管理决策和结果。最佳决策的前提是决策者的行为完全理性化，而满意决策的前提是决策者的行为有限理性化，后者才是现实的。因此，理性就是要用评价行为后果的某个价值体系，去选择令人满意的备选行为方案，而不是去追求最优、最大值的所谓客观理性。进一步说，客观理性是存在的，但是对它的追求不是一次完成的，而是一步步地向它逼近，永远不能使这个过程完成。

经过对决策的理性主义模型进行批评和改进，形成了能够被人们普遍接受的理性优化模型。它主要包括两部分内容：一是政策制定的科学程序。这个程序包括确定政策目标、拟定政策方案、方案评估与选优、政策执行。二是努力运用各种现代调查技术、预测技术、决策技术、环境分析、可行性分析、可靠性分析以及电子计算机等手段与方法，依靠信息、评估、咨询、监控和反馈等各个政策子系统的决策支持，进行科学决策。

渐进理论模型

二、渐进理论模型

渐进理论模型是由查尔斯·林德布洛姆构建的。他的渐进主义思想形成于20世纪50年代，也是在批评决策的理性主义模型的过程中建构新模型的。他认为理性化无疑应当成为公共政策追求的目标，但是基于“完全理性”的决策的理性主义模型在实践中则具有不可行性。他主张援用“民主智慧寓于社会互动之中”的市场运作的原理，另行开辟一种分析和制定政策的途径，其要旨不在于专家做出周详完备的全知分析，而在于广泛地参与主体了解彼此的价值偏好，通过妥协调适、良性互动进而实现政策的动态均衡。这种动态的均衡最大限度地反映了西方工业文明及与之相一致的西方政治民主的实质和政治制度的特征。由此形成的渐进理论模型包含两组命题：

（1）公共政策实际上只是过去政府活动的持续，只是根据过去的经验而对现行的政策做出的局部的、边际性的调适。调适的成功与否取决于有关政策的社会趋同程度，也就是能否在一种渐进演变的过程中逐步寻求并获得既定政策的共同看法。

（2）决策者把决策看作一个典型的一步接着一步、永远没有完结的过程。在这一过程中，一点一点地啃代替了一口吞下。他不仅会按第二步的预测，而且会按第三步、第四步以至无数步的预测来设计政策。他看到了不断地修正政策和目标的可能性。他把决策看作在所有方面都是不固定的。采纳这一决策方式的政治体系，希望建立一种高度的灵活性、恢复力和持续性的机制，以提高其为复杂问题制定好的政策的能力。这样，尽管或许没有一个政策措施是壮举，但接连而来的小进展却可能使社会发生迅速的变化。

简单来说，这个模型把直接决策者设定为“按部就班、修修补补的渐进主义者或安于现状者”，同时他又是一个头脑清醒、与决策中庞大无比的各种社会政治力量“进行勇敢的角逐的足智多谋的问题解决者”；把政治体制设定为实行多元民主体制、各种社会政治权力主体交互影响和制衡的美国式的政治体系；把政策目标设定为只是进行局部的、有限的，属于既有政策的持续和边际性变革这样的改进；把决策过程设定为公共权力运行过程中公众、政党、利益集团领袖和直接决策者各自行使权力，互相影响和互相作用的动态均衡过程；将直接决策者的决策战略设定为“只专注于政策的逐步或微小改变”，其政策分析“集中于熟悉的、较为人知的经验上”，“大大减少所探索的不同政策的数目”，“大大减少必须分析的因素及复杂性”①；把政策结果设定为看上去似乎行动缓慢，但积小变为大变，其实际速度要大于一次大的变革。

渐进理论模型所对应的原型显然是西方国家特别是美国。事实上，林德布洛姆构建的模型所依据的经验事实完全取自美国。这个模型较之基于完全理性的决策的理性主义模型，至少在美国具有更大的可行性，用它来研究西方国家特别是美国的公共政策也具有更强的解释力。对渐进理论模型的批评归结为一点，就是认为它具有显而易见的保守性：朝着保守的方向来阐释人的主观能动性和有限理性，只注重看起来微不足道的政策目标的制定及实现，压制政策创新和具有根本意义的社会变革。

三、系统理论模型

系统理论模型是美籍奥地利生物学家贝塔朗菲创立的一般系统论，以及依据这一理论发展而成的系统科学、系统方法、系统工程在公共政策分析中的应用。美国学者戴维·伊斯顿把系统论的分析方法引入政治学领域，开创了政治生活的系统分析框架。这一分析框架被应用于公共政策学时就被称作决策的政治系统模型。这个模型把决策主体假定为政治系统，它由一个社会中那些可以识别同时又是相互关联的机构和活动组成。政治系统做出对社会具有约束力的权威决定，这就是公共政策，一项政策包含着一系列分配价值的决定和行动。接着，这个模型把政策过程假定为输入—决策—输出—反馈这一系统运行过程。输入指的是政治系统边界以外的环境对政治系统的要求（需求）和支持：政治系统的环境由系统以外的自然界、社会政治、经济和文化等各种事物所构成；要求是指构成环境的个人和团体为获取一

---

① 林德布洛姆．决策过程［M］．竺乾威，胡君芳，译．上海：上海译文出版社，1988：42－43.

定的利益或实现一定的价值追求而向政治系统提出的政策倡议或政策主张；支持是指构成环境的个人和团体服从法律，遵守制度，纳税并接受政治系统做出的决定和采取的行动。由结构、程序、决策者构成的政治系统对要求和支持做出反应，进行加工，形成政策。由于政治系统的内部运行过程一般不为外界所知，所以政治系统模型设定它是一个“黑箱”。政策形成后由政治系统进行政策宣示和政策执行。这个模型将此称作输出。具体来说，输出是指将政策贯彻到环境中去，以此回应输入，影响环境、改变环境。最后，政策结果再反映到政治系统中去，这就是反馈。反馈意味着政策输出可能改变环境，改变由环境提出的要求，以及改变政治系统自身的特点。反馈是现政策过程的终点，又是新政策过程的始点。输入—决策—输出—反馈是政治系统运行的周期过程。在这种循环往复中，公共政策便源源不断地产生。

政治系统模型是公共政策分析中最具有解释力，并且最具有普适性的一个模型。这个模型的缺陷是与它的优长之处同时产生的，即它是一个适于宏观分析的模型，优长之处是视野开阔而宏大，不足之处是只能给人们提供一个轮廓，不能够指明所分析的政策的具体特性。

本章小结

公共政策是一个动态的过程。政策过程阶段论是一种被广泛接受的分析方法，它把政策过程分为若干阶段加以分别研究。针对阶段过程模型的不足，西方国家政策分析学者提出了多种关于政策过程的新理论框架和分析途径，主要有制度理性选择框架、多源流框架、倡导联盟框架和政策网络研究等。

“上下来去”政策过程模型是一个具有鲜明中国特色的模型。“上下来去”政策过程模型包含四个子模型：政策认识的实事求是模型、政策操作的群众-领导模型、政策操作的民主-集中模型、政策操作的试验模型。

源于国外经验的政策过程模型主要包括有限理性模型、渐进理论模型和系统理论模型。

思考与练习

1. 公共政策理论模型的作用是什么？
2. 试述公共政策“上下来去”政策过程模型的内涵和四个子模型。

在线自测

扫一扫 练一练

第三章

公共政策问题构建与政策议程设定

学习目标

1. 了解公共政策问题的概念、基本属性与分类。
2. 熟悉公共政策问题的察觉、界定和描述。
3. 掌握公共政策议程的触发机制及设定模型。
4. 理解公共政策问题构建与政策议程设定的中国实践和经验。

本章提要

资源的稀缺性决定政府只能关注和处理少数问题，这些少数问题实现了从个人问题和公共问题向公共政策问题的构建和转化，公共政策问题的构建决定了问题解决方向、内容和成效，决定这种转化成功的关键在于政策议程的触发和设定。本章首先介绍了公共政策问题的内涵、基本属性和分类；然后介绍了公共政策问题构建，包括察觉、界定和描述等；分析了公共政策议程的触发机制和设定模型；最后介绍了公共政策问题构建与政策议程设定的中国实践和经验。

引导案例

农村留守儿童：隔代抚养下的新危“机”与新“瘾”患

根据2021年第七次全国人口普查数据，截至“十三五”末，我国共有农村留守儿童643.6万人，与乡村振兴战略实施前相比有减少趋势。2016年国务院颁发了《关于加强农村留守儿童关爱保护工作的意见》，采取一系列措施来解决农村留守儿童的营养健康、教育、安全和监护等方面的问题并取得了良好成效。然而，互联网在农村地区的发展，使农村留守儿童群体潜藏新的危机。

2021年，志愿者团队对湖北、湖南、河南三省的农村留守儿童展开调研，发现留守家庭隔代抚养让手机经常处于“脱管”状态。由于爷爷奶奶使用智能手机存在障碍，因而留守儿童有更多机会获得爷爷奶奶的手机，甚至手机成了爷爷奶奶为了让孩子不吵不闹，换取安宁的工具。志愿者团队的调研感受与调研数据也得到了共青团中央维护青少年权益部发布的一份调研报告的印证。2022年11月，共青团中央维护青少年权益部发布了《2021年全国未成年人互联网使用情况研究报告》，报告指出农村未成年人的互联网普及率已达97.3%，其中使用手机上网的比例高达92.5%，比城镇还要高出2.3个百分点。不过，危险并不在于手机本身，更让家长们担心的是手机上的软件。相比过去对未成年人沉迷网络游戏等的担心，随着短视频等新的智能应用的盛行，家长们更大的隐忧是一些成人化、软情色的内容侵蚀孩子们的世界。共青团中央维护青少年权益部的报告显示，接近半数未成年人通过抖音、快手、B站等短视频、视频平台获取社会重大事件信息，略高于各类官方媒体网站。38.3%的未成年人在上网过程中遭遇过不良或消极负面信息，其中占比最高的是炫耀个人财富或家庭背景（21.2%），宣扬不劳而获、躺平思想（16.3%）等消极负面的内容。

为了防止青少年过度沉迷，目前主流的手机应用相继推出了针对性的青少年模式。如对14岁以下的用户实名认证，每天最多只能使用40分钟，晚上10点到次日6点都无法使用。但志愿者团队在实地调研中发现，仅靠身份证件信息实名认证设卡的办法，在现实操作中很容易流于一道虚设的屏障。在不登录且不注册的游客模式下，农村留守儿童同样可以浏览网络内容，仅点赞、评论等部分功能受到限制。

因此，总体而言，不论是移动社交还是游戏、短视频等，都属于农村留守儿童手机沉迷的组成单元，而非全部。更关键的在于，以手机为载体的移动互联网环境持续变化，正在深刻影响孩子们的心智、认知、价值观等。除了潜在的、渐变性的影响，极端悲剧也偶有发生。显然，农村留守儿童面对的新危“机”和新“瘾”患亟须受到决策者的关注和全社会的重视。

资料来源：深盟公益，孙茜微公益，湖北联合救灾公益平台，孝感义工联合会．农村留守儿童：隔代抚养下的新危“机”与新“瘾”患．2022-04-14.

案例思考：

1．在互联网浪潮中，农村留守儿童面临的新危“机”和新“瘾”患能否被构建为公共政策问题？

2．如何将解决这种新危“机”和新“瘾”患问题纳入公共政策议程？

3. 为包括农村留守儿童在内的未成年网民创建一个更加健康和安全的网络环境需要采取哪些措施？

本章建议学时：7 学时

第一节　公共政策问题的基本概念

一、公共政策问题的定义

公共政策
问题的定义

问题是指实际状态与期望之间的差距，“正因为差距的存在，才导致了很多问题状态”①。仅涉及一个人或少数几个人实际状态与社会期望之间的差距的问题被称为个人问题，它与个人的价值、利益和需要未得到满足有关，产生的影响有限，主要由当事人自身来解决。当实际状态与社会期望之间的差距产生较广泛影响时，问题就超越了个人界限，“呈现出集体性和社会性的特征，这就需要通过团体协商、公共选择等集体行动机制来解决”②。

个人问题转化为公共问题应当具备相应的条件。只有具备广泛性，受到部分有影响力的社会主体关注和推动解决的问题才能成为公共问题。首先，问题造成的影响具有广泛性。问题涉及社会上大多数人的利益，或者危及大多数社会成员的生活，并且与大多数社会成员持有的价值观、信念或态度相冲突。其次，问题的解决具有广泛性。大多数公共问题并不能依靠个体或少数人的努力和力量来解决，只能依靠社会绝大多数人的力量，诉诸政府才能得到解决。最后，社会上那些真正具有影响力或话语权的个体或群体在公共问题的构建过程中扮演着重要角色。

即使个人问题在一定条件下转化为公共问题，也不一定意味着能够成为被纳入政府议事日程加以解决的公共政策问题。事实上，政府面临着许多亟须解决的公共问题，而行政资源的稀缺性，意味着只有少量公共问题会受到政府注意，可以通过政府行动来解决，大多数公共问题则由于问题显著性不够突出、解决条件不成熟等原因而被政府忽视或否认。因此，只有当公共问题受到政府重视，在政府职能范围之内且政府有能力去解决时，公共问题才能进入政府的政策议程，转化为公共政策问题。

公共问题被提上公共权力机关尤其是政府的政策议程并采取措施加以解决，就成为公共政策问题。

公共政策问题的基本内涵主要包括以下几个方面：

（1）存在社会客观现实。任何问题都来源于客观社会现实，政策问题也不例外。公共政策问题来源于社会实际状态与期望之间的差距，虽然期望存在一定的主观性，但是社会状态和现象是客观的，是不以人的意志为转移的，这些社会现象的客观存在往往通过数字、指标、符号或焦点事件等形式呈现出来。

（2）对社会客观现实的广泛知觉。社会客观现实倘若只被少数社会成员所知觉，社会其

① 宁骚．公共政策学［M］．3 版．北京：高等教育出版社，2018：233.
② 陈庆云．公共政策分析［M］．2 版．北京：北京大学出版社，2011：94.

他大多数人并未感知到其存在，那么即使它与社会的价值规范相冲突，它也只是少数人的事情，只能算是一种潜在的公共问题，并不能上升为公共政策问题。不过，如果某一个公共问题并没有被社会中大多数人所知觉，“但是其现实的危害性和未来的趋势已被少数能直接影响政府决策的有识之士和权威当局所感知，它也有可能进入政策议程，上升为政策问题”①。

(3) 价值、利益和期待的严重冲突。“当大多数社会成员都感受到当前的社会客观现实与他们的价值、利益和期待严重冲突时，会感受到强烈的需求或一种受剥夺的感觉，他们要求政府立马采取措施和行动改变这种社会状况”②，只有相当严重的冲突和特别强烈的需求才能引起社会的普遍关注和政府的高度重视。

(4) 团体活动过程。依靠个人或少数人的力量往往难以实现将公共问题上升为政策问题，团体的行动往往能使政府部门重视该问题的存在。

(5) 政府认为有必要采取行动加以解决。公共问题转化成政策问题必须是受到政府的重视，政府认为必须立即采取行动加以解决。一个公共问题要想受到政府重视，进而进入政策议程成为政策问题，必须满足两个条件：一是属于政府职能权限范围内的事务。政府不是万能的，不可能解决所有问题，有些问题可以由社会组织或市场来解决。二是属于政府能力范围内的事务。有些公共问题虽然属于政府职能权限范围之内，但是受到人力、财力等的限制，解决问题的时机尚不成熟，政府也会忽视问题的存在。

解释性案例 3-1

北京市艾滋病疫情通报

北京市艾滋病病例数自2016年开始呈现逐年下降趋势。2022年1月至10月，北京市新增艾滋病病毒感染者及病人1 462例，新增病例数与2021年同期相比，减少11.61%。新增病例中经性途径传播占比96.99%（其中同性传播占75.72%、异性传播占21.27%），经注射毒品传播占比0.21%，其他传播途径占比2.80%。目前北京全市存活艾滋病病毒感染者及病人共26 013人。据介绍，北京市自1985年报告首例艾滋病病例以来，截至2022年10月底，累计报告艾滋病病毒感染者及病人39 018例。

随着感染者数量的不断增多，艾滋病问题显然已经从传播初期的个人问题转化为严重危害公共卫生安全的公共政策问题，需要政府采取有效措施来加以解决。《2022年北京市艾滋病防治工作要点的通知》中明确指出，各区、各部门要积极开展宣传教育，进一步创新宣传模式，根据本辖区、本系统人群特点，针对性开发宣传材料，突出防治宣传工作覆盖全生命周期。要教育引导重点人群遵守公序良俗，落实个人防控责任，对恶意传播艾滋病的要依法严厉打击。同时，要强化重点人群艾滋病检测服务措施，不断完善艾滋病服务网络体系。市公安局、市司法局等部门和各区要进一步加强对娱乐场所的监督服务管理，协助卫生健康部门开展娱乐场所从业人员的检测工作。

资料来源：北京市卫生健康委员会．2022年北京市艾滋病疫情通报．北京市卫生健康委员会官网，2022-12-01.

---

① 宁骚．公共政策学［M］．3版．北京：高等教育出版社，2018：234.

② 同①235.

二、公共政策问题的基本属性

由公共政策问题的上述含义，我们可以进一步推知公共政策问题的基本属性，主要有相互关联性、主观建构性和动态演化性等。了解公共政策问题的基本属性或特征，有利于更好地制定公共政策，解决政策问题。

（一）公共政策问题的相互关联性

任何一个公共政策问题都不是孤立存在的，而是与政策环境、政策资源等要素有着密切联系，其影响通常会外溢到其他政策领域。例如，农业问题会影响公共卫生问题，在20世纪50年代，为了增加粮食生产和木材出口，美国农业部放任化学工业界开发DDT等剧毒杀虫剂并不顾后果地执行大规模空中喷洒计划。蕾切尔·卡逊在《寂静的春天》中写道："世界范围内肝炎的急剧增多很值得人们关注。肝脏疾病的大量增多和环境中DDT的肆虐保持一致，这绝非巧合。"公共政策问题的相互关联性一定程度上提高了解决问题的复杂性。在某些特定情况下，解决多个相互依赖的问题往往比解决一个问题要简单。这要求我们应从全局和整体视角出发，将某一问题视为整体问题不可分割的重要组成部分，从而找到最佳的解决途径。

（二）公共政策问题的主观建构性

公共政策问题是主观作用于客观的产物，它不仅与客观的社会状况相关，也是人类以概念诠释问题情境的感觉产物。有些人认为急需解决的公共政策问题可能由于某些原因未能引起政府重视，而有些人认为在当前条件下并不具有紧急性和普遍性的公共政策问题反而促使政府采取行动加以解决。因此，公共政策问题是基于人类社会需要而被构建、维持和改变的。每个人的价值观、认知能力、利益权衡、生活经历及所嵌入的制度安排等因素都会影响对社会现象的认识和评价，进而对政策问题的性质、严重程度以及解决的迫切程度等做出不同的判断和选择。

（三）公共政策问题的动态演化性

由于社会观念、科学技术和政府能力等政策环境因素的变化和发展，对公共政策问题属性、成因判断及解决方案的评估处于动态演化之中。以前需要通过政府干预加以解决的公共政策问题，或许会在环境变化的驱动下成为仅需个人努力的个人问题，而以前被视为解决时机尚不成熟的公共问题也许会重新回到政府视线中来。

总体而言，公共政策问题一般由许多相互关联的具体问题构成，任何两个组成部分在属性和判断标准上都有所差异，每个具体问题的解决会对整体问题的解决产生非独立的后果，因而需要将复杂系统思维纳入公共政策问题的构建中。与此同时，公共政策问题的主观构建和动态演化意味着公共政策问题属性获得的关注程度与判断依据会影响随后的方案抉择，需要将权变思想纳入公共政策问题的判定中，试图一劳永逸地解决公共政策问题就会冒着为正确的解决方案选择错误问题属性的风险。

三、公共政策问题的分类

根据一定的标准对公共政策问题进行合理分类，有利于深化对公共政策问题的认知和理解，从而促进公共政策问题的正确构建和有效解决。

有的学者从“政府、市场和社会三者的关系视角将公共政策问题分为市场失灵问题、社会失灵问题和政府失灵问题”①。根据受到问题影响的人数及相互间的关系，洛维将公共政策问题分为分配型、管制型和再分配型三类。其中，“分配型问题与每个个体密切相关，并可一个又一个地加以解决；管制型问题要求对他人的行动进行限制和制约；而再分配型问题需要在社会成员间进行资源转移”。

公共政策问题的分类

邓恩从公共政策问题结构的角度，将公共政策问题分成结构优良、结构适度和结构不良三种类型，认为“这三种问题的每一个问题结构都取决于它自身的相对复杂性”（见表 3-1）。

表 3-1 公共政策问题的结构类型

要素	问题的结构		
	结构优良的问题	结构适度的问题	结构不良的问题
决策者	一个或少数几个	一个或少数几个	很多
备选方案	有限	有限	无限
效用（价值）	一致	一致	冲突
结果	确定性或风险性	不确定性	未知
概率	可计算	不可计算	不可计算

资料来源：威廉·N 邓恩．公共政策分析导论［M］．谢明，伏燕，朱雪宁，译．4 版．北京：中国人民大学出版社，2011：56.

（一）结构优良的问题（Well-Structured Problem）

这类政策问题仅包含一个或少数几个决策者和少量的政策备选方案，每个备选方案可以实现的结果如果不具有确定性，则所犯错误的风险处于可接受的范围内。政策方案的效用（价值）能够反映出决策者围绕政策目标达成的共识，这类政策问题可以借助计算机程序来加以处理，所有备选方案的所有结果都可以通过运算加以掌握和预先规划。

（二）结构适度的问题（Moderately-Structured Problem）

这类政策问题同样仅包含一个或少数几个决策者和相对来说有限数量的政策备选方案，各方案的效用（价值）同样反映了决策者追求政策目标的一致性。但是，每个备选方案的结果并不是确定的，即使在可接受的错误范围内，结果预测也相当困难，这意味着发生错误的概率很难计算。选择结果的不确定性会给决策者的决策带来巨大的困难，而且个人的“理性”选择可能会导致集体的“非理性”。

（三）结构不良的问题（Ill-Structured Problem）

结构不良的政策问题包含许多不同的决策者，决策者的效用（价值）是未知的，难以选择一致的标准加以排序，政策问题的目标相互冲突，政策备选方案及其结果都是未知的，决策风险也难以进行估量。结构不良的政策问题一般很难通过一致同意的方式加以解决，即使在专家内部取得一致意见也比较困难。结构不良问题的解决方案的成效具有不可

① 宁骚．公共政策学［M］．3 版．北京：高等教育出版社，2018：238.

传递性，决策者不能从中选出一个让所有决策者都满意或比其他备选方案更可取的方案。结构优良和结构适度的政策问题的备选方案选择具有可传递性，若方案 A 优于方案 B，方案 B 优于方案 C，则方案 A 优于方案 C，但是结构不良政策问题的备选方案成效排序则不具有这种传递性。

在现实社会，结构优良和结构适度的政策问题都是比较少见的，大量的政策问题属于结构不良的政策问题，这是因为政策问题的解决涉及很多利益相关者，他们之间的利益和价值观往往存在冲突，在他们之间达成共识可能只是一种例外情形。同时，个体获取和加工信息能力的有限性，使得人们很难识别解决政策问题的所有备选方案及其结果。鉴于结构不良问题在公共政策领域的普遍性，瑞特尔和韦伯进一步提炼了结构不良问题的十个主要特征：（1）不存在明确的问题表述；（2）不存在停止规则；（3）解决方法不存在正确与错误之分，只存在更好与更坏之分；（4）既不存在即时的也不存在最后的关于解决问题方案的有效性的检验方法；（5）每一种解决方法都只是一种试验或猜测；（6）不存在可列举的或可穷尽的备选解决方案，也不存在设定良好的、可行的计划实施规则，甚至由于问题结构的逻辑冲突，根本找不到解决方案；（7）每个结构不良问题本质上都是独一无二的；（8）每个结构不良问题都可以视为另一个结构不良问题的症候；（9）每个结构不良问题都具有多种因果性解释，每种解释内在地决定了问题的性质和解决方法；（10）结构不良问题的处理者或决策者没有犯错误的权利。

第二节　公共政策问题构建

公共政策问题构建

公共政策问题构建被视为政策制定的初始阶段，决定着问题解决的重点、方向和过程，为随后构建有用的政策备选方案及制定、实施和评估政策等奠定了基础。我们经常为被错误构建的问题或非问题提出解决方案，为错误的问题提出正确的解决方案。正是在此意义上，邓恩将公共政策分析称为“解决问题的方法论”，强调“对问题的构建优先于对问题的解决”。在认识论视角下，政策问题构建是“一个从对客观事实的感性认识到理性认识的过渡，包括问题察觉、界定、描述等环节”[①]，通过这些环节，我们可以从中提炼出有关“问题情境、实际问题和正式问题的信息”。

一、公共政策问题察觉

问题察觉主要指人们对问题情境或社会现象的感知和觉察，它们被意识到正在发生某种变化，从而逐渐引起公众、社会组织和政府部门关注的过程。因而，政策问题构建始于人们对问题情境而不是对问题本身的感知，在不同的问题情境下人们对这些现象的感知必然不同，一种现象在一种问题情境中可能被界定为问题，而在另外一种问题情境中可能不被人们视为问题。在这一阶段，人们只是普遍地感觉到某一领域或范围内存在一种与平常

① 谢明．公共政策导论［M］．5 版．北京：中国人民大学出版社，2020：139.

不同的紧张状态，并没有认真地考虑如何解决，想到的只是向政府有关部门反映。[①] 因此，人们此时只是随意地发表意见，很笼统地提出一些看法，对于问题的范围和影响在认识上仍然比较模糊。

在约翰·金登看来，人们对问题的察觉会受到注意力的调节，有时候，人们的注意力受到某一问题的一种具有联系的指标的影响。而在另一些时候，一个惹人注目的事件便可以引起人们的关注，或者说，对现存政策项目运作情况的反馈表明并非所有情况都是好的。博德拉·斯通也认为“大多数政策讨论都是始于引证一些数字指标，以表明某个政策问题已经严重或者正变得严重”，民众、政府官员和利益集团等能通过数字直接察觉到社会存在的问题及隐藏在数字背后的一些信息。如今，随着信息技术的发展，问题察觉的方式也不断演进，“网络参与者在对社会问题的共同关切中生成直接感受，通过网络感知世界任何一个角落的现实问题的紧张状态，以共同的期待促进公共问题向政策问题转化”[②]。

总体而言，问题的有效察觉需要有“正常、民主和开放的问题察觉途径的配合”[③]。

正常的问题察觉途径是指对各种可能出现的政策问题经常保持开放心态，及时对有关问题的信息进行讨论、分析和研究，以便形成构建政策议程的机制。这就要求建立健全公共问题信息收集和分析的常设性机构和制度，从而推进正常的问题察觉与研究工作。为了防范信息传递过程中出现的“失真”或“报喜不报忧”现象，相关领导也需要经常下基层进行调查，以免延误问题的察觉和解决进程。民主的问题察觉途径是指问题察觉机制应体现民主性，将民主决策的理念贯穿在问题察觉机制的建设中。这就要求政府决策体制严格贯彻“以人民为中心”的指导思想，拓宽和畅通民情民意表达的渠道，积极和有效地回应人民群众的各种诉求，充分发挥人大代表、新闻媒体等社会主体及时反映民众需求和公共问题的桥梁作用。开放的问题察觉途径是指问题察觉系统不应该自我封闭，应该在不影响国家安全的情况下向各种社会组织和人民群众开放，降低他们反映问题的成本，并充分听取和吸收各方面的意见和建议。

二、公共政策问题界定

一般而言，政策问题界定主要有社会冲突途径和建构主义途径。在社会冲突论者看，社会冲突是一个连续的、具有竞争性的对问题加以界定的过程，社会冲突中取得优势的关键机制之一就是巧妙地提出一个问题解释，使倡导者的利益最大化。从建构主义观点看来，政策问题既不是单纯“给定”的，也不是对真实情况的反映，而是被感知和建构出来的。也就是说，问题不是“放在那儿”等待人们去发现和描绘，问题界定是“组织信息和赋予信息以意义的方式，判断问题的‘真正意义’成为一种优先级排序的练习”[④]。因此，政策制定者不仅需要做出选择哪些政策问题来加以解决的判断，而且还面临选择何种角度和方式来界定问题的考量，不同的界定方式可能体现出不同的世界观、思维模式和信念

---

① 张国庆．公共政策分析［M］．上海：复旦大学出版社，2004：169.

② 张康之，向玉琼．网络空间中的政策问题建构［J］．中国社会科学，2015（2）：123-138.

③ 宁骚．公共政策学［M］．3版．北京：高等教育出版社，2018：251.

④ David A Rochefort，Roger W Cobb. Problem definition，agenda access，and policy choice［J］．Policy Studies Journal，1993，23（1）：56-71.

等，蕴含着差异性的解决方案。

在邓恩看来，“政策问题界定是实现从元问题向实际问题转变的过程，分析者试图从其最基本和最一般的意义上界定问题”。有时现实生活中所呈现的公共问题只是表面的、单一的社会现象，而公共政策问题通常是复杂多样、相互关联的。问题界定的主要目标就是“要把复杂、混沌的问题情境总结概括为清楚明了的实际问题，分析主要矛盾，关注重要因素，是情境转化过程中必须注意的问题”①。实际问题的划分方式很多，可以根据研究内容或作用领域划分，也可以根据研究途径划分，还可以根据研究方法划分，实际问题类型划分的差异性意味着选择不同的价值观和概念框架展开诊断分析。如果实际问题被假定为经济问题，那么分析人员就可以从与商品和劳务生产与分配有关的角度来看待它。

问题界定过程是对有关情况作战略再现的过程，政治行动者会采取不同的方法或者语言来对政策问题予以界定，象征、数字、原因、利益等就成为界定和描述政策问题的主要语言类型，其中，象征和数字对于其他每一种界定问题的框架都具有基础的作用②。雷谢夫和科布提出了界定政策问题的 7 个维度，包括“问题的因果性、严重性、相关性、危机性、新颖性、发展性、问题对象特征等”③。其中：（1）问题的因果性涉及分析哪些主要的行动者和因素制造了问题，包括个人和非个人因素、可控与不可控、简单或复杂等；（2）问题的严重性涉及问题及其后果究竟被认为有多严重，问题越被视为严重和重要，就越能引起决策者和大众媒体的注意；（3）问题的相关性主要指问题是与少数人利益有关还是与社会上的大部分利益密切相关，问题越是与大多数社会成员有关，就越能形成压力督促政府积极响应；（4）问题的危机性主要指问题是否能被贴上“危机”的标签，被视为危机就意味着需要马上采取行动；（5）问题的新颖性主要针对问题是否熟悉而言，以前未曾发生过的问题更容易受到社会关注和媒体报道；（6）问题的发展性主要指问题在某个领域或范围内所处的发展态势：快速上升、平稳或衰退；（7）问题对象特征主要指问题对象的属性被如何界定：激发同情感或威胁感、值得或不值得帮助等。

三、公共政策问题描述

一旦一个实际问题已经被界定，一个更详细和具体的正式问题将会被构建，“从实际问题到正式问题的过程是通过问题详述实现的”④。问题描述是指运用具有操作性的语言（如数字、文字、符号、图表等表达方式）将实际问题转化为一个详细和特殊的正式问题的过程，一般包括基本的理论假设、命题陈述、概念间的逻辑关系及理论模型的结构等内容，不同类型的实际问题所规定的正式问题存在较大的差别。在一般的决策系统中，政策问题的构建与政策方案的抉择之间往往存在着一定的距离，这是因为对政策问题进行构建与最终做出决策属于两个不同系统的运作内容。换句话说，察觉、界定和描述问题的人并不直接参与政策的决定，决策者的决策更多地依赖于问题的描述而不直接参与问题界定过

① 谢明．公共政策导论［M］．5 版．北京：中国人民大学出版社，2020：142.

② 博德拉·斯通．政策悖论：政治决策中的艺术［M］．顾建光，译．北京：中国人民大学出版社，2006：133.

③ David A Rochefort，Roger W Cobb. Problem definition，agenda access，and policy choice［J］．Policy Studies Journal，1993，23（1）：56－71.

④ 威廉·N 邓恩．公共政策分析导论［M］．谢明，伏燕，朱雪宁，译．4 版．北京：中国人民大学出版社，2011：59.

程。因此，问题描述要求尽可能客观、真实、详细，尤其忌讳瞒报、谎报、迟报和漏报相关信息，以免干扰最后的“拍板”决定。

一般而言，政策问题描述应该尽量做到以客观代替主观，以直接代替间接，以准确的事实代替加工过的材料，坚持实事求是的原则。在问题描述中，坚持让“数字说话”是其中的关键，当缺乏准确的数字及来源时，必须估计问题的有关强度，尽可能地设定一个与问题严重性、紧急性等属性有关的数字范围并估计出相应的强度。对“过少”或“过多”的判断都应附有相关的数字或范围标识，“太大”有多大？“太小”有多小？“太慢”或“太快”的标准是什么？这种对问题所做的描述将作为政策制定的直接“原料”输入决策系统。

在邓恩看来，“为了更好地对问题情境进行建构和重构，有必要引入政策模型，政策模型可能会表现为概念、图解、图表或数学共识，不仅可以用于描述、解释和预测问题情境的构成要素，而且通过推荐行动过程可以用于改善问题情势”。进而，邓恩提出了几种主要的政策模型：(1) 描述性模型。描述性模型的目的是解释和/或预测政策选择的原因和结果。描述性模型被用于监测政策行动的结果和预测经济绩效。(2) 规范性模型。规范性模型的目的不仅是解释和/或预测，而且还要为最有效地实现一些效用（价值）提出建议，包括替代模型、详单模型、成本-收益模型等。(3) 口头模型。口头模型是用日常的语言而不是符号逻辑的语言或数学的语言表达。(4) 符号模型。符号模型使用数学符号来描述被认为能描述问题的特征的主要变量之间的关系。通过使用数学的、统计学的和逻辑的方法，符号模型可以使我们获得或预测最佳解决方案。(5) 过程模型。过程模型描绘了被认为能描述问题及解决方案的特征的变量间的能动关系。

总体而言，政策问题构建的关键是实际问题与正式问题和最初的问题情境的实际一致程度，然而，这种一致性的实现并非是理所当然的。邓恩认为，“在追求实际一致的过程中，分析者可能会面临三种错误，即选择元问题的错误边界、错误界定问题和选择错误的正式表达模型来代表实际问题，这些风险进而导致选择错误的问题加以解决”①，就此而言，我们面临和承受的许多灾难可能的确源于解决了错误的问题。由于在政策问题构建的过程中很容易出现上述三类风险，因此，必须将政策问题构建过程视为一个动态的、不断循环反复的过程。鉴于政策问题构建在政策过程中扮演的重要角色，巴茨提出了有助于问题构建的六个基本问题，包括：(1) 具体政策中的问题表征是什么？(2) 问题表征的前提或假设是什么？(3) 问题表征是如何产生的？(4) 在具体的问题表征中，哪些方面是没有疑问的？哪些方面还没有涉及？可以通过不同角度来思考问题吗？(5) 问题表征能够产生何种效果？(6) 问题表征是如何提出、传播和辩护的？可以通过何种方式来质疑、打破和替换既有的问题表征？②

四、公共政策问题构建方法

公共政策问题构建包括问题察觉、问题界定和问题描述三个相互关联的环节，在这三

① 威廉·N 邓恩．公共政策分析导论［M］．谢明，伏燕，朱雪宁，译．4 版．北京：中国人民大学出版社，2011：60.

② Bacchi. Analysing policy：What's the problem represented to be?［M］. Frenchs Forest，NSW：Pearson Education，2009：2.

个环节，通过运用适当的构建方法可以提炼出关于问题情境、实际问题和正式问题的准确信息，进而改进和提升公共政策问题构建的质量。这些主要方法在“主要目标、程序、知识来源、评价标准等方面各有侧重”（见表 3－2）。

表 3－2　公共政策问题构建方法

方法	主要目标	程序	知识来源	评价标准
边界分析	估计元问题的边界	饱和抽样、启发问题、累积	知识系统	限定范围内的正确性
类别分析	澄清概念	概念的逻辑划分与分类	个别分析人员	逻辑一致性
层级分析	明确可能的、可行的及合理的理由	原因的逻辑划分与分类	个别分析人员	逻辑一致性
综摄法（共同研讨法）	确认问题间的相似点	建立个人的、直接的、象征性的、幻想的类比	个别分析人员或集体	比较的合理性
头脑风暴法	产生想法、目标和战略	产生想法和评价	集体	一致性
多角度分析	产生洞察力	综合运用技术、组织和个人的观点	集体	洞察力的改进
假设分析	冲突性假设的创造合成	明确利益相关人，提出假设、质疑，集中并合成	集体	冲突
论证图形化	假设评估	合理性和重要性的评估，排列并制图	集体	最佳的合理性和重要性

资料来源：宁骚．公共政策学［M］．3 版．北京：高等教育出版社，2018：245．

第三节　公共政策议程设定

公共政策的问题构建是政策过程的初始环节，问题构建完成后，有些公共问题被纳入政策议程，成为公共政策问题，有些公共问题则被搁置或否认。因此，政策议程设定就是对纳入问题清单的公共问题按照一定程序和条件进行筛选和确定的过程。纳尔逊将这个过程分为四个阶段，“问题认可、问题采纳、问题优先化和问题维持”。政策议程设定过程的触发和启动受到各种因素的影响，从而呈现出不同的政策议程设定模型。

一、公共政策议程的内涵与类型

（一）公共政策议程的内涵

公共政策议程的内涵

学者们对政策议程的理解有多种阐释。科布和埃尔德认为政策议程是“一组值得政府合法关注的政治纷争；一组按计划应引起决策层积极而密切关注的事物”。金登将政策议程概括为“政府官员在任何给定的时间给予某个受关注的主题编目”。安德森指出：“在人们向政府提出的成千上万个要求中，只有一小部分得到了公共决策者的密切关注。那些被决策者选中或决策者感到必须对其采取行动的要求构成了政策议程。”陈振明认为：“政策议程是指将政策问题提上政府议事日程、纳入决策领域的过程，实际上就是政治组织，尤其是党政机关确定政策问题的轻重缓急。”综合来看，我们认为理解政策议程的内涵需要把握以下三个要点：（1）注意力资源的有限性引发对决策者注意力的争夺；(2) 只有受到决策者注意和高度重视的公共问题才会被纳入政策讨论，并最终采取行动加以解决；(3) 政策议程既可能是决策者根据解决问题的需要而主动设定，也可能是回应外界需要而设定或者是两者的结合。

(二) 公共政策议程的类型

根据不同的划分标准，公共政策议程可以被区分为不同类型，其中科布和埃尔德及格斯顿的分类最有代表性。

1. 系统议程（公众议程）和政府议程（正式议程）

科布和埃尔德将政策议程分为系统议程和政府议程两种基本类型，并较为详细地分析了这两种议程类型的特征及差异性。在他们看来，“系统议程由一定范围内的利益相关者共同认为值得公众关注，并属于政府合法管辖权限范围之内的所有问题构成”。就其实质而言，系统议程是社会公众共同讨论某一现象的是非、好坏以及社会应持态度和对策的过程，其形式既可以表现为社会成员之间的公开讨论和商议，也可以表现为新闻媒体对各种问题的广泛报道。因此，系统议程的讨论范围相当广泛，主要由一些较为粗糙的项目组成，其概念和范围也比较模糊。简言之，系统议程指某些公共问题的出现和发展引起了政治共同体成员的关注，社会公众和社会团体对该问题进行阐释和扩散，并表达政策诉求的过程。政府议程是由“有权威的决策者明确表示积极而慎重地要加以解决的公共问题构成”，相对于系统议程而言，政府议程不再仅停留在讨论阶段，主要由一些较具体的项目组成，其主旨在于拟定解决问题的各种行动方案。政府议程有两种分类法。一是按照议程项目的新旧程度分为旧项目和新项目，前者是指一些规则确定的项目，后者是指由新的情况引发的项目。二是按照其建立过程中的功能活动的先后顺序分为四个阶段，包括：界定或认定议程；规划议程；磋商议程；循环议程。此后，科布及其合作者又将系统议程和政府议程，分别调整为公众议程和正式议程，但两者的含义与原来的类似，并提出了公共问题进入公众议程以及公众议程转变为正式议程必须具备的先决条件。就前者而言，大体上需要满足三个条件：(1) 问题受到社会广泛关注或至少被广泛知晓；(2) 相当数量的公众共同认为有必要需要采取某种行动来解决问题；(3) 人们对该问题的处理是隶属于相关政府机构职权范围之内的看法达成一致。就后者而言，公众议程转化为正式议程需要经历四个阶段，即“议案的初始化、议案解决方案描述、问题展开的支持以及最后成功进入正式议程”①。

2. 实质性议程和象征性议程

依据政策问题的性质，格斯顿将政策议程划分为实质性议程和象征性议程。② 实质性议程是指纳入那些影响深远和具有潜在爆炸性意义的公共问题的议程，它主要有三个重要特征，包括“相当数量的公共资源分配已经岌岌可危；问题必定引发公众和政策制定者的广泛关注；问题必定酝酿着发生巨大变化的可能性”。与实质性议程相比，象征性议程更加关注“价值而不是资源”，象征主义的模糊性使这一概念在公众议程框架构建中发挥了潜在影响力的作用。政策制定者往往会根据具体情况选择议程类型，实质性问题通常进入实质性议程，

---

① Roger W Cobb，J K Ross，M H Ross. Agenda building as a comparative political process [J]. American Political Science Review，1976 (70)：126－138.

② Larry N Gerston. Public policy making：process and principles [M]. 3rd ed. New York：Routledge，2010：58－63.

但也有些实质性问题因为问题涉及的范围、强度和时机等因素的限制而不能被立即实质性处理，决策者只能给予象征性回应，承认问题的重要性，但同时对解决问题没有采取什么措施。

3. 公开性议程和隐蔽性议程

从政策问题透明度的角度，格斯顿还将政策议程划分为公开性议程和隐蔽性议程。公开性议程是那些进入公众视野，在社会层面受到广泛讨论或在政府层面受到应有关注的议程。与之相对应，隐蔽性议程是指一些公共问题尽管存在，政策制定者却没有注意到这些公共问题，或某些社会力量千方百计地阻挠这些公共问题的提出，从而未能进入政府的视野。格斯顿认为，“决策过程与其说是由一些棘手目标控制，还不如说是由不同知觉和参与水平控制”。因此，隐蔽性议程的存在可能会干扰相关政策的出台，为了少数人的利益而危及公共利益。

在信息发布与传播多元化的背景下，信息无限丰富且无处不在，何种公共问题能够进入政策议程，这涉及注意力分配的问题，注意力会推动政策主体关注某一政策问题或者改变政策行为，使得某一政策问题或者政策方案浮出水面，完成政策议程的创立。

二、公共政策议程的触发

公共问题要想进入政策议程通常需要借助于触发机制的作用，触发机制可以被视为制造压力的催化剂，而压力反过来又会产生对新公共政策或变革既有公共政策的需求。在格斯顿看来，“一种触发机制就是一个重要的事件，该事件把例行的日常问题转化成一种普遍共有的、消极的公众反应。公众反应反过来成为政策问题的基础，而政策问题随之引起触发事件”。因此，触发机制在决策过程的早期阶段发挥着识别和阐明不断出现的问题的作用。

作为政府决策的催化剂，触发机制的价值源于范围、强度、时间和资源四个因素的作用。每个因素与其他因素的结合确立了触发机制对公共政策进程及改变的潜在影响。其中：(1) 范围是指在一定的地域范围内受触发机制影响的人数。如果某一事件在规模相当大的社会领域产生了广泛影响，那么，采取政策行动的要求就具有广泛的基础。(2) 强度是指公众感知一个事件的强度。如果某一事件引起了公众关注，特别是以恐惧或愤怒的形式，那么，政策制定者很可能就会感受到面临的舆论压力。(3) 时间是指关键事件展开的时间长度。有些事件是立即发生，很快就广为人知的，而另一些事件则经历了一个漫长的酝酿过程，事件发生的时间与事件效力之间没有必然的相关性。(4) 资源或者是不确定性发展的成本主要与面对不期待的情境时需要承受的风险有关，这种风险可能是金钱、生命或生活质量等。总体而言，“范围、强度、时间和资源解释了触发机制对决策过程的影响”①。一个问题或事件越是能够从范围、强度、时间和资源等方面显现出重要性和紧迫性，就越能引起决策者的重视和回应，因而与触发机制相关的范围、强度、时间和资源有助于确定特定事件对公共价值创造和维护带来的影响。

格斯顿认为，可以将政策议程的触发机制分为内在触发机制和外在触发机制两种类

① Larry N Gerston. Public policy making: process and principles [M]. 3rd ed. New York: Routledge, 2010: 25-29.

型，“前者通常会唤起公众对国内问题的关注，后者则会激起国内公众对政府处理外交事务问题的关注”，决策者回应的方式在很大程度上取决于触发机制的来源。

内在触发机制主要与国家内部启动政策议程有关，可以细分为五种类型：（1）自然灾害。自然灾害的发生独立于个人或政府所从事的活动，虽然这些事件不具有政治性，但是可以显著地改变政治价值观和政治优先顺序。（2）经济灾难。经济事件往往与社会和政治活动结合在一起，当经济灾难发生时，它们的突然性往往很难让受影响的群体事先得到通知。（3）技术突破。技术为社会提供了持续不断的变化，由于经济、社会和政治环境是相互交织的，技术突破很可能引发整个社会的调整。技术发展的后果可能会改变个人、企业，甚至国家之间的关系。（4）生态变迁。许多对人类生存非常重要的资源只有少量存在，而且很容易枯竭，生态变迁是由自然和人为因素引发的。由于生态变迁对人类活动的反应通常显得较为缓慢，因而这种变迁并不被认为是有问题的。一旦一种不可预见的负面生态影响被发现，就可能会令人感到震惊，从而提出以前未被考虑过的公共政策问题。（5）社会演化。当社会的大多数部门改变自身的价值观、行为和对政府义务的态度时，社会演化就会发生，将社会推往新方向，从而重组社会结构。

外在触发机制主要与国家或地区间的关系有关，可以分为四种类型：（1）战争行动。一个国家对另一个国家的军事侵犯是外部触发机制最典型的例子。虽然现在很少有触发事件具有明确的攻击或入侵性，但是即使国家没有直接卷入冲突，也有可能从事与冲突有关的活动。（2）间接冲突。除了国家之间的公开对抗外，冲突的沉淀也可能会影响其他各方的政策模式，其他国家卷入军事冲突会增加发生意外事件的机会。（3）经济对抗。当一个国家以损害他国经济利益的方式制定其公共政策时，就不可避免地会制造经济对抗，从而引发受影响国家的经济报复行动，带来双边关系的恶化。（4）新式武器与军力的平衡。武器的发展对两个或两个以上国家相互之间的反应方式以及对整个国际政治体系有着深远的影响。

总体而言，触发机制与它们激起的政府回应一样重要。由于国内外随时都会出现各种各样的压力性事件，很难预测哪些事件可能承担起触发机制的重要作用，因而对触发机制的权衡需要结合范围、强度、时间和资源等因素进行综合考虑。

三、公共政策议程设定模型

自科布及其合作者关于政策议程的系列研究引起关注以来，政策议程设置研究逐渐成为政策过程研究的热点，被认为“有助于了解社会价值及决策过程的发展，由此产生了一些具有影响力的政策议程设置模型”[①]。其中，多源流模型是公共政策议程设定的重要模型之一，第二章第一节已有详细阐释，此处不再赘述。

科布等的议程设定模型

（一）科布等的议程设定模型

对政策议程设定过程最具影响力的描述之一，是科布及其合作者在1976年提出的三种政策议程过程模型：外部创始模型、动员模型和内部创

① David A Rochefort. Agenda setting, problem definition, and their contributions to a political policy analysis［A］; Nikolaos Zahariadis. Handbook of public policy agenda setting［M］. Northampton: Edward Elgar Publishing Limited, 2016: 35－52.

始模型。科布及其合作者将“向更大范围的公众或群体扩展问题视为正式议程设置的前奏，从更抽象的角度来描述和解释政策议程设定，将政策议程的设定分为倡导、说明、扩散和进入四个阶段，着重于塑造政治进程的系统性因素”①。

1. 外部创始模型

政策诉求由政府系统以外的个人或社会团体提出，经说明和扩散进入公众议程，然后通过对政府施压的手段使之进入正式议程。该模型适用于以下情况：政府系统之外的群体通过各种形式表达对某种社会现象的不满；试图将对该问题的兴趣扩大到足够多的其他群体，从而使之能在公众议程上获得一席之地；向决策者施加足够的压力，促使该问题能进入正式议程，供决策者慎重考虑。这种议程设定模型很可能在平等化程度高的社会中占主导地位，然而，即使政策问题能进入正式议程，也不意味着政府的最后决定或实际的政策执行是外部创始者的最初诉求，最初诉求可能会被决策者完全拒绝或修改得面目全非。

2. 动员模型

在动员模型中，问题已被决策者列入了正式议程，但尚未获得社会公众的支持。为了今后更好地执行政策，决策者还需要将问题提交给社会公众进行讨论。政府面临的关键问题是如何将问题从正式议程转移到公众议程上。政府新计划的宣布往往会自动将一个问题列入正式议程，实际上也可能代表着政府决策的最终结果。动员模型最有可能出现在等级化程度高的社会中，在这种社会中，领袖具有的超凡魅力使得他或她与自己的追随者之间能够保持距离。

3. 内部创始模型

与前两种模型不同，内部创始模型旨在排除公众参与，方案或建议首先出现在政府内部或接近政府的团体中，然后，扩散到认同或注意到问题的团体中，以便向决策者施加足够的压力，使之将问题列入正式议程。在这个过程中，公众没有参与其中，创始者也没有把这个问题列入公众议程的想法和努力。内部创始模型在财富和地位高度集中的社会中频繁出现。

具体到某个国家来说，政策议程的设定可能是这三种模型共同作用的结果，将问题纳入政策议程时，可以尝试这些设定模型的各种不同的组合顺序。针对科布等提出的政策议程设定模型，豪利特和拉米什认为“作为这些模型基础的观点还是很粗糙的政策子系统——其中政府和社会被明显的割裂开来——这种分析流派最重要的参数是政治体制形态”。因此，在他们看来，“科布等人的分析在某些方面是误导的，实际上是没有必要的。议程设定的方式不是以政体形态来划分的，而是由问题本身的性质决定的”。进而，他们从“政策议程设定的问题提出者（政府、社会主体）和问题解决的公众支持度两方面补充和完善科布等的政策议程设定模型，将加强民意模型也纳入其中”②。

---

① Roger W Cobb，J K Ross，M H Ross. Agenda building as a comparative political process [J]. American Political Science Review，1976 (70)：127 - 128.

② 迈克尔·豪利特，M 拉米什. 公共政策研究：政策循环与政策子系统 [M]. 庞诗，等译. 北京：三联书店，2006：196 - 199.

间断-均衡模型

（二）间断-均衡模型

间断-均衡模型并不聚焦于纯粹的渐进性政策演变或纯理性选择的政策过程，而是拓展了现有的议程设置理论。间断-均衡模型试图解释为什么政治进程通常以稳定和渐进主义为特征——即对现有政策进行最小限度的调整，但偶尔也会产生根本性的变化（被称为“政策间断”）。对于政策议程变迁的动因，间断-均衡模型引入了物理学中“摩擦力”的概念，提出了“粘着-滑动”模型，在这一思路之下，寻找摩擦力来源成为间断-均衡模型进行解释的主要路径。

在弗兰克·鲍姆加特纳和布赖恩·琼斯看来，“政策均衡和政策间断主要取决于政策形象和政策议定场所的存在和变化”。政策形象构成了政策行动的“观念结构”，它为政策存在提供了合法性基础，也为政策存在的理由提供了一种观念上的辩护。一旦政策形象从正面形象向负面形象转变，当前政策的反对者可能会利用负面政策形象攻击现有政策，从而促进政策议程建立和政策变迁。政策议定场所是进行决策的制度性领域，对于试图维持政策现状的人员而言，他们一方面通过限制政策行动的参与人员数量，另一方面通过树立政策的正面形象来实现“政策垄断”的目的，政策议定场所和政策形象的互动建立起政策子系统。政策子系统主要是围绕政策议题、领域范围和行动者而建立起来的，它强调一些行动者在一定范围内对某一感兴趣的政策议题进行相互影响而形成结构化制度安排。只要政策子系统一直维持稳定和不被打破，那么议题和对议题的理解就不会发生变化，现有政策也就会维持原状。因而，“均衡”现象主要发生在政策子系统场域。“间断”现象主要发生在宏观政治系统场域。宏观政治系统是一个全国性政治系统，一些人员将政策子系统中的冲突带入宏观政治系统中，这通常表现为对一个国家的总统、国会的议程争夺，希望总统和国会能够关注他们关心的议题。

虽然各种政策议程设定模型的侧重点有所不同，但是彼此间也具有许多相似之处。扎哈里尔迪斯将其概括为“4P”要素的相互作用推动了政策议程的设置。“4P”要素为：（1）权力（Power）。权力可能是政策议程设定中最重要的因素。如果可采取行动的项目是政治竞赛的结果，那么操纵、说服、阻止或强迫的权力可以解决这些竞争。可采取行动的政府优先事项反映了一些团体或个人在表达自己的声音（或阻止其他人的声音被听到）方面的权力，并含蓄地将他们自己的狭隘关切变成需要共同解决的公共问题。（2）知觉（Perception）。知觉至关重要地影响着哪些问题被认为是重要的，以及为什么会重要。虽然许多问题都值得政府关注，但只有少数问题成为公共问题。（3）效力（Potency）。这是指某一特定问题的后果或严重程度。一般来说，后果的强度或严重程度越大，问题就越能被列入政府议程。（4）接近（Proximity）。这是指人们的注意力更有可能受到与自己生活相关的安全、繁荣等事物的影响。扎哈里尔迪斯认为，“这些变量具有直接效应和交互作用。在一个给定制度环境中，权力配置和感知偏差影响了问题的位置和它们在政策议程上的运动轨迹。接近性和效力对政策议程有间接影响，因为它们需要通过权力和感知进行过滤”。

虽然不同的政策议程设定模型可能会添加更多的影响变量，但它们都必须以某种方式明确“4P”要素对政策议程设定的影响。

第四节　公共政策问题构建与政策议程设定的中国实践和经验

一、公共政策问题构建的中国实践和经验

公共政策问题构建与政策议程设定的中国实践和经验

在封闭的政策系统中，政策问题的构建是政策系统和关键决策者围绕政策目标通过信息筛选机制实现决策偏好的过程。改革开放以来，以政府决策者为中心的公共政策问题构建结构逐渐松动，普通民众、社会群体以及专家等在公共政策问题构建中的作用愈发凸显，他们通过意见表达、调查研究和发表文章等方式厘清问题、陈述问题利害、提出解决办法，并借助网络、座谈会、人大代表或政协委员等向决策者提出解决问题的意见，或者直接向政府决策者提出政策建议。公共政策问题构建的民主化和科学化趋势已经出现。

（一）网络空间影响公共政策问题构建的力度增强

网络是一个“去中心化”领域，在网络中，每个人都能独自进入公共政策问题构建过程，发表自己的意见，通过吸引无数网民围观、互动和评论，形成扁平化的舆论场，激发社会中人们关于这一问题的过往体验和情感共鸣，进而影响政策问题的觉察、界定及描述。这样一来，“政策问题构建就不再受某个中心的控制，而是散落在众多的网络终端，政策问题构建权得到了最大程度的扩散”①。与此同时，网络沟通的及时性、便捷性、互动性等特点能够充分地发挥网络的“群体动员”与“议题扩散”能力，以至于现在的许多政策问题能够得以构建的背后都包含着网民的影响力。从理论上讲，网民对一般利益问题和公共问题的反思性讨论容易形成公共意见，然而，网民社会群体的非均衡参与也会加剧政策问题构建的复杂性，因而要警惕网民参与政策问题构建的“双刃剑”效应。

解释性案例 3－2

“肝胆相照”论坛对乙肝歧视问题构建的推动

“肝胆相照”论坛是一个由乙肝病毒携带者创建和维护、带有互助性质的民间网络论坛。该论坛以“为乙肝患者和乙肝病毒携带者服务，营造良好的交流环境”为宗旨，将自身角色和功能定位为“乙肝战友的网上家园”。该网络论坛最初成立的主要目的是为乙肝患者和乙肝病毒携带者提供关于治疗、用药经验的交流平台和精神家园。乙肝患者和乙肝病毒携带者面临的社会压力非常大，几乎没有人愿意公开自己的隐私。网络作为一个虚拟空间，比较适合这种讨论。2003年论坛将乙肝歧视问题确认为一个严重的公共问题，提出了保护乙肝病毒携带者和乙肝患者正当权利的诉求。在论坛的推动下，越来越多的社会主体如各类媒体、医疗界和法律界的专业组织与权威人员等都参与到乙肝歧视问题的讨论中，乙肝歧视问题逐渐进入公众议程，进而促使决策层重视该问题，最终促成了政策议程的建立和政策的改变。

资料来源：朱亚鹏．网络社会下中国公共政策议程设定模式的转型——基于“肝胆相照”论坛的分析［J］．中山大学学报（社会科学版），2010（5）：159－166.

---

① 张康之，向玉琼．网络空间中的政策问题构建［J］．中国社会科学，2015（2）：123－138.

（二）政策专家在公共政策问题构建中的影响力日益提升

公共政策问题的构建应当是一个由多阶段、多环节组成的连续动态过程。1986 年 7 月，时任国务院副总理万里在首届全国软科学研究工作座谈会上发表的题为《决策民主化和科学化是政治体制改革的一个重要课题》的讲话为专家参与政策过程扫除了观念和制度上的障碍。随着思想库和决策咨询制度的兴起和发展，专家根据自身的研究能力、行政关系以及社会资源的实际情况会采取参与座谈、提供咨询报告、借助媒体表达意见等不同方式影响政策问题构建，系统分析、经济分析和利益分析等分析方法和模型被用于政策问题构建中。在肯定专家积极参与政策问题构建的同时，也必须认识到，虽然专家被赋予知识“代言人”、理性“分析师”和恪守客观性的“中立人”等“标签”，但是由于政策问题构建的性质和方向会引领后续的政策制定和执行，政策问题构建本身成为各种利益博弈和价值冲突的场域。因而，在实践中，专家会将自身的价值观、利益诉求和愿望融入政策问题构建，同时也难免承受各种利益和权力的影响与干扰，有时会以科学的名义侵蚀或排斥公众享有的政策问题构建权，政策问题构建的公共性被私人性取代，使科学走到民主的“对立面”，有时也会由于与决策者存在偏好冲突、话语体系不兼容以及行动逻辑不匹配等原因，专家提出的合理建议未能有效发挥作用。

二、政策议程设定的中国实践和经验

进入 21 世纪以来，中国政策议程设定问题日益受到学术界关注。围绕中国政策议程设定的类型、特点和实践效果等问题，有的学者拓展和修正了西方经典政策议程设定模型，有的则直接依托于中国制度环境和政策过程特点，构建了适合中国场景的政策议程设定模型，有中国特色的政策议程设定实践和经验也随之不断涌现。

（一）政策议程设定中的公众参与日益活跃

随着社会治理问题的复杂性和动态性发展，“注意力的稀缺性”和“政府资源的有限性”使政府部门缺乏充足的时间、精力和资源去构建问题、确定问题解决的优先顺序，而是需要即刻应对和解决已经迫在眉睫的问题，将问题迅速提上议程。与此同时，社会公众参与政策过程的意识和需求也日益高涨，他们期盼能够在政策议程设定中发出自己的声音，彰显自己的权利和利益诉求，而互联网技术的快速发展也为他们的参与创造了条件。在这种背景下，一种建立在社会互动基础上的公众参与模式逐渐形成。与以往建立在自上而下基础上的动员参与模式不同，公众参与模式充分发挥了互联网在聚集民意、扩散问题以及传播知识等方面的优势，促使政策议程设定从实体空间向虚拟空间发展，由内部创设转向外部创设。社会公众不仅能够利用各种公共论坛、自媒体平台及聊天工具等媒介较为充分地表达意见，还能够“放大”自己的声音，从而使某个公共问题能够迅速转化为“触发机制”，在短期内受到广泛关注，使得政府对公众参与所施加压力的重视甚于政策问题本身的重要性，从而推动公共问题快速进入政策议程。与此同时，政策议程设定中公众参与的活跃性不仅仅体现为压力-回应的被动互动过程中，还表现为决策系统和社会公众彼此融合型发展的互动中，决策系统基于公共利益的价值取向主动回应社会公众的利益关切问题，各方通过共同协商的方式，促进沟通，寻找彼此都能接受的最大“公约数”，从而推动政策议程的设定。

解释性案例 3-3

劳动教养制度终结的政策议程设置

劳动教养制度在我国存在多年，是一项具有特殊性和时代性的制度，在新的历史条件下，这一制度已经不适于完善的法治社会和制度建设的需要，且在实际操作过程中滥用、重复劳教现象时有发生，引发了社会对劳教制度的反思。2003 年，有学者发表的针对劳动教养违宪的文章引起了强烈关注，成为一个公共问题。随后，2004 年由六位政协委员发起、附议的政协提案，第一次明确提出废除劳动教养制度，要求广东省先行一步废除劳动教养制度。2008 年，全国人大代表首次在全国人民代表大会上提交关于废除劳动教养制度的建议，这一建议将劳动教养制度提到全国性政策改革的层面，得到媒体、学者、社会各界的关注，引发对劳动教养制度的进一步探讨，学术界对劳动教养制度及其改革的反思和研究日益深入。2013 年 1 月，全国政法工作会议上宣布已报请全国人大常委会，获得批准后即停用。此后，全国各地多个地方相继废除劳动教养制度，陆续做出回应：2013 年广东省宣布已做好适时停止劳动教养的准备；2013 年 2 月，云南省宣布暂停省内全部劳动教养审批；2013 年 3 月，湖南省公安厅表示，湖南省已停止劳动教养审批。2013 年 12 月 28 日，第十二届全国人大常委会第六次会议通过了《关于废止有关劳动教养法律规定的决定》。自此，在中国存续几十年的劳动教养制度正式废止。

资料来源：江天雨．中国政策议程设置中“压力-回应”模式的实证分析［J］．行政论坛，2017（3）：39-44.

（二）以“试点先行”为依托的府际学习模式的定型化

改革开放以来，“政策试点”在中国政策过程中扮演着不可忽视的作用，“政策试点”也不再局限于由中央政府或者上级政府设定的试点议题，更多地是由拥有自主权的地方政府主动进行政策问题的构建和创新性解决。政策议程通常是由地方政府先提出政策倡议，或者先进行试点，然后获得中央认可，上级政府往往在地方政府试验过程中扮演着“把关者”和“倡议者”的角色。这种“地方试点—中央认可—全国推广”的政策创新路径，有效地调动了地方政府的学习热情，形成了政策议程设定的府际学习模式，即这种政策议程的设定是不同政府之间开展政策学习与交流的结果。在这种“由点到面”的府际学习模式中，地方政府的“试点”取得成功后，以媒体报道、工作报告、专题会议等形式构成的全国性互动交流机制会吸引其他地方政府的关注、学习以及实践。地方政府不断积聚的实践经验推动了知识的传播和积累，进一步深化了中央政府对政策问题的构建，为中央政府设定政策议程提供了重要信息，从而推动“上下互动”的交融型政策议程设定模式的形成。

（三）政策议程设定的内部创始模式的延续性发展

在提出政策议程类型的划分后，科布等对不同国家的政策议程设定进行了比较研究，提出了外部创始、动员和内部创始三种模型。受此启发，王绍光以议题提出者的身份、以民众参与程度为标准，将中国政策议程设定区分为六种模式，即“关门模式、动员模式、内参模式、借力模式、上书模式和外压模式”。虽然随着决策科学化和民主化的发展，以公众参与为主的动员模式、上书模式和外压模式得到了很大发展，但是建立在关门模式基础上的内部创设模式仍然发挥着不可忽视的作用。内部创始模式中，方案或建议首先出现在政府内部或接近政府的团体中，决策系统基于自身的认知和信念主动构建政策问题，设定政策议程，决策系统以外的主体在政策议程设定中较少发挥实质性作用。在许多关系到全局、长远和根本性决策的政策议程设定中，领导集体处于核心地位。

解释性案例 3-4

新型农村合作医疗政策的出台

20世纪90年代，卫生部曾先后两次尝试恢复重建农村合作医疗体系。这两次谋求重建的努力中，在资金筹集等方面，卫生部与农业部等相关部门未达成共识，最终无功而返。2000年初，分管副总理批示下的多部门联合调研，促进了卫生部和农业部在事实基础上的政策共识的形成。但在起草《关于农村卫生改革和发展的指导意见》（国办发〔2001〕39号）过程中，在农村卫生筹资的政府责任上，未能与财政部达成共识，而正式的制度安排中又缺乏有效的消除部门间分歧的机制（比如投票），在实际运行过程中基本遵循简单共识原则，即任一部门反对都可以阻止该问题进入国家议程。为避免陷入僵局，相关部门不得不将分歧严重的实质性问题模糊化。此后，卫生部撰写报告至党中央，引起了党中央的关注，对于议程设置起到了重要作用。几乎与此同时，国务院体改办在国家领导人出席的会议上，直陈农村卫生面临的严峻挑战，成为争取政策达成共识的"临门一脚"。前述这些部门的努力，最终促成了新农合制度的推出。

资料来源：徐晓新，张秀兰．共识机制与社会政策议程设置的路径——以新型农村合作医疗政策为例［J］．清华大学学报（哲学社会科学版），2016（3）：26－37．

总体而言，中华人民共和国成立以来，党和国家在建设中国特色社会主义民主政治的进程中，逐步构建了与国家政体相适应的议程设置架构和机制，"中国政策议程设定在合法性上回应了党的领导、人民当家做主、依法治国三者有机统一的根本政治原则，并在国家治理能力实践中探索和完善了政策议程设置的有效性"①，在整体上经历了从权力精英支配转向多元主体互动创设的制度变迁。

本章小结

公共政策问题是指社会现象或状况与社会大多数人的利益、期待、价值观等相冲突，并且已经进入政府议程，需要政府采取措施加以解决的问题。相互关联性、主观建构性、动态演化性是公共政策问题的基本属性。公共政策问题可以依据不同标准进行划分，洛维和邓恩对政策问题的分类是当前较为常见的分类标准。公共政策问题构建包括问题察觉、界定、描述等。问题察觉主要指人们对问题情境或社会现象的感知和觉察，它们被意识到正在发生某种变化，从而逐渐引起公众、社会组织和政府部门关注的过程。问题的有效察

① 孔繁斌，向玉琼．新中国成立70年来政策议程设置的嬗变：政治逻辑及其阐释［J］．行政论坛，2019（5）：5．

觉需要正常、民主和开放的问题察觉途径的配合。问题界定主要有社会冲突和建构主义两个途径。问题界定是组织信息和赋予信息以意义的方式，判断问题的“真正意义”成为一种优先级排序的练习。问题描述是指运用可操作性语言将实际问题转化为一个详细和特殊的正式问题的过程，要求客观、真实、详细，忌讳瞒报、谎报、迟报和漏报相关信息。通过运用适当的构建方法可以提炼出关于问题情境、实际问题和正式问题的准确信息，进而改进和提升公共政策问题构建的质量。

公共政策议程设定模型的分类可以从倡导者、政策议程的内容和过程等角度展开，公共政策议程的设定通常需要借助于作为“催化剂”的触发机制的作用，这些触发机制包括内在和外在触发机制，它们的触发效力受到公共问题的范围、强度、时间和资源等因素的影响。这些触发机制的作用还需要借助于一定的路径和形式展开。本章重点阐述了外部创始模型、动员模型、内部创始模型和间断-均衡模型等，这些模型虽然侧重点不同，但是都将权力、知觉、效力和接近等纳入了模型构建中。

虽然公共政策问题构建和政策议程设定在理论上可以提炼出一般性的分析框架和理论模型，但是在实际应用中还需要考虑国情、政情和民情的差异性。因此，政策问题构建和政策议程设定在我国也表现出鲜明的本土化特点，网络空间和专家影响政策问题构建的力度增强；根据我国制度环境和政策过程特点，我国的政策议程设定实践呈现出了有中国特色的实践经验，包括政策议程设定中公众参与的活跃度日益高涨、以“试点先行”为依托的府际学习趋于定型化等。

思考与练习

1. 试述个人问题、公共问题和政策问题的联系和区别。
2. 简述公共政策问题构建的主要环节及内容。
3. 简述公共政策议程的类型及其差异性。
4. 分析公共问题进入政策议程的触发机制。

在线自测

扫一扫 练一练

第四章 公共政策方案的规划与抉择

学习目标

1. 了解公共政策目标的定义，熟悉公共政策目标的特征与分类，掌握确定公共政策目标的意义与原则。

2. 了解公共政策规划的概念，熟悉公共政策规划主体的范围，掌握公共政策方案规划与设计的原则、公共政策规划的模型，熟悉公共政策方案预测与评估的步骤和方法。

3. 了解公共政策的抉择主体，熟悉常规决策和危机决策。

4. 了解公共政策工具的概念和分类，掌握公共政策工具选择的意义及影响因素。

本章提要

本章主要探讨的是公共政策制定过程中的政策目标、政策规划、政策抉择和政策工具分类与运用等问题。所谓公共政策方案的规划与抉择，就是公共组织特别是政府针对有关的重要政策问题，依照一定的程序和原则确定政策目标，拟定、评估和最终择定有关政策方案及政策工具运用的过程。

引导案例

公摊面积要废除吗？

2019 年 2 月 18 日，住房和城乡建设部官网发布的《住宅项目规范（征求意见稿）》2.4.6 条规定，“住宅建筑应以套内使用面积进行交易”。

目前，除了重庆市，我国各城市均以包含公摊面积的建筑面积作为计价标准，其法律依据主要是原《物权法》第 70 条规定：“业主对建筑物内的住宅、经营性用房等专有部分享有所有权，对专有部分以外的共有部分享有共有和共同管理的权利。”公摊面积的具体测量计算的依据是 1995 年建设部发布的《商品房销售面积计算及公用建筑面积分摊规则（试行）》第 8 条。

公摊面积由以下两部分组成：

(1) 电梯井、楼梯间、垃圾道、变电室、设备间、公共门厅和过道、地下室、值班警卫室以及其他功能上为整栋建筑服务的公共用房和管理用房建筑面积；

(2) 套（单元）与公用建筑空间之间的分隔墙以及外墙（包括山墙）墙体水平投影面积的一半。

商品房销售时，是先计算整栋建筑物的总公摊面积，再以各户的套内建筑面积为比例分摊给各户承担。

对于公摊面积的是非和存废，不同人有不同的看法。它究竟是“取之于民用之于民”，还是“别有玄机暗藏猫腻”？

北京一位从事建筑行业的人士认为，从结构上说，它与建筑物专有部分相互衔接，是建筑物的组成部分或与建筑物本体有密切联系；从功能上来说，它是专有部分发挥正常功能所必不可少的，可以辅助和保证专有部分的正常使用。

购房者则是另一番心思。公摊面积始终让购房者不能释怀，主要有三个原因：一是计算方法和测绘过程的不透明，难以让购房者信服；二是缺乏对于把公摊面积作为公共用途的法律保障，单方面“取之于民”却不曾“用之于民”，反而继续用来为开发商和物业公司谋求商业利益；三是对公摊面积收取各种没有法律和现实依据的附加费用，比如物业费、供暖费、精装修费。

住建部的新政，人们盼望已久。不过据了解，废除“公摊面积”后还应当配套其他措施，不然有可能引发新的问题。

一方面，废除公摊面积只是改变了房屋的计价方法，但能否显著降低房屋总价本身值得怀疑。另一方面，单纯废止在买房和购买物业配套服务时为楼宇和小区的公共使用部分付费，可能和现行的法律的精神有冲突。现行的一些法规已经对建筑物“专有部分以外的共有部分”的权利作出了界定，住建部的规定，毕竟其法律效力不及法律法规。如果不明确界定业主对楼宇和小区内公共设施的权利，只是取消公摊面积，可能造成新的纠纷。

总之，废除“公摊”，无疑有利于终结开发商“既当球员又当裁判”的局面，有利于维护消费者的知情权、平等交易权。但是，要彻底解决业主和开发商、物业公司之间的纠纷，还应当通过法律法规进一步明确开发商在建设房屋时应当进行配套设施建设的标准。

上述利益相关方，谁应当承担哪些费用，享受哪些权利、履行哪些义务，都应当有更明确、更清晰、可遵循的规定，从而切实维护各方的正当权益。

2022 年 3 月 15 日，住房和城乡建设部办公厅发布关于《住宅项目规范》公开征求意见的通知。这已是第三次向社会公开征求意见。按照时间安排，此次意见反馈截止时间为 2022 年 3 月 28 日。通知显示，根据住建部工程建设标准编制工作计划，《住宅项目规范》已起草完成，在前期多次征求意见的基础上修改完善并经专家审查通过。然而，人们发现，之前备受关注的“住宅建筑应以套内使用面积进行交易”相关条款已消失不见。截至 2022 年底，该文件还在制定过程当中，尚待公开发布。

资料来源：谷宝骅．受够了！公摊面积终于要拜拜？．南风窗官方微信公众号：南风窗，2019－02－23.

案例思考：

1. 如何看待住房公摊面积计价的必要性？

2. 关于公摊面积的条款在《住宅项目规范》草案中被提出但又被删除，你认为这一政策规划过程有哪些得失需要总结？

3. 未来我国公共政策规划与制定过程应该如何改革和完善？

本章建议学时：8 学时

第一节　公共政策规划的程序

一、公共政策目标的确定

公共政策规划的程序

政策问题得以认定之后，政策制定者首先要考虑的就是确定有关政策目标。当然，在实际的公共政策制定过程中往往并不完全能够在问题认定后立即做到政策目标的明晰化。除了客观条件的制约外，也在于人们主观认识的局限性，更在于政策目标本身往往是多元的、相互冲突的。然而，作为一般逻辑过程，我们还是需要首先弄清有关政策目标的抉择问题，然后才能考虑为了实现某一或某些政策目标所要进行的政策方案的规划问题。

政策目标（Policy Goals）就是有关公共组织特别是政府为了解决有关政策问题而采取的行动所要达到的目的、指标和效果。

（一）政策目标的特征

1. 问题的针对性

任何政策目标都不是凭空产生的，几乎都建立在对一定的公共问题的关注之上。缺少对有关问题的针对性，任何政策目标都难以构建。当然，这并不是说政策目标仅仅针对过去或现实已经存在的重大问题，实际上政策目标还要关心未来可能出现的重大公共问题。

2. 未来的预期性

政策目标的出发点是针对有关公共问题，最终的落脚点也是要通过一定的政策行动在未来实现对有关现实与未来问题的解决，因而必然存在对未来的预期性。这种预期性往往涉及对未来社会环境变化、人们价值观念及利益关系变化等问题的把握。

3. 目的的多元性

任何政策问题往往都是复杂的，着眼解决某一政策问题的政策目标往往也是多元的。当然每一项政策的多元目标中会有主要目标与次要目标之分，且它们之间应该有机地统一起来。

（二）政策目标的分类

1. 政策目标的类型划分

根据政策目标所着眼的时间范围，可划分为长远政策目标和近期政策目标，以及其他的政策目标（如一些中长期政策目标和中短期政策目标）。

根据政策目标所服务的地域或空间范围，可划分为国内政策目标和对外政策目标；全国性政策目标和地方性政策目标；全局性政策目标和局部性政策目标等。

根据政策本身所属的社会领域，可划分为政策的政治性目标、经济性目标、文化性目标和社会性目标。

根据政策所服务的主体是普通社会大众还是社会少数人群体，可划分为公益性政策目标和特殊性政策目标。政策所服务的少数人群体既可能是少数特权强势群体，也可能是少数弱势群体，因而特殊性政策目标就又存在维护强势利益目标和维护弱势利益目标的区分。

此外，我们还可以按照吸收了几种标准的混合标准来作其他的划分；或者按照上述并未提及的标准作其他划分，如根据目标的实质性程度可分为实质性政策目标和象征性政策目标，根据政策目标的重要程度可分为主要政策目标和次要政策目标等。

2. 公共政策的基本目标

依据政策目标的地位，可有基本目标和具体目标之分。其中，基本目标也称元目标，在现代经济社会中，一般包括公平、效率、自由和安全四种。也就是说，政策具体目标往往都由这几个目标派生出来，或最终都要服务于这几个目标。对于这些基本目标的概念界定及相互关系问题，众多学者一直争论不休。但从公共政策的追求来说，我们还是可以给出一些相对一致的理解①。

（1）公平。即每个人或每个群体得到同样的利益。就分配而言，它总会涉及三大内容：第一，从分配对象来看，它涉及谁有权得到分配、不同层级如何分配、不同群体如何分配等问题；第二，从分配物来看，它涉及可分配物的范围多大、可分配物的价值如何等问题；第三，从分配过程来看，它涉及竞争机会是否平等、统计学意义上的平等分配过程、投票等政治参与机会平等问题。

对于这些问题，我们还可以把它们归纳为三种公平：第一，机会公平。每人都有同等的获取分配物的机会，但不保证每人最终都能得到。第二，分配公平。这又有两种情况：

---

① 以下有关政策基本目标的讨论内容，除有特别注明的以外，主要源自：Deborah Stone. Policy paradox：the art of political decision making. New York：W W Norton & Company，2001. 同时也请参阅该书中文版：德博拉·斯通. 政策悖论：政治决策中的艺术［M］. 顾建光，译. 北京：中国人民大学出版社，2006.

一是分配物对于一定范围的人是一样的，但对于范围以外的人可能就不同。例如，某单位分房子，该单位的人每人一套，但该单位以外的人没有权利参与分配。二是在不同的个体或集体之间是平等的，但对这些个体的背后或群体内部的每个人来说则可能并不平等。例如，每个职工的工资即便都一样，但这些职工的家庭成员数目有多有少，这样他们的家庭人均收入就会不一样。第三，最终状态公平。它会充分满足每个人不同的偏好、实际需求和价值追求。例如，马克思主义理想的共产主义社会的按需分配就是人类要实现的最终状态公平。

（2）效率。效率就是在给定投入中的最大化产出或既定产出所需要的最小化投入。它通常既需要考虑投入、成本、努力等因素，还要考虑产出、效益、成果等因素，更要把两方面的因素加以比较。在投入方面，它涉及如何计算投入，如何确定某种投入与某种产出的关联，如何确定某种投入的机会成本（投入某种事物就意味着牺牲对其他事物的投入）。在产出方面，主要涉及：第一，如何确定产出目标，如学校是争取科研多出学术成果，追求教学多培养学位人才，还是希望多为社会提供政策成果及咨询服务或非学位培训服务；第二，在多种产出目标的条件下如何决定这些目标的组合比例。

（3）自由。学者们对自由的争论很多。孟德斯鸠认为："在一个有法律的社会里，自由仅仅是：一个人能够做他应该做的事情，而不被强迫去做他不应该做的事情。""自由是做法律所许可的一切事情的权利；如果一个公民能够做法律所禁止的事情，他就不再有自由了，因为其他人也同样会有这个权利。"约翰·密尔主张，自由的边界——不伤害他人，政府应该越少干涉自由越好。关于马克思主义自由观，习近平总书记指出，"马克思主义第一次站在人民的立场探求人类自由解放的道路，以科学的理论为最终建立一个没有压迫、没有剥削、人人平等、人人自由的理想社会指明了方向"，并强调，"马克思、恩格斯坚信，未来社会'将是这样一个联合体，在那里，每个人的自由发展是一切人的自由发展的条件'"。① 马克思主义的自由观既有哲学及人类社会发展层面的自由观，也有法律层面的自由观。"……法律上所承认的自由在一个国家中是以法律形式存在的。法律不是压制自由的措施，正如重力定律不是阻止运动的措施一样……法律是肯定的、明确的、普遍的规范，在这些规范中自由获得了一种与个人无关的、理论的、不取决于个别人的任性的存在。法典就是人民自由的圣经。"② 简言之，公共政策目标层面的自由就是在基于人民立场的法律和政策规范下，人们能做他们想做的事情并且不会伤害其他人和群体利益的普遍权利。

（4）安全。简单的理解就是生理生存上的最低需求，但在政治共同体中它则是非常复杂的概念。按我们通常的分类，安全的种类主要有人身安全、财产安全、社会安全、信息安全、心理安全、国家安全等。有些安全是我们所熟知的传统安全，如人身安全、财产安全、社会安全等。有些则是新兴安全类型，如信息安全、心理安全等。随着信息社会的到来，人们的信息获取越来越容易，但人们的信息安全利益也越来越容易受到损害，并且因为受到外部信息冲击的可能性越来越强烈，心理安全的问题也越来越突出，如人们心理极

① 习近平．习近平在纪念马克思诞辰200周年大会上的讲话［N］．人民日报，2008-05-04.
② 马克思，恩格斯．马克思恩格斯全集：第1卷［M］．2版．北京：人民出版社，1995：176.

易受到一些恐怖威胁性信息的影响。有些安全概念名称未变，但实际内涵与外延已经发生了很大的变化。如我国近年在总体国家安全观下的国家安全概念已经超越原来国家内外主权层面的安全，而是一个集政治安全、国土安全、军事安全、经济安全、文化安全、社会安全、科技安全、网络安全、生态安全、资源安全、核安全等于一体的表达国家安全观的概念。

对于上述这些目标之间的关系，人们的意见更是不一致。比如公平与效率的关系，一些人认为两者是冲突的，另一些人则认为两者是一致的，见表 4-1。

表 4-1 公平与效率的关系

冲突	不冲突
维持公平会消减人们工作的动力	人们工作的动力来自 一贯的满意、受尊重和归属感
保持公平要求政府干预个人的选择， 从而影响效率	再分配并不会阻挠尝试和创新， 一些保障能激发人们的工作热情和冒险精神
维持公平需要大量的官僚机构， 官僚机构等同于浪费	行政管理本身也是一种生产性行为
两者的冲突是不可避免的	社会可以通过政治和政策的选择 实现两者的协调

对于自由与安全的关系，人们的看法也有很大的分歧，见表 4-2。

表 4-2 自由与安全的关系

矛盾	不矛盾
安全会造成对安全提供者的依赖	不安全会剥夺人们真正自由的选择能力； 安全则会有助于真正的自由
人们需要自给自足， 以便能真正独立和自由	完全自给自足只是虚幻的理想；能够依靠社区去 营造一个人人自由的氛围；公共政策能够保护 受资助者免受资助者（含国家）的统治
如果政府要保护人们免受相互 和外来伤害，就要限制人们的自由	公共政策能公正实在地区分出那些有能力 做有利于自己的决策的人和那些无法做到的人

对于公平与自由、自由与效率、效率与安全、安全与公平之间的关系，人们的认识也很不一致。在现实中，这些目标之间的关系本身就是极端复杂的，既有一致性，也有相互冲突之处。

解释性案例 4-1

小区大院要打开吗?

2016 年 2 月 6 日发布的《中共中央国务院关于进一步加强城市规划建设管理工作的若干意见》第十六条要求：优化街区路网结构。加强街区的规划和建设，分梯级明确新建街区面积，推动发展开放便捷、尺度适宜、配套完善、邻里和谐的生活街区。新建住宅要推广街区制，原则上不再建设封闭住宅小区。已建成的住宅小区和单位大院要逐步打开，实现内部道路公共化，解决交通路网布局问题，促进土地节约利用。

有专家认为，这一新政策主要是要改变过去封闭式社区的一些弊端。比如封闭式社区会让城市道路路网结构不合理，出现大量断头路，路网密度不够高，不利于城市通行。封闭式社区还会使得商业设施和住宅区设施隔离，同时需要更大的占地面积，不利于城市土地的综合利用。此外，快递业认为封闭小区不利于快递业务开展。推进开放社区制度，将大大提高城市道路路网密度、路网利用率及道路通行效益，同时也能让城市商业设施和小区设施规划融为一体，大大节约城市土地资源，也有利于快递物流业的发展。

当然，这一政策也激起很大的社会反响，有些专家和民众非常担心小区大院打开会带来一些新的问题。小区封闭是为了社区安全，特别是住宅小区内的道路原本设置均是低速道路，一旦开放，保证社区居民的交通安全和治安安全将是很大的问题。同时也有人提出，新建社区按新的规划要求建设没有太大的问题，但已建小区的道路和有关设施原本是小区自身投资建设的，一旦社区开放，有关的产权和使用权如何归属也将面临挑战，社区道路和公共设施的后期维护也需要有具体的保障措施。

资料来源：计思敏．你的小区围墙会拆了吗？中国城市将不再建设封闭住宅小区．澎湃新闻，2016-02-21.

在这个案例中，我们可以讨论的问题有很多。例如从效率与安全的关系角度看，主要的问题在于建成的封闭社区开放固然可以有助于提高城市道路网的密度和道路通行效率，但确实会给现有社区的交通安全和治安安全带来严峻挑战，需要城市化的安全管理进社区，也需要小区安防系统往更细致的楼宇安防系统方向发展。

从自由与安全的关系角度看，建成的社区开放，小区以外的人可以更自由地利用原来封闭社区的有关资源，但这一定会对小区内的安全管理带来很大的考验，也对小区的居民原本自由使用小区内的道路和公共设施资源构成冲击，产生挤占效应。

我们还可以从公平与效率的关系角度看，建成小区原本的道路及公共资源投入都是小区自身做的，一旦社区开放了，道路交通效率提升了，但小区本身的资源相当于被城市征用，如果不能得到补偿，那就会在该小区居民和外部人群及城市政府之间存在一定的不公平性。上述案例中的政策目标定位问题很难有明确的政策结果。但我们相信，公共政策的规划者和制定者面对如此复杂的政策多目标选择时的重要工作，就是要尽量找到它们之间的平衡点，以最大限度地把它们有机地兼顾起来。

（三）确定政策目标的意义与原则

1. 确定政策目标的意义

在政策制定过程中，尽管人们受环境和自身理性能力的限制往往难以迅速明确有关政策目标，尤其是那些事关长远和大局或者涉及一些细节的具体政策目标，从而使得人们只能渐进地明确有关目标，但这一事实并不能否定我们在政策制定中有关政策目标的确定对政策制定过程的意义。就一般意义而言，确定政策目标的价值意义主要体现为如下两点：

（1）它能为制定政策方案提供方向性指导。政策目标就是政策方案所要遵循的方向，如果目标不明确，政策方案也就失去了明确的方向。这不仅不利于政策方案的抉择，更不利于政策方案的贯彻，最终不利于有关公共政策问题的解决。

（2）它能为政策方案的规划和实施提供核心的评估标准。政策评估的最核心的标准是把方案的可能后果与政策原本的目标进行对比，或者是把政策的执行结果与政策目标进行对比，看两者的差距到底有多大，以及产生这种差距的原因何在，从而决定是修改政策方案和完善执行手段与步骤，还是调整政策目标，甚至完全废止有关政策。

2. *确定政策目标的原则*

在确定具体政策目标时，我们通常应该根据政策目标本身的特点和政策制定与执行过程中的实际要求以及有关伦理价值性考量来进行。具体说来，我们应主要遵循如下一些原则：

（1）实事求是。实事求是是确定政策目标的一个基本原则。首先，政策目标的确定必须从实际的公共政策问题出发。根据问题的实质和表现形式及成因，有针对性地制定解决问题所要达到的目标。其次，该原则还要求我们，确定的政策目标一定要切实可行。例如，考虑到人民群众对某项改革的心理承受能力较弱，该项改革的目标就往往不能是“一步到位”，而只能是“逐步实现”。

（2）面向未来。政策目标本身的一个重要特征就是对未来的预期性，该特征要求在确定政策目标时必须面向未来。具体说来，对于有关政策目标的确定一定要充分考虑有关公共政策问题本身、成因和环境条件等将来会发生的变化或延续的情况，从而使我们制定的政策目标符合未来发展的需要。例如，我国目前的人口政策目标就应该充分考虑未来老龄化社会、人工智能社会等有关问题，及早筹划。

（3）系统协调。我们在制定政策目标时常常会遇到多重政策目标的困扰，尤其当它们相互矛盾和冲突时更是这样。任何一项大的政策目标的社会政治与伦理定位都是异常艰难的。这就需要我们在政策目标的确定阶段就力求让一项政策的多个目标相互协调，也让某项政策的目标与已有政策的有关目标或即将出台的其他政策的目标相一致。为此，我们一方面需要运用系统论、控制论及运筹学等方法对有关的政策目标作全面考量；另一方面，我们在确定公共政策目标时要弄清问题的实质所在，尽可能地逐步将目标数量减少到最低，以便集中配置政策工具和资源。

（4）明确具体。一旦能确定有关政策目标，就要使目标明确具体。对于目标中的有关概念、时间要求、内容、条件等都要进行清晰界定或说明，最好做到表达准确，含义清楚、单一，各项要求详细具体，能量化的予以量化等，以利于理解和操作。只有目标明确具体，才能为方案的规划、选定和执行创造一个良好的开端和前提条件。

（5）伦理考量。从较高的抽象意义上说，任何公共政策的目标都会涉及社会中的一些伦理价值考量，如前述有关公共政策元目标追求的价值——自由、安全、公平和效率等。就一般意义而言，在现代社会中，任何政策的目标都不能侵犯公民的各项法定权利，都要确保程序的稳定有效，为人们提供可靠的安全保障。此外，政策目标既要体现相对的社会公平，关心、帮助社会中的一些弱势群体，同时也要不影响社会的有效运转和正常发展。也就是说，在每一个政策目标的确定中要主动地将有关社会伦理和价值因素考虑进去。

二、公共政策方案的规划与设计

公共政策方案的规划与设计对政策抉择来说非常重要。因此本节专门探讨公共政策的规划与设计中的一些重要问题，如政策规划与政策设计的概念界定、政策规划的主要模型、政策学习与移植等。

(一) 政策规划与政策设计的含义

1. 政策规划的含义及特点

政策规划（Policy Plan）也称政策构建（Policy Formulation），是指在建立有关政策议程后，为了实现一定的政策目标，公共权力机关组织力量草拟政策方案与行动步骤的过程。也就是说，它只是政策方案的分析和设计过程，而不包括问题界定、目标确定、政策抉择等环节。

参考国外学者的论述，我们认为对政策规划的特征应主要强调如下两点：

（1）从政策规划的主体来说，政府主导和多元主体参与并存。参与政策规划的主体通常是多元的，其中政府往往起着发起规划、组织规划、帮助规划（提供规划中的经费、信息等支持）等作用。显然，政府起的是主导作用。

（2）从时间进程上来看，政策规划主要存在于政策目标的确定与政策抉择之间。尽管民间智库的政策规划可能不局限于这一阶段，在实际的政策过程中，政策的修正性规划还可能存在于政策执行过程中，然而作为政府决策过程中的政策规划还是主要存在于政策目标的确定和政策抉择之间的阶段。它仅仅涉及对于有关政策目标实施方案的构建。

2. 政策设计的含义及逻辑结构

传统的公共政策学者强调对政策过程的阶段性划分，政策规划是政策过程中最重要的一个环节。20 世纪七八十年代以后，“政策设计”（Policy Design）研究逐渐兴起，成为政策规划的可替代性概念之一。从结构上看，政策设计包括“通过一定的内在机制联系起来的各种要素及其结构逻辑（Structural Logic）”①。它主要包括两大组成部分：一是方案设计的基本要素；二是这些基本要素间的联系机制（Linkage）。

（1）方案设计的基本要素。

结果（Outcome）。方案设计中的结果包括两个层面的含义：一是指在制定政策方案时，政策制定者所预期产生的结果；二是指政策本身所产生的实际结果。预期结果（O_1）和实际结果（O_2）之间不可能完全一致，而政策方案设计的一个重要目标是尽可能地缩小两者之间的差距。

目标人群（Target Population）。目标人群是公共政策所直接或者间接影响到的团体和个人，政策制定者期望通过公共政策引导、改变和规范目标人群的行为。政策设计必须考虑到政策对目标人群的利益可能产生的各种影响以及由此带来的反应。目标人群是否遵守和服从政策规定，对于政策成败影响重大。政策制定者应当在政策制定的过程中加强目标人群的参与，多听取他们的意见，才能够充分考虑到各种复杂的利益和诉求，防止政策可能产生的疏漏。

执行机构（Agencies）。执行机构是指具体执行政策方案的相关政府机关或其他机构。

---

① Schneider，Ingram. Policy design：elements，premises and strategies//Stuarts Nagel. Policy theory and policy evaluation. New York：Greenwood，1990. 关于政策设计的逻辑结构主要转引和参考：林水波．公共政策论衡［M］. 台北：智胜文化事业公司，1999；丘昌泰．公共政策：当代政策科学理论之研究［M］. 台北：巨流图书公司，1999.

首先要考虑政策执行的方式，即应该由公共部门、私营部门还是公私合作的方式来进行；其次要确定由中央还是地方负责。对于具体执行机构的选择，需要考虑下列因素：第一，执行机构的政策资源和能力；第二，执行机构的组织健全程度；第三，执行机构人员的意愿；第四，执行机构的沟通能力等。

法规（Statutes）。法规是政策方案所依据的法律基础，政策方案从内容到程序都应当符合各种法律的规定。

（2）政策方案基本要素间的联系机制。

规则（Rules）。在政策设计中，政策制定者、目标人群以及执行机构等都要遵循社会的规则。公共政策往往包含了对社会价值和利益的分配和再分配，因此一套明确、合理的规则是保障公共政策公平、公正和合理的重要基础。

工具（Tools）。工具是指促使政府和目标人群遵守政策方案的各种政策措施，即将政策目标转换为具体政策行动的各种工具和机制。例如，在燃油税改革中，政府通过征收燃油税而实现节能减排、降低能耗、保护环境的目的。通过应用政策工具，政府能够引导、纠正、规范目标人群的行为，使其行为有利于政府意图或政策目标的实现。

假定（Assumptions）。假定是指对政策因果关系的各种陈述，包括技术假定（Technical Assumptions）、行为假定（Behavioral Assumptions）和规范假定（Normative Assumptions）。这些假定是政策能够达成目标的理论基础，它渗透到政策设计的各个环节之中，将法规、执行机构、目标人群及结果等要素贯穿起来。技术假定是指从技术层面来看，应用哪种科技，才能使政策发生预期效果的假定；行为假定是指政策应当敦促目标人群采取哪种行为，才能使政策产生效果的陈述；规范假定是应采取哪种法律规范，才能使政策产生效果的假定。例如，在燃油税改革中，技术假定是指对燃油征收高额的税，能够降低人们对燃油的需求，起到节能减排的作用；行为假定是通过“多使用燃油多付费”的方式来调整人们的出行选择，使人们选择更加环保的出行方式；而政府采取颁布法规来保证燃油税改革的进行则属于规范假定。

当我们进行政策设计的时候，必须考虑到政策设计的各个要素及其相互联系。政策设计首先要考虑该方案是否具有一定的法律基础。如果缺乏相关的法律法规支持，单独的政策便因缺乏合法性而难以实施。法规通过规则、工具和假定与执行机构联系起来。这些执行机构可能是上下隶属关系或者平行关系，它们之间也通过规则、工具和假定相互联系。执行机构与直接目标人群和间接目标人群是通过规则来联系起来的，规则规定了哪些行为是被禁止的，哪些行为是被允许的或被要求的；政策方案通过采取各种政策工具来影响目标人群的行为选择；这种影响的基础是政策假定。当然，这种假定也影响到最终政策产生的预期结果和实际结果。由于政策问题的复杂性和不确定性，政策的预期结果和实际结果之间必然会产生一定的差距。

（二）政策规划与政策设计的联系与区别

政策规划和政策设计作为概括提出政策方案的过程的概念经常交替使用，从这个角度来看，两者具有较高程度的相似性，同时两者也有一些区别。

政策规划是政策科学发展的早期阶段的分析概念，指的是公共政策形成的一个重要过程，带有明显的“阶段论”特点。政策规划重点考虑解决方案的形成和研判，偏重理性和技术层面的分析。而政策设计在很大程度上是打破阶段论划分的新概念，主张政策设计的学者一般反对具有逻辑顺序特点的政策阶段理论。政策设计从范围来看更为广阔，它涵盖政策制定、执行、评估与反馈的整个过程，对于政策问题的解决和政策所能起到的实际效果具有指导意义。从政策设计的结构逻辑来看，它不强调政策阶段划分，而将各阶段融合起来，用更加系统的方法来探讨政策方案的形成及执行问题。可见，政策设计与广义的政策规划更类似，也会涉及狭义政策规划以后的制定、执行与评估等环节，它可以作为我们学习政策规划的一种知识延展和深化。

（三）政策规划的主体

国外一些学者主要强调政府或执行机构（或国家元首和官僚机构）、立法机关、司法机关、参与投票的公众，以及一些社会权力代理者（如一些社会组织）等在政策规划中的作用。有的学者从政策系统（Policy System）的复杂性出发强调政策规划的次系统和次主体，如在美国就有基于利益驱动的，由利益集团、议会委员会和政府机构组成的所谓"铁三角"关系，也有学者如赫克罗（Heclo）主张的政策议题网络（Issue Networks），还有学者将政策构建系统称为由享有一套基本信仰（含政策目标等）和试图影响政府规则、预算和人事以长期实现其目标的各级政府的各类公私机构组成的"支持联盟"（Advocacy Coalitions），以及由国家和社会主体共同构成的由利益驱动的政策网络（Policy Networks）或政策社群（Policy Community）等。我国台湾学者林水波、张世贤认为，介入政策规划的主体包括行政机关、立法机关、研究机构和利益团体四类。这些分类简洁明晰，做了粗线条描述。我们要特别强调的是如下两个方面。

1. 政策规划的政府主导化

政策规划中的政府主导主要体现在规划的组织和管理方面，并不是说政府的规划方案必须占主导地位。无论是政府还是其他各类规划主体在规划过程中的地位，从对真理性的追求来说都应是平等的。当然在现实的政策规划过程中，政府可能不仅仅在规划组织与管理上占主导地位，在规划方案进入抉择阶段时可能常常也占主导地位。其中既有政府地位的影响，也有政府在设计方案时比较务实等原因。但是，我们应尽可能避免政府地位对规划方案带来的负面影响。

2. 政策规划的主体多元化

政策规划主体既可以是单一式的，也可以是多元式的。在单一式中，主体通常为政府有关机构。多元式主体的类型则如上述学者所论及的情况。从一般意义上看，这两种模式是各有利弊的。单一式规划主体——政府的优势在于它对有关问题有具体详细的了解，对问题能从全局上进行考量。但是缺陷在于：政府本身也有自利性和价值偏好，因而单纯的政府规划不能确保公正；同时政府对一些问题的理性认知能力也是有限的，单纯由政府做出的规划难以保证科学、公正与合理；政府规划将各方利益主体排除于规划过程之外，这种政策规划明显缺乏民主性。在多元式规划主体中，除政府以外的其他主体虽然可能对实际情况缺乏深入、全面的了解，也可能会从局部利益出发，规划片面，但它们的参与可以对政府规划起到制约、补充等作用，既有利于克服各方的自利性，保障社会公正，也有利于汇聚各方智慧并反映各方利益需求，以保障政策规划的科学性和民主性。

为了实现政策规划主体的多元化，不少国家通常会特别重视充分发挥各类政策分析组织（政策咨询或参谋组织）的作用。这些政策研究机构最主要的作用就是，利用自身的专业知识和分析技能帮助政府思考一些长远或眼前的棘手问题，从而提出解决问题的相关政策建议。

同时，许多国家还特别重视采取听证制度实现政策规划主体的多元化。听证，最早源于西方国家的司法实践，后来被逐渐运用到立法实践和行政实践之中，从而成为政府政策过程（尤其是政策规划过程）中的一项重要的制度形式。其核心要求是政府在规划政策方案时要听取有关专家、管理主体、利益代表和公众的意见，以利于政策规划和抉择的透明化、科学化、民主化、公正化和规范化。其最大的优点就是能克服代议民主制的不足，实现各方利益主体、官员、专家与百姓之间面对面的直接交流和沟通，从而发扬民主，维护公平，达成共识，并提高决策的质量与水平。实行听证制度是适应我国现实需要的一种非常重要的公共决策体制变革①。

（四）政策方案规划与设计的原则

政策方案的规划与设计是政策制定过程中十分关键的一个步骤，要确保方案的质量，必须注意以下几项原则。

1. 紧扣政策目标

设计政策方案是达成政策目标的一个重要规划步骤，因而必须紧紧围绕针对某一或某些问题的政策目标，科学地设计实现有关政策目标的具体政策行动方案。在实际政策方案设计时，特别是针对一些新出现的问题或一些紧急问题进行政策方案设计时，我们很可能会遇到目标并不明确的问题。这时就需要我们采取渐进决策模式。

2. 规划多重方案

设计的方案的数量一般至少不低于两个，可以让人们利用自己的理性能力去尽可能充分地考虑一切可能的解决方案，从而在尽可能多的备选方案中进行优中选优；同时多重方案的设计也能为此后修正、调整和更新政策方案提供便利条件。一般而言，五个左右的政策方案就能基本满足多重方案的原则要求。

3. 方案彼此独立

设计的多重方案彼此要相对独立，互不隶属，当然彼此可以同属某一大类。如果相互隶属，即某一种方案可能属于另一种方案的一部分，那么，这两种方案实际上仅仅是一种方案。这样，设计就不合理，就不能达到真正的方案多重化要求。相反，方案彼此独立，就能真正实现多种方案供评估和选择的目的。

4. 方案要有创新

尽管有些政策问题具有重复性、雷同性，方案的设计从内容到思路依靠已有的经验和模式也可以进行，但我们还是应该看到每一个问题的特殊性及未来的变化性，应该力求通过不同程度的创新性方案更好地解决问题。重视方案的创新性，并不意味着不要任何已有成功的经验和办法，或者是单纯为创新而创新。

5. 方案切实可行

政策目标要可行，实现目标的方案也要可行。要充分考量现有和将来的条件，去设计

① 彭宗超，薛澜，阚珂．听证制度：透明决策与公共治理［M］．北京：清华大学出版社，2004.

实现目标的主体、手段、技术、步骤等，力争方案都具有可行性和可操作性。

（五）政策规划的模型与参考框架

政策规划是针对政策问题提出各种可能解决方案的过程。在这个过程中，政策制定者需要有理论上的参考框架（Referential Framework），以促进对政策问题的分析、政策方案的拟定和评估。公共政策学者的政策分析框架为实际决策者的规划活动提供了理论基础，在一定程度上可视为政策规划所应遵循的步骤和方法。通过采用科学合理的政策分析，决策者方能从容应对各种问题而做出更好的决策。下面简要介绍韦默（Weimer）和维宁（Vining）、帕顿（Patton）和沙维奇（Sawichi）等学者的政策分析框架。

1. 韦默和维宁的政策分析框架

韦默和维宁认为在政策分析中，如何定义、解释和模拟问题在很大程度上决定了政策目标和分析方法的选择，最终影响备选政策方案的抉择。因此，他们主要将政策分析过程分为两个阶段："问题分析"和"解决方案分析"。问题分析阶段有三个步骤。他们的解决方案分析应该属于我们界定的政策规划。

解决方案分析这个阶段可以分为四个步骤。第一步是说明相关标准，也就是确定备选政策方案的评估标准，并依据这些标准评价备选方案对于政策目标的影响。第二步是详细说明能够潜在推进政策目标的备选政策。第三步是用每一种衡量标准来评价每一种备选政策方案，预测其可能产生的影响。第四步是推荐一种备选政策方案，并提供选择的依据。

韦默和维宁分析框架中的两个阶段的七个步骤是连续构成的，形成了一个理性主义的分析模式，不过他们也认为政策分析并不能简化为一个统一的公式。

2. 帕顿和沙维奇的政策分析框架

帕顿和沙维奇提出了可快速地用于政策规划的初步分析方法，并且在其他学者研究的基础上提出了快速政策分析的框架。他们的初步快速政策分析包括六个步骤（见图 4-1），即认定及细化问题、建立评估标准、确认备选政策方案、评估备选政策方案、展示和区分备选政策方案、监督和评估政策实施。在这六个主要的步骤之下，还分为很多较为具体的组成部分。这些分析步骤构成了一个分析模型。

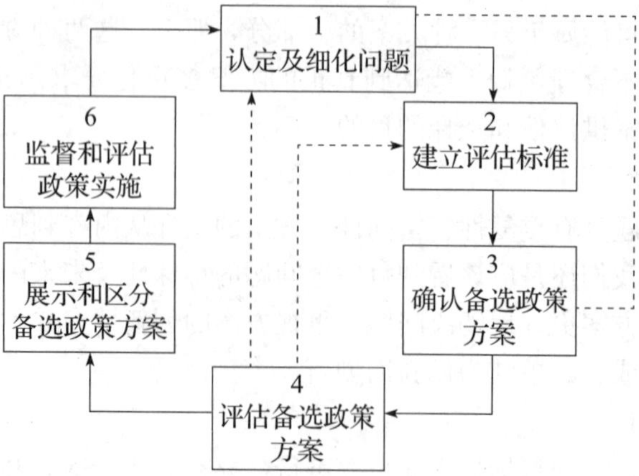

图 4-1 帕顿和沙维奇的政策分析基本过程

资料来源：卡尔·帕顿，大卫·沙维奇．政策分析和规划的初步方法［M］．孙兰芝，译．北京：华夏出版社，2001：44.

该模型的第一个和第六个步骤是在我们界定的政策规划过程之外的，第二个至第五个步骤属于政策规划过程。

建立评估标准：为了在备选政策方案之间进行比较、衡量和选择，必须建立评估标准。基本的评估标准包括成本、效益、效用、效率、平等及政治可行性等。

确认备选政策方案：备选政策方案可以通过思索、研究分析、借鉴经验、集体讨论及其他各种方式产生。受到政策影响的各个团体都可能提出自己的意见，甚至是备选方案，这些方案也不应该受到忽视。

评估备选政策方案：分析者或者决策者可以通过定性或者定量的方法对备选方案进行评估，选择最满足主要标准的方案。有时候，在对政策进行确认和评估的过程中会发现政策问题的新内容，这就需要重新进行问题的界定并且修改评估标准。

展示和区分备选政策方案：经过对备选政策方案的评估，决策者或者政策分析人员能够做出关于一系列备选方案、具体标准和每种备选方案符合标准程度的报告。备选政策方案的展示可通过各种技术手段进行，表现出各备选方案的优缺点、技术可行性及政治可行性等。

帕顿和沙维奇的政策分析框架非常重视各种分析方法的运用，在每个政策分析步骤中，都提供了可以利用的各种实用分析方法，这个分析框架及相关方法可以为政策规划提供重要的参考。

（六）政策学习与政策移植

在政策规划中，政策制定者常常要参考借鉴不同国家、地区或者其他部门相关的政策方案，学习其中的知识、技术或者政策观念，并从中获得灵感和受到启发。这个过程被称为政策学习（Policy Learning）。与政策学习相关的概念还包括政策转移（或政策移植，Policy Transfer）、政策创新（Policy Innovation）、政策扩散（Policy Diffusion）、政策趋同（Policy Convergence）及经验汲取（Lesson Drawing）等。这里我们重点介绍政策学习与政策移植。

1. 政策学习及其类型

现实中的政策变迁或者政策创新的一个重要来源就是政策学习。从纵向来看，需要思考以往是如何解决这种问题的，或者现在政策对于该问题是否有效；从横向来看，政策制定者需要考虑其他国家、地区、省份或者其他城市是如何解决这种问题的。政策制定者能够从传统政策、现行政策或者其他地方政府的政策中获得可以利用的各种知识，包括政策理念、政策内容、政策工具等。同时，通过政策学习也可能获得新的价值、目标及对于问题的构建等方面的知识。国际上的政策学习研究，在经历早期概念界定与初步研究后，逐渐聚焦于学习主体、学习机制和学习类型三个议题，结合实践经验回答相关理论问题。我国学术界也已开始关注政策学习相关研究，各级政府也都较为重视政策学习，其中重要的形式是各地政府相互之间的经验交流、经验学习及树立学习样板等。

一个政府组织的学习能力和可以学习到的知识取决于多方面的因素。首先是政府面临问题的性质。如果政策问题具有较高的相似性，即很多地区和组织面临着相同或类似的问题，那么决策者就能够从其他地区、其他组织中获得处理类似问题的各种信息。而对于有些特殊的问题，政策学习的表现或许不够明显。

其次，政策学习与一个组织的内部文化、组织价值观念和利益等相关。有些政府组织较为开放，具有较强的学习意愿，因此在政策制定过程中有意识地向其他地区、城市等学习经验。组织价值观念的差别可能成为阻碍政策学习的因素。政府组织或决策者会选择那些符合组织价值观念的信息或者有利于组织的信息，并将这些有意向的信息加入决策中。

最后，政策学习也受到外部环境的影响。政府组织是身处于社会和复杂政治体系之中的，社会的价值观念、文化习俗及政治体系的意识形态等都可能影响政策学习。

政策学习有不同的类型，并且与政策学习的机制和效果等具有密切的关系。从学习的内容以及程度上，一般认为存在着三种类型的政策学习，即工具学习（Instrumental Learning）、概念学习或者问题学习（Conceptual Learning or Problem Learning）、社会学习（Social Learning）。工具学习是指学习的内容主要是技术、政策制定过程及政策工具等。政策水平和质量与政策所采用的具体技术、制定过程及工具等有关。为了提升决策水平，决策者会从其他相关组织中学习这些技术和工具，并应用到决策之中。概念学习或者问题学习是指在政策制定中从一个不同的评价角度来看待政策问题。人们在日常生活中常常形成一些既定的看待某些事物的角度，在公共政策领域也是如此。如果以既定的角度来看待政策问题，那么解决办法也常常是传统办法。而如果以一种新观念看待问题，将会产生全新的解决办法。例如，有些地方政府认为经济发展和环境保护是冲突的，严格的环境保护可能会影响经济发展。但换一个角度来看，环境保护能够刺激企业进行技术创新来达到环保标准，同时降低资源消耗，那么环境保护政策就能起到促进经济发展、调整经济结构的作用。社会学习是指决策者学习有关政策价值及规范、目标、责任等其他深层次的特质。社会学习能够使决策者反思政策制定所依据的根本价值、原则和过程，从而导致决策理论上的重大变迁。

在现代的决策过程中，完全封闭的决策越来越少。政策制定一般都需要参考其他地区类似的政策，从其中学习某些技术、方法和决策理念。政策学习在一定程度上促进了政策变迁和政策创新。

2. 政策移植及其类型

在全球化程度日益加深的今天，在公共政策领域，政策移植或政策转移已经成为非常重要的政策来源方式。简单地说，政策移植就是一个政策借用国（Borrowing Country）采纳其他国家的公共政策、行政体制、制度及思想等来解决本国所面临的政策问题。政策移植可以发生在议程建立阶段，也可以发生在政策规划和政策执行阶段，而在政策规划阶段，政策移植的作用尤为重要。

一个国家向另外一个国家的学习和借鉴包括很多方面。在公共政策方面，政策目标、政策内容及政策工具等，都能够成为移植的对象。在政策规划阶段，对于政策内容方面的政策转移，对政策方案的规划起到了重要的作用。一个国家对其他政治体系的政策借鉴，不可能是完全照搬，或者是完全拒绝这两种形式，而是存在不同的程度。一是复制（Copying），即指政策文本直接的完全的转移；二是效法（Emulation），即借鉴他国公共政策背后的思想观念；三是混合（Combinations），即针对同样的政策问题整合各有关国家的公共政策；四是启发（Inspiration），即其他国家的政策可能引发本国的政策变化。在政策规划阶段，更多出现政策的复制和混合。国家层次或地方层次的政策都可以借鉴他国国家层次或者地方层次的政策。

从政策制定者的意愿角度，可以简单地将政策移植分为自愿的政策移植（Voluntary Transfer）和被迫的政策移植（Coercive Transfer）。但这种分类过于简化，更好的办法是将政策移植视为处于从自愿的学习到被迫接受他国政策的一个政策转移连续体（A Policy Transfer Continuum）。虽然政策移植在政策规划和执行中具有重要的作用，但很明显，并不是所有的政策移植都能够获得成功。这就涉及政策移植过程中出现的政策失败（Policy Failure）。

有研究显示，至少三个方面的因素导致了政策失败：

信息不全的政策移植（Uniformed Transfer），是指政策借用国对于该政策的信息了解不充分，不清楚它在原国家是如何运行的。

不完全的政策移植（Incomplete Transfer），是指虽然政策移植发生，但是该政策在原国家获得成功的某些重要因素却没有被采纳。

不当的政策移植（Inappropriate Transfer），是指没有充分注意到政策借用国与政策输出国之间在经济、社会、政治和意识形态方面的不同。

这三方面因素都可能导致政策移植失败。因此，在政策规划阶段，一定要谨慎地对待政策移植。但毫无疑问，政策移植在政策规划方面提供了更广阔的选择空间。

因此，政策移植是全球化时代国家之间的政策学习与移植现象，且不仅仅是发达国家政策被发展中国家学习和移植，也已经出现发展中国家政策被发达国家学习和移植。同样，政策移植也是信息化和一体化时代一个国家内部的现象。在中国、美国、俄罗斯等地域辽阔的国家，政策规划中的政策移植现象在这些国家内部的不同地区之间也同样存在。也就是说，在政策规划过程中，进行政策移植时不仅要注意向国外学习，还要注意向国内其他地区学习。

三、公共政策方案的预测与评估

现在，我们探讨一下政策方案的两种预测及评估方法：预测性评估和可行性评估。

（一）预测性评估

政策方案设计之前往往就需要运用一定的预测方法，而到了方案评估阶段更甚。方案评估的一个重要特点就在于它是事前评估。因此，预测性评估方法是政策方案评估的一种最基本的方法。

预测是指预先测知未来事件或条件的可能性，以作为未来行动的依据。由于未来存在着许多不确定性因素，人们很难完全预知未来的状况，只能通过一些方法和技术探究未来的可能性。

1. 预测性评估的步骤

（1）方案调查。了解方案应用时的可能性状况，并预估其可能性的程度。

（2）详细研究。详细研究与这些方案相关的各种因素及其相互关系，确定一些可能的情势等。

（3）进一步分析。分析希望发生的情况是什么，估计一些干扰因素及其发生的概率，探究控制这些因素的办法和可能性。

（4）试验式证实。纸上的分析往往与实际发展的可能性有误差，预测有时要运用小范围的试验或试点来对有关方案加以证实。

2. 预测性评估的方法

预测性评估有定性的方法，也有定量的方法；有直观的预测，也有非直观的预测；有演绎式预测，也有归纳式预测等。威廉·邓恩曾经归纳为三种预测方法，见表 4-3。

表 4-3　三种预测方法

方法	根据	适当的技术	结果
外推预测	趋势外推	传统的时间序列分析、线性趋势估计、幂的加权、数据转换、剧变法	预言
理论性预测	理论	理论图形化、因果模型、回归分析、点和区间估计、相关分析	推断
判断性预测	合理的判断	常规德尔菲法与政策德尔菲法、交叉影响分析法、可行性评价法	猜想

（1）外推预测。外推预测是分析人员根据目前的和历史的数据，来判断未来的社会状况。这种方法是以实际资料和事物发展的连续性为依据的，把过去和现在的发展趋势延伸到未来，并根据各种外推的结果进行政策预测。外推预测通常以时间序列分析的某些形式为基础，对在不同时点上收集并按顺序排列的数值进行分析，就过去和未来的若干年变化的数量及频率提供总计量（平均值）。这种基于持续性、规律性、数据的可靠性和有效性的外推预测，已经应用于预测经济增长、人口变化、能源消耗等。

（2）理论性预测。理论性预测帮助分析人员以理论假设及当前与历史数据对未来社会状况做预测。不同于外推预测用重复历史事件的假设来进行预测，理论性预测以不同理论中的因果假设为基础。外推预测在逻辑上基本上是归纳性的，而理论性预测则基本上是演绎性的，它利用某些一般的陈述（公理、规律等）来推断其他具体陈述（包括预测）的真假。理论图形化、因果模型、回归分析、点和区间估计及相关分析等都是理论性预测方法的具体体现。

（3）判断性预测。与前两种预测依据事实、资料数据或理论命题不同，判断性预测试图就各种判断做推导与合成，它以洞察性的论证为基础，主要依据判断、直觉、灵感、洞察力，过程是回溯推理过程，即分析者从一个未来应然事态出发，寻找支持这一猜测的数据和假定。归纳、演绎和逆向推理在实际操作中从来都不是各自为政、毫无关联的。德尔菲法、交叉影响分析法和可行性评价法是常见的此类方法，外推预测与理论性预测方法可以作为补充。

（二）可行性评估

林水波、张世贤认为，可行性往往包括四个层次的内容：适当（Appropriate）、可能（Possible）、可行（Feasible）和试验。所谓适当，是指政策方案是否适当，如是否符合政策相关人的心理感受，是否合乎社会的价值理念，是否合乎社会的政治文化，是否符合社会的历史传统，以及政策出台的时机是否合适等。所谓可能，是指政策制定和实施在政策资源、政府能力、社会共识及国际环境等方面是否有充足的条件配合。可行类似于可能，但属于极有可能发生和实现的趋势与状态，具体包括经济上、技术上、政治上、法律上等方面的可行性等。试验，是对于一些不确定性的方案所进行的验证。

尽管学者们对政策方案可行性分析的对象有一些不同看法，但基本上还是比较一致的，在技术可行性、经济可能性、政治可行性和行政可操作性等方面都形成较大的认同。

所谓技术可行性，主要通过衡量政策的具体产出是否能达到预期目的。它直接针对方案是否能正常运行，如桥梁建设是否能改善交通状况。其中一个重要的概念是“效力”。效力标准集中关注政策是否能达到它的预期效果，这种效果是长期的还是短期的、可量化的还是不可量化的、充分的还是不充分的。

所谓经济可能性，主要关心政策实施的成本大小、产出的收益多少。这是经济学分析工具在政策方案评估方面的具体运用。涉及的基本经济学概念有成本、收益、利润率、成本效力（Cost Effectiveness）等。

所谓政治可行性，主要通过考量政策规划对相关权力或利益集团的影响来衡量政策的成效。涉及的政治学概念有可接受性（Acceptability）、适当性（Appropriateness）、回应性（Responsibility）、法定性（Legal）、公正性（Equity）。

所谓行政可操作性，主要关注在特定的社会环境特别是行政环境中实施某项政策的可能性，如人员配备是否到位等。这里涉及的主要概念有权威性（Authority）、制度化的责任约定（Institutional Commitment）、能力（Capability）、组织支持（Organizational Support）。

除上述可行性评估外，还有法律可行性评估，这与政策合法化有关，详见后文论述。

在对各政策方案进行上述评估之后，再将评估的结果进行对比分析，这样决策者就可以根据政策目标的要求对哪个是最佳政策方案做出判断。

第二节 公共政策的抉择与合法化

公共政策的抉择，就是由公共政策的制定者根据政策规划建议和要考量的相关事项，按照一定的决策制度和程序规定，对解决有关政策问题的行动方案做出决定性选择的过程。这一过程是公共政策制定过程中最具实质性意义的阶段。也正是因为这一阶段十分重要，所以任何一个国家都会基于国情对公共政策抉择问题提出原则要求并做出一定的程序化和法制化规定。尽管不同的国家会在程序化和法制化的程度上有所不同，但这并不会影响我们的总判断。为此，本节将公共政策的抉择与政策的合法化两个问题合在一起，其中，主要探讨的是公共政策的抉择主体、抉择者要注意的问题、决择的合法化等内容。此外，本节还会简要探讨日常决策与危机决策的有关问题。

一、公共政策的抉择主体

随着政策制定过程的推进，相关的政策参与者越来越少。我们可以将公共政策抉择的主体（这里主要指直接决策者）大致分为如下几类：国家元首、行政首长、民意代表、法官、执政党首脑及军事首长等。这里仅介绍其中几类。

（一）国家元首

国家元首通常是国家的最高代表，是国家的象征，所行使的职权一般涉及礼仪上的外交权、国家法律的签署权和发布权等方面。但在不同政府体制下，国家元首的抉择权力是大不相同的。在虚位元首制下，国家元首只能行使礼仪上或形式上的国家最高抉择权力，如议会制下的总统和君主就是如此。在实位元首制下，国家元首不仅有国家元首本身的权力，还兼有其他国家权力，如政府首脑权、最高军事统帅权等，就成为国家决策权力的核心，总统制或半总统制下的总统就属此类。

（二）行政首长

行政首长是各级行政机关及其所属各部门的最高行政决策者和执行者的统称。就世界通行的行政体制来说，由于行政领导工作往往要求适当的集权以应付和处理日益繁重与紧急的行政事务，因而各国一般采取行政首长负责制，即行政首长拥有行政政策的抉择权，并对其抉择行为负责。

（三）民意代表

民意代表是由选民直接或间接选举产生的政治代表。他们代表选民和国家直接行使国家各级立法机关的立法权、行政监督权及其他相关国家权力。一些公共政策，特别是那些要上升到国家或地方法律高度的公共政策，以及那些需要代议机构审议的公共政策，往往必须经过民意代表机关的赞同和批准才能得以制定。可见，民意代表掌握着重要的国家公共政策的抉择权。当然，在民意代表中，对代议机构的决策权影响较大的人物往往是那些专门委员会的成员、主席及代议机构的领导集体。

（四）法官

法官通常是行使司法审判权的国家机关人员。在实施判例法和习惯法的国家或存在违宪司法审查权的国家，如英美法系国家，法官的判案在一定程度上就是一种立法行为，因而法官对公共政策也就有一定的抉择权。

在一些执政党特别强大或党政一体化的国家，执政党在国家政策的实际抉择中往往起着相当直接和极为重要的作用。执政党的首脑也可能在国家政策抉择中起着核心作用。同时，我们还应当注意一个常常为人们所忽视的问题，即有些国家的军事机关及其首脑在国家政策的抉择中也会发挥重要的甚至根本的作用。

二、公共政策的抉择原则

作为公共政策的最终决定者，应考虑哪些关键因素才能更好地进行决策呢？党的二十大报告明确要求：“我们始终从国情出发想问题、作决策、办事情，既不好高骛远，也不因循守旧，保持历史耐心，坚持稳中求进、循序渐进、持续推进。”“坚持科学决策、民主决策、依法决策，全面落实重大决策程序制度。”这是我国公共政策抉择的总要求，要切实贯彻落实。因此，决策者应该注意：始终从国情出发；尊重科学分析的价值；考虑各方利益的平衡；发挥决策者的能动作用；遵照有关程序的规定。

（一）始终从国情出发

公共政策要解决的政策问题往往与该问题所在的国家或地区的实际情况密切相连，公共政策的目标定位要首先考虑国情，不能脱离国情，好高骛远，不切实际地设定目标，政策工具的选择也需要考虑国情及社会接受度等因素。当然，注重从国情出发，并非拒绝借鉴国际经验。

（二）尊重科学分析的价值

公共政策抉择的科学化对于最终的抉择者来说，就是要求抉择者充分尊重依据科学程序、运用科学方法和技术提出政策规划建议。之所以要充分重视科学分析的价值，是因为这种尊重实际上在一定程度上体现了理性决策模式的运用。要解决这么多的新问题，任何一位领导者和决策者单凭个人的知识与经验都是力不从心的，必须要借助各方专家和顾问的大脑，尽量发挥科学分析的作用，走科学决策之路。当然，强调决策者要尊重科学分析的价值，并不是要求决策者机械地依从科学分析的结论和建议，或单纯追求在科学分析的基础上来决策。对此，我们后面再做进一步论述。

（三）考虑各方利益的平衡

决策者还要看到，人的理性认识能力毕竟是有限的，决策者不能完全依赖科学分析，而应该一方面利用民主决策机制，引导冲突各方通过互动实现信息对称、达成谅解、妥协一致等，另一方面要在不易利用民主机制时充分了解各方利益需求、全面权衡各方的利害关系，尽量避免出现零和博弈，而让各方都能从决策中得到自己最想得到的东西，从而最大限度地实现双赢或多赢的局面。还应该注意的是，决策者不能仅仅为利益的均衡而一味地作妥协性的决策，而应时刻把握社会发展的大局。

（四）发挥决策者的能动作用

决策者要充分尊重别人的立场、利益、观点和意见，这些都很有必要，但仍然不够。作为决策者，还应该有能力进行独立决断。无论身处什么样的决策体制和环境，决策者独立决断都是很重要的，它事关决策的整体质量问题。

这除了符合前述决策权责一致的原则外，更重要的是：第一，在集体决策条件下，每一位决策参与者的独立决断正是决策民主化和科学化的一种体现，它与决策民主化和科学化是一致的；第二，在个人决策条件下，决策者的地位往往能让决策者得到其他人不可能得到的信息，从而占有信息优势，还容易让决策者比其他人站得高、看得远、考虑得更周全；第三，正确决策与抓住时机往往具有极其密切的联系。对决策者来说，要真正做到独立行使决断权，最关键的还是要不断地提高自身各方面的素质和修养水平，自觉培养和锻炼独立决断的能力。

（五）遵照有关程序的规定

决策的法制化要求决策者按规定的制度和程序进行决策，对此将在后面做专门论述。

三、政策论证、政策审议与政策采纳

拟制出若干政策方案以后，就进入了政策论证、政策审议与政策采纳的阶段。对于决策者来说，这几个环节属于政策抉择的前期。

政策论证、审议与采纳

(一) 政策论证

政策论证（Policy Argument）指政策方案的论证，以有力的信息来强化自己的政策主张（Policy Claim），并且对决策者和利益相关者已经提出或有可能提出的不同意见进行有理有据的抗辩，旨在推动决策者采纳自己的政策方案而拒绝其他政策方案的做法。

1. 政策论证的结构

（1）政策相关信息：指与所论证的政策方案相关的信息，包括政策问题、预期政策结果、优先政策方案、观察到的政策结果、政策绩效五个方面的信息。

（2）政策主张：指政策论证的结论，有一些是规范性的，如政府应该通过平等就业法案；有一些是描述性的，如未来十年互联网的应用率将会翻番。前者需要伦理或价值上的论证，后者则不需要。

（3）根据：指政策论证中的假定，要回答“为什么”的问题。这些假定往往是某种公认的事实、原理、定律或常识，它们把政策相关信息与政策主张连接起来。例如，如果政策主张是“政府应制定为困难群众提供特殊服务的救助方案”，那么“多数公民都有实现社会平等的愿望和理想”这一假定即是这一政策主张的立论根据。

（4）支持：指用来证明立论理由或驳斥理由成立的更深层次和更具说服力的假定或事实根据。例如，“社会平等是政治稳定的先决条件”就是上述立论理由的立论依据。

（5）反驳：指的是对为什么立论理由无法被接受的原因、结论、假定所做的分析。例如，上述立论理由无法被接受的假定可能是“对困难群众提供特殊服务就是另一种形式的社会不平等，因为纳税人不能享受这类服务”，而驳斥理由就是对这一假定做出的分析。

（6）限定条件：指通过陈述政策主张真实或可能的条件来表述立论的可信和说服效力。如为困难群众提供疫情防控特殊服务的救助方案，这能够带来社会公平和社会效率及社会稳定提升。

2. 政策论证的模式

美国公共政策学学者邓恩的研究成果被广为引用。邓恩认为，政策论证的模式是把相关信息转换为政策主张所遵循的特有路线，他列举了 11 种模式。

（1）权威模式。将政策论证者自身的社会成就或特殊身份（如专家、教授、院士、诺贝尔奖获得者等）所产生的权威性影响，作为论证信息的可信度的基础。

（2）方法模式。论证运用统计学、经济学、人类学、定性定量等方法获得立论依据认可。

（3）归纳模式。依据抽样样本中发现的有关特征归纳该样本所在的整体其他样本也具有该特征。

（4）分类模式。基于某一类别中的大多数个体所具有的共同特征，按演绎逻辑推断该类别中的某一个体也具有这样的特征。

（5）因果模式。以政策的因果关系作为论据的基础，如特定的原生性因素（如生产力）的出现是某种结果（如生产关系）出现的原因。

（6）符号模式。以符号、指标和它们的参照物为基础的论证模式。例如，运用“经济指标”来说明某种政策有益的可能依据。

（7）动机模式。以个人或集体行为的目标、价值和意图的推动力为基础的论证模式。例如，人们都需要清洁的空气和水源，因此会支持政府严格执行有关环境治理政策。

（8）直觉模式。以政策相关信息提供者的意识或潜意识、情感或精神状态为基础的论证模式，如相信决策建议者具备某种特别的直觉特质（如洞察力、决断力和灵感）。例如，传染病防控需要隔离，非法药品也像传染病一样可以被隔离防控，因而建议对非法药品来源国进行隔离。

（9）类比模式。根据给定案例关系与比喻、类比或比方中的关系相似性来论证。

（10）类似案例模式。该模式注重两个或两个以上决策案例的相似性。例如，其他地区成功执行了严格的污染防治标准，本地也应该严格执行这样的政策。

（11）伦理模式。以伦理规范或道德原则（如对与错、善与恶等）方面的论证为基础进行政策判断。

政策探究（Policy Inquiry）和政策对话（Policy Discourse）是政策论证的特殊形式。政策探究是指围绕某一政策议题或对政策方案某些论证进行辩护的做法。换言之，政策探究旨在为探究者的政策主张得到决策者的采纳，而申述自认为有力而充分的理由，并以这些理由对政策主张给予支持性的辩护。从公共政策学文献来看，政策探究主张要用于溯源探究或检查政策前提的逻辑正确性，重点大都放在赞成或反对某一种政策方案的政策前提的正确性上。政策论证和政策探究都存在一个缺陷，那就是在论证者、探究者与决策者之间的互动与沟通上，信息传播是单向的，即基本上是从论证者、探究者传给决策者。政策对话在这一点上对政策论证和政策探究进行了修正。所谓政策对话，就是政策方案的拟制者或其他提供者就方案的政策主张及立论理由和立论依据、驳斥理由等方面，与决策者进行面对面的对话交流，目的是通过双方共同的讨论甚至交锋、激辩，最终能够选择和制定高质量的公共政策。

政策论证、政策探究和政策对话都是用以分析政策方案，帮助决策者继续进行政策抉择的重要工具。美国公共政策学者马琼指出：“公共政策是由语言构成的，无论书面的还是口头的，在所有政策过程的各个阶段中，辩论是其核心。”通过政策论证、政策探究和政策对话，在理性的辩论、恳切的对谈中，决策者可以获得更全面、更准确的政策相关信息，从多元角度审视反映不同阶层、不同集团、不同社群、不同组织的利益要求的政策主张及论证机构，这样就能够对不同的政策方案进行更好的比较和选择。

政策论证、政策探究与政策对话是政策抉择的第一个环节。在这一环节实施的过程中，决策抉择的主体是以政策方案的鉴赏者和说服对象的角色出现的。

（二）政策审议

政策审议（Policy Deliberation）就是决策者对各个方案进行最后的比较并选择一种最满意的方案，或者以某一方案为主干并综合、吸收其他方案的可取之处而形成一个新的方案，然后对该方案的适时性、适当性、可行性、完善性等进行深入考察和研讨，以完成可供最终采纳和批准的政策文本的过程。政策审议的基本方法是评估和择优：评估是对各政策方案效果的预测性分析和比较；择优则是在评估和比较的基础上提出政策决策意见。这两者都是正式的政策抉择程序前不可或缺的步骤。两者呈现的并不是简单的前后承递关系，而是反复、循环和错综复杂的关系。

首先，我们有必要关注一下评估和择优的标准问题。就一般意义而言，评估标准从政策目标细化而来，沿着总目标、具体目标、评估标准和测量标准等线路逐步细化。评估应遵循的通用标准包括前述技术可行性、经济可能性、政治可行性、行政可操作性等①。

其次，方案的评估与择优是在比较的基础上进行的判断和选择。比较的过程在本质上就是一个决策的过程，或者是整个决策过程的重要组成部分。这个过程反映了决策者的世界观、价值观，也反映了他们的经验、眼光、胆识和品德。

再次，为了尽可能地做到准确判断和选择，要注意使用"逆向决策"的方法。这一方法要求从不同角度、不同要求、不同场合、不同结果对已拟定的政策方案提出不同的看法，以求收到"兼听则明"的效果，保证择定方案的科学性、可靠性和严密性。

最后，方案的评估与择优，还须对择定方案进行审查和评定，即进行系统周密的论证。方案审定通常需要采取一系列科学化、定量化的方法，如边际分析、成本-收益分析、价值分析、可行性分析和其他技术。在审定过程中要把决策的政治、经济、社会、文化、技术等问题作综合的分析、权衡，决定取舍。审定的目的是减少决策失误。审定的结果有三种可能性：（1）通过，进入政策采纳程序；（2）否定或对政策方案做出进一步的修改或需要重新决策；（3）搁置，等待事态进一步发展，到适当时机再做最后决定。

（三）政策采纳

政策采纳（Policy Adoption）就是决策者正式同意采用某一政策方案来解决列在政策议程中的某个问题，这是政策抉择的最后一环。

四、公共政策抉择的合法化

公共政策的最终抉择在整个政策过程中处于至关重要的地位，因此，许多国家都会就各自公共政策的抉择问题规定相关的制度和程序。我们认为，政策抉择的合法化不仅涉及政策抉择的程序化和一定情况下的政策法律化问题，而且还有一个常被人忽视但却极其重要的问题，即政策在实质内容方面要合乎既定法律。因此，我们对政策抉择合法化的界定是有关政策抉择主体依据有关法律，按照法定程序对政策方案加以审查、通过或批准、签署及发布的过程。这一概念实际上涵盖了三个方面的内容：政策内容的合法化、决策过程的合法化和政策的法律化。

（一）政策内容的合法化

政策内容的合法化，就是决策者择定的政策在内容上不能与既定宪法和法律相抵触，必须合乎有关法律的原则甚至具体规定。具体说来，政策内容的合法化要求所制定的政策与既定的法律相一致。

政策内容的合法化恰是前述政策目标协调原则的一个具体体现，同时它也是整个政策体系和法律体系统一、协调的具体保障。为了确保所制定的政策在内容上的合法化，抉择

① 卡尔·帕顿，大卫·沙维奇．政策分析和规划的初步方法［M］．孙兰芝，译．北京：华夏出版社，2001：186－187，205．这里的四种标准是巴达克（Bardach）的类型学划分，具体内容前面已有阐述。

者除了要认真将拟采用的政策与已有的相关法律和政策相对照，及时发现可能存在的不一致性外，还要发挥专门法律性或政策性机构的审查作用，甚至应考虑在决策程序中列出专门的合法性审查程序。

（二）决策过程的合法化

政策合法化的另一个重要方面就是政策抉择过程应合乎法定的程序要求。政策的抉择过程通常是非常复杂的，这不仅表现在它本身的具体过程繁多，而且不同机构不同主体的抉择过程也是各有不同的。下面我们主要介绍行政系统和立法系统的决策程序。

1. 行政系统的决策程序

行政系统的决策往往要求快捷、高效，与此相适应的行政决策体制，无论是委员会制还是首长制，实际上决策的集中化程度都会较立法机关高。在当代中国，行政决策一般实行的是行政首长负责制，这项制度把决策权主要赋予行政首长，同时又要求行政首长应在行政领导会议集体讨论决定的基础上行使决策权。具体的行政决策程序如下：

（1）法制部门的审查。县以上各级行政机关及其职能部门都设有专门的法制机构，它们的主要职责之一就是审查各项政策方案的合法性。

（2）领导会议的讨论决定。根据有关法律的规定，县以上各级人民政府工作中的重大问题，需经政府常务会议或全体会议讨论决定。行政首长召集和主持这两种会议，对会议所讨论的结果和应做出的决定，行政首长拥有最终的决定权。

（3）行政首长的签署发布。行政首长在整个行政决策中处于核心地位，拥有最高决策权和领导权。其最主要的表现就是行政首长对有关决策有最后的决定权、签署权和发布权。

2. 立法系统的决策程序

虽然各国在立法机关抉择程序的复杂程度方面存在很大的差异，但是大多都会包括提出议案、审议议案、通过议案和公布政策这几个阶段。

（1）提出议案。政策议案的提出主体既可以是立法机关的民意代表、有关委员会及领导机构等，也可以是其他国家机关，如行政机关、司法机关、军事机关等。在现代立法机关的决策实践中，提出政策议案的主要主体是行政机关。

（2）审议议案。西方国家立法机关奉行的审议程序有一读、二读和三读程序①。其中英国等国的三读审议程序最复杂，一项政策议案要在民意代表、专门委员会之间接受多次反复的审议、辩论和修改。我国各级人大审议法律草案和相关议案的法定程序也很严格和规范，如全国人大常委会法律草案审议一般应当经三次常务委员会会议审议后再交付表决。如果各方面的意见比较一致，可以经两次常务委员会会议审议后交付表决；调整事项较为单一或者部分修改的法律案，各方面的意见比较一致，或者遇有紧急情形的，也可以经一次常务委员会会议审议即交付表决。②

---

① “读”实际是“宣读”，每当在全体会议上审议有关政策议案时，就要对该议案宣读一次。有的国家规定仅进行一次性审议，为一读程序；有的国家规定要进行两次审议，为二读程序；有的国家规定必须审议三次才能诉诸表决，为三读程序。

② 参见《中华人民共和国立法法》（2000 年第九届全国人民代表大会第三次会议通过，2015 年第十二届全国人民代表大会第三次会议第一次修正，2023 年第十四届全国人民代表大会第一次会议第二次修正）第三十二条和第三十三条。

（3）通过议案。规则一般是过半数通过。一些特别重要的议案，如宪法修正案等，则要求更高比例的通过率，甚至有些国家对有些议案还会要求进行全民公决。

（4）公布政策。政策通过后还必须经过法定的公布程序，才能生效。立法系统通过的法律通常都要经过国家元首的签署和发布。在我国，国家主席根据全国人大和人大常委会的决定签署主席令公布法律和政策。

（三）政策的法律化

政策的法律化就是有立法权的国家机关将有些成熟、稳定的政策上升为法律的过程，也称政策立法。它实际上就是一种立法过程，遵循的是立法程序。

政策立法的主体，一为立法机关，二为有权将一般的行政决策上升为行政法规的行政机关。

从政策立法的政策范围来说，并不是所有的政策都要法律化，而是那些有立法必要的、比较成熟和稳定的政策才需要法律化。只有那些对国家和社会来说事关重大的政策，那些有必要用法律的形式加以加强和固定化的政策，那些实行了相当一段时间从而较为成熟、完善和稳定的政策，才有必要上升为法律。

从政策制定过程本身来看，政策法律化是政策合法化的一种极其重要的形式。它还是一种特殊的政策制定过程，即将有关政策转变为更具强制力、更具普适性的法律的过程。

五、常规决策与危机决策

在政府及各类公共组织的决策实践中经常会遇到危机时刻的决策难题，需要引起公共政策学界的高度关注。从决策的内容划分，公共决策可以分为平常决策和危机决策，同时根据决策的常规性与否可以分为常规决策与非常规决策。两个视角相结合就会出现四种组合，如表 4－4 所示。

表 4－4　公共决策的一种逻辑分类

分类视角	平常时期	危机时刻
常规（程序性、确定性）	①常规平常决策	③常规危机决策
非常规（非程序性、不确定性）	②非常规平常决策	④非常规危机决策

平常时期的决策一般表现为常规的程序性和确定性决策。只是当遇到一些新的情况时，因为有一些不确定性，已有的决策方法和程序不能解决问题，新的决策程序也不可能立即建立，所以会有一些非常规决策。而所谓危机决策，一般要求组织（决策单位和人员）在高度逆境中（有限的时间、资源、人力等约束条件下）实施应对危机的具体举措。危机决策通常既非例行活动，又不经常出现，而是一次性的非例行的决策活动。

表 4－4 中，“④非常规危机决策”其实是典型的危机决策，“①常规平常决策”则是常规决策的典型形态。它们面临着各不相同的决策问题，处于不同的决策环境，因此它们在价值取向、约束条件、程序规范及决策后果等方面都存在巨大的差异，表 4－5 罗列了两者的典型特征对比。

表 4－5　政府组织的危机决策和常规决策的典型特征对比

内容		类型	
		常规决策	危机决策
目标取向		解决一些常见的公共问题，实现公共利益	迅速控制危机事态的蔓延； 保护民众的生命和财产等安全
约束条件	时间	时间充足，反复决策	时间急迫，即时决策
	信息	信息比较完全：经过详细分析获得全面而深刻的信息	信息有限（信息不完全；信息不及时；信息不准确）
	人力	丰富：经由日常的培训、训练、教育等措施提高决策者的素质	缺乏：决策者自身素质和专业技术都严重匮乏
	技术	技术手段比较成熟，能基本实现自动化	危机发生后，一般的专业技术及设备往往会失灵，特别需要一些高精尖的技术及设备
决策程序		民主科学决策：遵循特定的例行程序和标准化的操作规程；决策权力分散，经民主协商定夺最后方案	快速决策：决策权力高度集中，决策者主要依靠自己的智慧和胆略审时度势，相机决断，同时也需要聘请相关专家介入决策过程
决策效果		可控、可调、可预期（局部试验和大规模修正；预测和监控执行过程）	模糊决策和非预期决策，结果往往很难预料，风险极大

危机决策一般是一种特殊类型的决策，具有显而易见的不可逆转性，它要求在相当有限的时间里和在相当有限资源的约束下做出重大决策与快速反应。一般而言，危机决策需要具备三个要素：第一，决策问题的发生、发展具有突然性、急剧性，需要决策者当机立断；第二，可供决策者利用的时间和信息等资源非常有限；第三，事态的发展危及决策单位、决策者的根本利益，并且决策的后果很难预料。

危机决策和常规决策之间的互动关系主要表现为以下两个方面：其一，危机决策这种非例行活动的根源在于日常程序化的常规决策的具体运作的效果。危机决策中所涉及的很多社会危机性突发事件往往是由常规决策中的不公正、不民主、不及时等对社会及公众的潜在影响造成的。其二，危机决策可以完善常规决策，常规决策中的制度构建也必须从危机事件以及危机决策过程中吸取经验与教训。因此，在日常的公共决策中，应以常规决策为主，以危机决策为辅；要采取科学民主的决策方式，以在源头上降低危机事件发生的可能性；要在非常规危机决策中制定行之有效、有的放矢的危机应对计划，并及时总结，以修正和调整常规决策，做到标本兼治。

总体而言，我们应该在总结各类危机决策经验和教训的基础上逐步在危机决策体制下建立一些规范而灵活的危机决策流程与机制，尤其要为一些特别决策程序预先留下制度上的弹性空间，以便提高危机决策的效率与效力，提高公共管理的水平。目前我国正处于全面建设社会主义现代化国家新征程的关键时期，经常面临一系列国内外突发紧急性危机事件的冲击，如俄乌冲突、经济下滑等，这些都会对我们的公共决策特别是危机决策的体系和能力构成严峻的挑战。经过这么多危机决策的考验，只要认真总结经验和教训，我们的危机决策与常规决策的体系和能力就一定会不断地得以完善和提高。

第三节　公共政策工具

政策工具在政策不同阶段都发挥重要作用，不仅对于政策执行过程及结果具有至关重要的意义和作用，而且在政策设计、政策抉择和政策合法化的过程中也是要注重考量的因素。为了实现政策目标，在政策设计和规划阶段，公共管理者必须研究需要以什么样的方法和手段来执行政策。没有政策工具，政策就是“一句空话”。

一、政策工具的概念

政策工具的概念

20 世纪 80 年代，政策工具开始成为一个重要的学术概念。英国学者胡德 1983 年出版的《政府工具》及彼得斯和尼斯潘 1998 年出版的学术论文集《公共政策工具》，比较全面和突出地反映了当时政策工具研究的进展。

政策工具（Policy Instruments or Tools）或被称为“政府的工具”（Tools of Government）、“治理工具”（Governing Instruments）。公共政策学者大多侧重于从手段与目标实现的关系上去界定。

胡德认为，“行政工具（Administrative Tool）即政策工具，就是把政策目标转化为具体政策行动的机制，包括节点（Nodality，指社会网络或信息交互运作的中心）、权威（指官方的命令、要求、禁止、保证或裁判）、财政、组织等工具”。豪利特等将政策工具界定为“政府执行公共政策目标时可以使用的技术”；艾尔莫尔则界定为“一种为达到目的而对手段所做的权威性选择”；萨拉蒙和龙德认为政策工具是“政府为追求目标所使用的方法”；林德尔和彼得斯指出，基本上，每一种政策工具都含有“达到政策目标的不同机制”；陈庆云主编的《公共政策分析》认为政策工具是实现政策目标的手段。

综上所述，我们认为，政策工具是指旨在实现一定政策目标而采取的各种措施、机制、行动，以及资源调控等手段，既包括在政策制定阶段决策者针对政策目标配置的政策手段，也包括在政策执行阶段执行者采取的超出政策方案的政策手段。政策制定者和执行者在主观上认定这些工具将对政策目标的实现发挥作用，然而这些工具所起到的实际作用未必与主观认定相一致。

二、政策工具的分类

政策工具的分类

在国内外政策工具的研究中，如何合理划分工具类型一直是重要的基础性研究议题。由于分类标准不一，目前学术界对政策工具并没有一个统一的分类，不同学者对政策工具的分类也不尽相同。

在国外学者的分类中，加拿大学者豪利特与澳大利亚学者拉米什共同提出的“自愿、混合、强制”三分法最具有代表性，如图 4－2 所示。这一分类的标准是“政府提供物品和服务的水平”，基于这个分类标准，我们可以将不同的政策工具置于一条以完全自愿（提供）和完全强制（提供）为两端的轴上。绝对自愿（提供物品和服务）的政策工具几乎是不存在的，完全强制（提供物品和服务）的工具则没有留给私人任何回旋余地。在这两种极端情况之间，按照政府或公众参与程度的高低，依次排列出不同的政策工具。

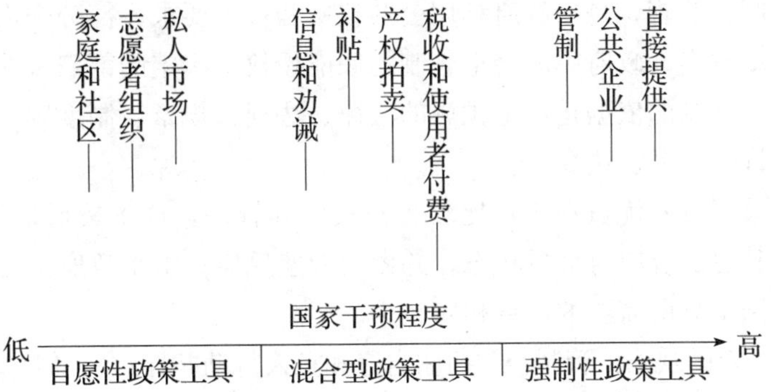

图 4-2　豪利特和拉米什提出的政策工具图谱

此外，一些国外学者也提出了两分类、三分类及多分类的政策工具，对于理解政策工具类型具有一定的启发性。部分国外学者关于政策工具的分类观点如表 4-6 所示。

表 4-6　部分国外学者关于政策工具的分类观点

研究者	分类标准	分类
科臣		整理出 64 种一般化的工具，但并未加以系统化的分类
罗威、达尔和林德布洛姆	工具的强制性程度	强制性工具和非强制性工具
萨拉蒙	支出状况	开支性工具和非开支性工具
胡德	工具使用的资源	信息、权威、财力和可利用的正式组织
麦克唐纳尔和艾莫尔	政策目标	命令性工具、激励性工具、能力建设工具和系统变化工具
施奈德和英格拉姆	政策目标	激励、能力建设、符号和规劝、学习
戴维·奥斯本	工具出现的时间	传统类工具、创新性工具、先锋派类工具
萨瓦斯	排他、消费两个维度	政府服务、政府间协议、契约、特许经营、补助、凭单制、市场、自我服务、用户付费、志愿服务
狄龙	工具特性	监管工具和财政工具、信息转移工具
乔丹、乌泽尔和济托	工具特性	强制性工具、市场工具、信息装置、志愿协议

资料来源：陈振明．公共政策分析教程［M］．北京：中国城市出版社，2004.

总的来看，学术界对政策工具分类的研究较为丰富，总体上以列举式分类提出不同政策工具类型。我们将政策工具划分为行政型工具、市场型工具、社会型工具和混合型工具四种主要类型。需要指出的是，这些工具类型并不能严格限定不同工具之间的边界，并且一些工具类型在内涵上也较为丰富，如税收，既可以从“混合型工具”得到解释，也可以视作“市场型工具”的一个具体类型。此外，绝大多数政策工具在一定程度上是可以被替代的。在不同的政策环境下，不同政策工具在效果、公平程度和影响力等方面的特征都会影响工具选择的复杂程度。

（一）行政型工具

行政型工具是指借助政府的权威和强制力对目标群体进行控制和指导，迫使目标群体采取或不采取某种行为，由此来执行公共政策，解决社会公共问题。具体包括管制、公共企业和直接提供等形式。

1. 管制

管制又称规制、监管，是指政府利用公共权威和权力要求一部分个人或机构履行一定行为的程序和行动方案。政府一般会把管制的职能授权给一定的部门来执行，通过全过程监管来贯彻规则。管制的依据是特定领域的法律、法规、规章、制度等，管制的形式包括规则、标准、特许、禁令、法令等。

管制作为政策工具的优点在于：比较容易实施和管理，成本较低，效果具有直接性；管制的明确性使其更适合应对危机状态，并做出快速反应；由于政府不必弄清楚政策对象的偏好，因此管制工具所需要的信息相对较少。

管制也存在一定的缺陷：管制经常扭曲自愿和私人行动并导致经济效率低；管制有时会遏制创新和技术进步；管制往往缺乏灵活性，不允许随机应变，导致管制结果与政策目标相左；管制容易滋生腐败，导致解决问题的实际成本提高，也常常难以有效改变实际情况。

2. 公共企业

公共企业又被称为国有企业，通常被认为是政府管制的一种形式。公共企业一般具备三大特征：公共企业需要具备一定的公共所有权，公共所有权的比重高于50%；公共企业需要接受政府管控；公共企业的产品是用来销售的，但在一定程度上，公共企业承担着一定的社会职能，并不完全以获取利润为主要目的。

作为政策工具的公共企业，为政府提供了不少便利之处。首先，当私人企业不能提供社会所需的某类物品时，公共企业是一个很有效率的政策工具。其次，在许多情况下，建立公共企业所需的信息成本相对较低。再次，公共企业可能会在管理上简化程序，避免使用规制情境下烦琐程序带来的低效率。最后，公共企业创造的利润可以充实公共基金，并用来支付公共支出，提供其他公共产品和服务。

公共企业作为政策工具的不足之处包括以下方面：由于信息不对称，公共企业的管理者可能采取手段来规避政府对公共企业的控制；由于公共企业拥有国家财政投入的支持，破产倒闭的风险较低，可能影响企业经营效率，从而导致企业处于低效率运行状态；许多公共企业具有垄断地位，进而将低效经营的成本转嫁到消费者身上，降低资源利用和分配的效率。

3. 直接提供

所谓直接提供，是指政府运用公共权力直接为社会提供公共产品和服务。政府的许多职能都是通过直接提供的形式来完成的，比如国防、外交、公共安全和基础教育等。

直接提供作为政策工具的优点在于：信息成本低，直接提供政策易于建立；直接提供可以集中资源、技术和信息，集中力量办大事；直接提供能够降低协商、讨论、谈判产生的信息成本、沟通成本等交易成本。

直接提供的缺点也较为明显：政府直接提供比较注重规则和程序，难以灵活满足公众的需求；直接提供受政治影响较大，对政治的重视会导致相关部门忽略服务质量；政府的垄断地位导致其在进行公共服务直接提供时缺乏竞争，成本意识不足，而浪费的资源和成本最终由纳税人承担。

(二) 市场型工具

市场型工具是指政府用经济利益诱导目标群体的行为，以达到解决公共问题、实现政策目标的方式。市场型工具允许政府将最终决定权留给私人部门的同时，可以不同程度地介入非政府部门的决策。市场型工具主要有补贴、产权拍卖、税收和使用者付费四种类型。

1. 补贴

补贴是指政府对个人、企业或其他社会组织进行的各种形式的财政转移形式，目的是促使受资助者采取政府期望的行为。补贴形式有津贴、票证、信贷优惠等。

补贴的优越性在于：易于确立并加以实施；能够鼓励创新；管理和执行补贴政策的成本相对较低；对于管理者而言，是一种灵活的政策工具。补贴作为政策工具的缺点在于：补贴工具中除了税收激励之外，其余形式均需要财政资金作为支撑，势必会挤占政府的财政资源；补贴是间接地发挥作用，其实现政策目标的过程相对滞后，不是处理危机的合适工具；补贴往往因为过多而导致失效，具有很大的不公平性；确定适当的补贴标准难度较大，所需信息多，成本较高。

2. 产权拍卖

产权拍卖是产权拥有者通过拍卖形式使产权由拥有者向需要者转移的一种产权交易形式。政府通过产权拍卖在原先不存在市场的公共物品和服务领域建立市场，对特定的资源确立一定数量的可交易产权，创造出人为的稀缺，并让价格机制发挥作用。

产权拍卖的优点是易于操作、比较灵活，引入竞争机制可以提高资源配置效率。产权拍卖的缺点在于助长了投机行为和心理；基于购买力来分配资源，而不是按照需要来分配资源，存在一定程度的不公平。

3. 税收和使用者付费

税收是法定的个人或企业依法向政府进行的强制性支付，通常是增加政府财政资源的重要形式。通过对目标群体实施不同的税收，可以改变目标群体决策时的成本-收益考量，进而鼓励或限制目标群体的行为。使用者付费则是政府对某一类物品、服务或行为收费，使得市场主体重新考虑成本-收益，从而间接地限制此类消费和行为。

税收和使用者付费的优越性在于：易于实施；促进市场主体主动创新，以寻求更加廉价的替代方案；具有一定的灵活性，政府可以不断调整用户付费水平或税率；将责任留给目标群体，减少政府的执行任务。

税收和使用者付费的缺陷在于：政府需要大量信息来确定引发预期行为的税率和收费额；在面临危机需要快速反应的时候，税收和使用者付费的政策效果并不好，同时依赖于私人决策，不适用于安排计划；执行起来并不方便，并且可能导致管理成本过高；在确定最优标准的过程中，可能会导致资源错配。

(三) 社会型工具

社会型工具是指在很少受到政府影响的条件下，各种政策目标是在自愿的基础上完成的。社会型工具是公共政策的重要补充，成本相对较低，能够很好地适应多种社会环境下的政策执行与社会治理。社会型工具主要包括家庭和社区、志愿者组织和私人市场等类型。

1. 家庭和社区

在当代社会关系中，家人、邻居和朋友扮演着重要的身份角色，提供了大量物品和服务。政府通常采取间接手段，通过减少政府直接供给服务来促进家庭和社区发挥补充与调节的作用，也可以利用直接手段来扩大家庭和社区的影响范围。

将家庭和社区作为一种政策工具的优势在于：降低政府财政支出；容易获得社会上广泛的政治支持。这种政策工具的不足在于：在应对复杂社会经济问题时无能为力；缺乏整体意义上的规模效应，经常作为辅助工具出现；由于生活水平不均等，由家庭和社区提供服务会在一定程度上产生不公平。

2. 志愿者组织

志愿者组织是公众自发组织起来的、不计报酬的非营利性社会组织形式，通常具有一定的组织架构和治理过程。志愿者组织在解决公共问题，如在保护环境、参与救灾抢险、医疗卫生资源筹集等方面，发挥了重要作用。

志愿者组织作为一种政策工具的优势在于：节约政府公共支出的成本；具有灵活性和迅速反应能力；能够推进社会团结，有序地扩大政治参与；能为公众提供实践机会。但是，志愿者组织也存在“志愿失灵”的风险：志愿者组织的参与范围有限；有些志愿者组织演变为准官僚机构，对政府资源具有高度依赖性，降低了效能和效益；志愿者组织单纯依靠自愿筹集资金，难以稳定获取各类资源；服务对象局限于特定人群，导致志愿服务具有一定的狭隘性；因缺少优秀的专业人才而制约其服务能力。

3. 私人市场

私人市场是消费者用有限资金购买最多物品和服务、生产者追求利润最大化的场所，双方的互动结果是市场提供了双赢的局面。

私人市场作为政策工具的优势表现在：专业分工和规模效益能够促进效率；是资源配置的有效工具；在竞争条件下能够以较低价格为社会供给物品和服务。私人市场的不足在于：不适合提供公共物品，如国防；仅仅满足有购买能力的部分人的需要，造成社会不公平，甚至拉大贫富差距。

(四) 混合型工具

混合型工具是既存在政府不同程度介入公共政策过程，又赋予了市场、社会主体一定的行动空间的政策工具类型。它的优势在于动用的资源少，较为灵活，管理具有弹性，适用于提升资源配置的效率。混合型政策工具包括信息工具和合作生产等类型。

1. 信息工具

信息工具是政府要求市场和社会主体发布与传递某些特定信息，希望相关主体依据信息做出决策和行动。信息工具往往体现在政府要求的信息披露、信息发布等，主要通过信息传递来解决一些信息不对称的问题。因此，信息工具不同于一般的政府信息公开的地方在于，信息工具是政府为实现政策目标而选择性地发布或要求企业和社会主体披露各类信息的政策工具。例如，在香烟包装盒上，政府要求企业必须标注“吸烟有害健康”的警示语。这是信息工具的一种应用方式。因此，信息工具既具有政府行政型工具的特点，也具有市场型工具的特征。

信息工具的优点在于：容易使用且较为稳定，能够在一定程度上解决市场中的信息不对称的问题，促进公平交易和交易主体自律；在人力、物力、财力等方面的消耗较低；利于推动社会治理体系和平台的完善。信息工具的缺陷在于：在采取紧急措施时，信息工具缺少强制性，效果易受到影响；信息工具的生效过程缓慢，人们常常因习惯和知识等限制而忽视这些信息；依赖于其他政策工具的配合使用。

2. 合作生产

合作生产是指政府与市场主体或社会主体合作，共同推进公共服务供给。合作生产意味着政府允许多市场主体进入公共服务供给过程，共同为公共服务质量提升做出贡献。

作为一种政策工具，合作生产的优点有："一是为政府提供公共服务节约开支、减少风险；二是在公共服务供给过程中获得并提升合法性；三是改善公共服务供给方式的灵活性。"① 合作生产也存在不足之处：一是限于政府与市场主体或社会主体的合作能力和合作网络，合作生产难以发挥效能；二是不适用于公共信息不对称的合作环境，容易出现合作失败；三是多部门主体合作过程中的道德风险难以约束。

三、政策工具在政策过程中的应用

在公共政策过程中，政策工具的选择不但关系到政策方案的科学性、合理性和可行性，而且影响实际政策的执行效果，对政策目标的有效实现具有重要影响。因此，正确地选择并配置政策工具是公共政策研究的重要问题。在这一部分，我们主要讨论政策工具选择的意义和影响政策工具选择的因素。

（一）政策工具选择的意义

政策工具选择的意义主要集中在以下几个方面。

1. 政策工具的选择是政策过程的重要环节

有学者认为，政策工具的选择发生于政策制定阶段。例如张世贤认为，政策工具的选择是"政策设计与政策执行间的联结，唯有透过工具的使用，才能执行政策以达成目标"。林水波认为，"政策工具为政策设计时所要考量的重要因素之一，选择之适当与否攸关政策之实质成效"。也有学者认为工具选择发生于政策执行中。例如陈振明认为，"政策目标主要是在政策制定阶段确立的，因此政策工具选择主要发生在政策执行阶段，在政策执行中占据重要地位，政策执行本身就是政策选择的过程"。

一方面，政策工具的选择是政策制定阶段的重要内容。对于政策规划者来说，拟制政策方案的基础性工作就是为既定政策目标选择适当的政策工具。在政策抉择的过程中，政策方案之间的竞争主要是政策工具对于实现政策目标的可行性和有效性的竞争。另一方面，在政策执行环节，政策工具的选择也是至关重要的。在政策合法化并予以宣示之后，在政策执行过程中还存在着政策工具的调整或者政策工具的再选择、再设定的问题。当政策工具的选择有偏差，难以达到预期效果时，公共政策执行者应当在政策执行过程中加以调整。因此可以认为，政策工具的选择贯穿政策制定和政策执行的过程，是政策过程的重要环节。

2. 政策工具的选择与应用是实现政策目标的途径和保障

政策工具的选择对于政策目标的实现具有至关重要的意义。政府为了实现特定的政策

---

① Michael Howlett，Anka Kekez，et al. Understanding co-production as a policy tool：integrating new public governance and comparative policy theory [J]. Journal of Comparative Policy Analysis：Research and Practice，2017，19 (5)：487 - 501.

目标，需要结合当前政策环境，设计和选择政策方案，并予以执行。在这个过程中，必须要以政策工具为媒介，对用以实现政策目标的各种资源进行系统配置和有效利用，采取政府执行方便、公众乐于接受、兼顾社会公平和效率的政策工具。

3. 政策工具的选择是政策效果的重要影响因素

政策及政策过程本身是为了实现特定目标而进行的一系列行为，在这个过程中，政策工具的选择是影响政策效果的重要因素，甚至是决定政策能否成功的关键。一个政策能否成功，需要重点关注的是政策目标是否实现，政策目标实现后是否能引发良好的社会反馈，这都与政策工具的选择密切相关，只有正确、合理地选择和配置政策工具，才能引导政策朝着积极、成功的方向运行。无论一个政策的目标多么美好，如果不能够采用合理的政策工具，那么政策也难以落地生根，难以获得良好的效果。因此，政策工具的选择是关系到政策目标能否成功实现的关键因素，政策工具的选择是政策效果的重要影响因素。

（二）影响政策工具选择的因素

公共政策学者大都认识到，政策工具的选择必须随政策问题、政策目标的变化而变化，即使以相同的政策目标解决相同的政策问题，政策工具的选择也必须考量其他影响因素，这些因素有显性的也有隐性的，有结构性的也有非结构性的。那么，具体而言，影响政策工具选择的重要因素有哪些呢？

影响政策工具选择的因素

1. 政策环境

政策环境是包括政治、经济、文化、教育、科技等各种因素的综合体，政策环境对政策工具选择的影响是直接且深远的。公共问题的复杂性和流动性，以及政策环境的波动和变化，导致一成不变的政策工具难以完全发挥效果，政策工具的选择也充满了不确定性，因此必须充分结合政策环境，因地制宜地选择和调整政策工具。

（1）经济社会发展水平。国家和地区所处的经济社会发展水平等政策环境因素将直接影响政策工具的选择。例如在我国，需要在充分考虑不同地区经济发展水平和发展状况的基础上选择相应的政策工具，才能保障其发挥效用。

（2）社会文化、政治制度和法律体系的差别。不同的社会文化、政治制度及法律体系对于政策工具选择具有重要影响。在一些资本主义国家体制中，政策工具的选择会迎合公民的投票意向，甚至以赢得选举为唯一考量。政策工具的选择往往是各权力机构之间，以及各主要政党和相关利益集团之间反复博弈的过程。在我国社会主义体制中，政策目标本质上是为了服务和满足广大人民的利益。良性的政策执行离不开公民义务感，公民义务感通过公民积极配合的表现形式提高了政策工具选择模式的稳定性。这些政治体制影响政策工具选择的不同情况，说明社会、政治制度决定了社会、政治发展目标，从而决定了政府的政策目标，并进而规范了政策工具的效用目标，而效用目标是选择和配置政策工具的根本标准，脱离了各国具体的制度环境就无法对政策工具及其效用进行考察和衡量。

（3）社会团体发达的程度。在社会团体组织程度高、比较活跃的社会里，公共权力机关在选择政策工具时，政府与社会团体之间的互动相对频繁，社会团体组织将社会群体利益进行整合并在政策制定和执行过程中予以表达，从而影响到政策工具的选择。相反，在社会团体不发达、活动空间小的社会里，公共权力机关则能够在政策工具的选择中稳居主导地位。

2. 政策目标

政策目标即政策所要解决的问题和要达到的效果，而政策工具是实现政策目标的途径。首先，政策目标指示了政策工具的选择和方向，规定了政策工具与政策目标之间服务与被服务、服从与被服从的关系。其次，政策目标的多重性会影响政策工具的选择，当多重政策目标被确立，在进行政策选择时也需要以多元理性为基础，明确政策目标的构成，实现对政策目标的有机整合，才能提高政策工具选择的科学性和有效性。当政策只有单一目标时，政策工具的选择也会变得简单。最后，政策目标的变化也会直接带来政策工具选择的变化，当政策目标随着政策执行过程演进和变化时，政策工具选择也要做出相应的转变。

3. 政策主体

政策主体，特别是直接主体，对政策工具的选择起决定性的作用。政府的能力表达与政策工具的选择存在一定的关系。政策的直接主体，不管是政府机构还是领导者个人，其选择行为是受其自身的一系列主观和客观条件制约的，这些条件主要有以下几点：

（1）主观偏好。在政策工具选择的过程中，政策主体或隐或现地表现出自身的主观偏好，这种偏好源于他们的价值观、政治文化（如政党认同）、意识形态信仰（如自由主义者倾向于选择市场工具）和利益相关性。主观偏好使选择者先验地认定某种类型的政策工具是实现政策目标的最适当、最有效的工具。

（2）政党理念。对于执政党来说，政党的理念和运作方式也会影响政府的政策工具选择。由于在当代世界各主要政治体制中执政党的执政方式不同，因此执政党影响政策工具选择的方式和力度也就大不相同。

（3）国家或政府能力。国家或政府能力指的是国家或政府影响社会行为者的能力、有效统辖和治理的能力、动员和配置社会资源的能力。国家或政府能力限定政策工具选择的幅度和范围，当政府解决问题的能力不足时，就极有可能委托社会或私人采取行动，来执行原本应由政府来履行的责任；当政府所掌握的资源非常丰富时，便较有可能由政府直接提供资金、物资和服务来实现政策目标。

（4）政策工具选择的实践和经验。当政府已经习惯选择某一类政策工具去解决政策问题时，它对这一类工具的使用得心应手、驾轻就熟，因此不愿意尝试选择其他类型的政策工具，即使新的政策工具可能更便捷、更有成效。同时，政策工具选择的现实效果，也会成为未来工具选择的重要参考。

4. 政策客体

政策客体是政策发挥作用的对象，即政策的目标人群，不同层面的政策所涉及的政策客体也是不同的。政策客体对政策工具选择的影响体现在多个方面：一是政策客体的利益和观念影响政策工具选择。政策目标人群更倾向于接受和配合对自己及所在团体有利的政策工具，而对于对自己不利的政策工具，政策客体会采取不配合甚至阻碍的方式，由此对工具选择产生一定影响。二是大部分政策客体更愿意接受相对缓和的、渐进式的政策工具，而对直接的、强烈的、快速改变利益格局的政策工具则持有抵制情绪，这也是工具选择需要考虑的因素。三是政策客体的社会结构特征影响政策工具选择。如果目标人群因民族、语言、宗教信仰、地域等因素造成社会分裂程度高，那么需谨慎选择政策工具，尤其要注重政策工具的差异性和公平性。

5. 政策问题的特征

选择政策工具的目的在于按照既定的目标解决政策问题。政策工具的适当性和有效性必须视政策问题而定。至少在以下三个方面，政策问题对政策工具的选择有着极为重要的影响：

（1）政策问题的性质。政策问题的性质限定了政策工具选择的基本范围。处理敌我矛盾的方法不同于处理人民内部矛盾的方法，对刑事犯罪问题的侦讯和审判不同于对民事纠纷的调解和审理，打击恐怖主义活动的方法不能用来处理偶发的非暴力群体事件，如此等等，都说明政策工具的选择必须把分析和判断问题的性质作为出发点。

（2）政策问题的严重性和复杂性。许多政策问题既不严重也不复杂，政府在日常的行政管理活动中使用一般的政策工具就可以解决。有些政策问题具有严重性但并不那么复杂，例如台风袭击、洪水泛滥、泥石流或矿难等，政府必须紧急动员和调配人力、物力、财力资源，使问题尽快得到处置，减少损失。在这种情况下，政策工具的选择就具有非常规性。有些政策问题既具有严重性也具有特殊的复杂性，需要确定若干相互关联的政策目标依次解决，或者需要与其他若干政策问题捆绑在一起来寻求解决之道。在这种情况下，政策工具的选择就应该采取“政策组合”的策略。

（3）政策问题的紧迫性。任何政策问题都有“时间约束”。那些政府必须紧急处理的“突发事件”，具有特别的紧迫性，因此在政策工具的选择上必须有特别的思路和安排，择定的政策工具一经使用，必须在限定的时间内立见成效。相反，若政策问题不紧急，就可以选择放松时间约束的做法作为解决政策问题的工具。

6. 政策工具的特性

每种政策工具都具有一定的特征和优缺点，都有适用的范围和条件，在实际选择和应用中需要综合考虑。政策工具在操作便利性、相关成本、干预程度、失效的可能性等方面都存在一定的差异。因此，选择政策工具时，应考虑不同政策工具的优势和弊端，并考虑政策工具的组合使用。以我国环境政策工具为例，我国环境治理广泛采用行政型工具。环境资源具有公共产品的属性，一般认为政府直接提供公共产品具有更高的效率，能够克服环境的外部效应。同时行政型工具具有直接性、强制性，更容易实施和管理。然而，由于信息不对称导致政策监督成本高，并且与污染企业或地区的利益存在较大的矛盾冲突，从而降低了行政型工具的有效性。而市场型工具注重管理行为的成本与收益分析，充分利用市场机制，让市场主体通过经济激励而自主选择有利于环境治理的企业行为。例如排污权交易具有经济诱因，可以提高企业配合意愿，并有利于降低污染治理的社会总成本。但市场型工具也容易因为过度强调经济理性而削弱企业的环保自觉性。因此，在进行政策工具选择时，只有充分考虑工具特性及优缺点，才能使政策执行事半功倍。

7. 政策工具选择的国际借鉴

政策工具具有鲜明而强烈的制度属性，决策者要基于各自的制度环境去选择和配置政策工具，使之对政策目标的实现产生最大的政策效力，不同的国家之间可以相互借鉴成功的经验。但即使在市场经济这一共同前提下，政策工具也会因国家间不同的文化和意识形态的差异而有所不同，不可能具有超脱国家制度而具有应用层面的普遍适用性。因此，不能对他国政策工具盲目照搬或简单地功利性移植。

第四节　公共政策方案规划与抉择的中国实践与经验

一、公共政策方案规划与抉择的中国实践

公共政策方案规划与抉择的中国实践与经验

政策方案规划和抉择是公共政策制定与执行的重要环节。受国家政治体制、政治文化及现代化水平等因素影响，不同国家政策方案规划和抉择过程具有不同特点。随着我国经济、社会和政治的发展，公共政策对于国家的影响也越来越重要。我国公共政策的成功实践对我国社会经济现代化的快速发展及人民生活水平的不断提高起到巨大作用。政策方案规划和抉择的中国实践具有以下特征。

（一）政策方案规划与抉择的制度化和法治化水平不断提高

中国特色的社会主义政治体制经过不断的探索和发展，在国家政治制度的制度化水平方面不断提高，政治制度的结构和功能不断得以调整和优化。我国宪法、人民代表大会制度、中国共产党领导的多党合作和政治协商制度、民族区域自治制度，以及基层群众自治制度的不断完善，从根本上提高了公共政策制定的制度化和法治化水平。尤其是随着我国法治国家建设的发展，公共政策方案规划和抉择的法治化程度显著提高。2014 年 10 月，中国共产党第十八届中央委员会第四次全体会议通过的《关于全面推进依法治国若干重大问题的决定》明确提出全面推进依法治国的总目标，要进一步完善立法体制，深入推进科学立法、民主立法，健全依法决策机制。公众参与、专家论证、风险评估、合法性审查、集体讨论决定等被确定为重大行政决策法定程序，从而确保决策制度科学、程序正当、过程公开、责任明确。

（二）政策方案规划与抉择过程和结果的科学性不断提高

我国在长期的公共决策实践中探索出了各种符合中国国情并有中国特色的政策决策机制、方法和过程，保证了公共决策过程和结果的质量与科学性。我国公共政策从根本上反映了广大人民群众的利益，这是我国决策的价值基础。正是在这种价值基础上，我国公共政策方案的规划和抉择最大程度上保障了公共政策的公平性，从而为公共政策的科学性确立根本性的标准，这也是我国公共政策方案规划与抉择不同于其他国家的重要之处。首先，我国政策方案规划和抉择采取民主集中制的决策方法。决策过程体现出一切从实际出发，从群众中来，到群众中去，从客观到主观，从实践到认识，从个别到一般的循环往复的特点，呈现出具有“上下来去”[①] 的过程特征。其次，科学的决策方式方法在决策中不断得到应用，充分重视专家学者在决策中的作用。大数据、仿真模拟等新的科学手段也在

① 宁骚．中国公共政策为什么成功?：基于中国经验的政策过程模型构建与阐释 [J]．新视野，2012 (1)：17－23.

政策方案规划和抉择中发挥了日益重要的作用。最后，政策方案规划和抉择过程更加透明，注重公众参与。听证、协商等创新制度能够保证充分听取社会各种意见和建议，不断完善政策方案，有利于提高政策方案规划和抉择的科学性。

（三）中国共产党在政策方案规划和抉择中发挥全面领导作用，民主集中制水平得到不断提高

中国共产党是中国特色社会主义事业的领导核心，在公共政策方案规划和抉择中发挥了全面领导的作用。一方面，党的重大方针、路线和政策本身就是国家最重要的公共政策；另一方面，国家政策制定以党提出的政策原则为依据。政策方案规划和抉择过程充分发挥了民主集中制的作用，既充分考虑群众的意见，从群众中来，到群众中去，也在民主的基础上不断集中意见，形成符合广大人民利益的政策方案。随着社会发展，我国不断完善多种形式的公众诉求表达和参与渠道，构建公众参与的有效路径，不断推动信息公开，政策方案规划和抉择的民主化程度不断提高。

二、公共政策方案规划与抉择的中国经验

长期以来，我们党和政府在公共政策制定，尤其是在政策方案规划与抉择方面积累了大量的宝贵经验。这些成功经验是我们党和政府制定的公共政策之所以成功的重要保障。

（一）坚持中国共产党对政策制定及其过程的领导

中国共产党领导全国各族人民，经过长期的革命斗争，取得了新民主主义革命的胜利，建立了新中国。在中国革命和中国特色社会主义建设中，中国共产党代表了我国最广大人民的利益，习近平总书记指出："中国共产党坚持马克思主义基本原理，坚持实事求是，从中国实际出发，洞察时代大势，把握历史主动，进行艰辛探索，不断推进马克思主义中国化时代化，指导中国人民不断推进伟大社会革命。"① 因此，坚持党对政策制定的全面领导，从国家战略方向及具体政策等方面都代表和维护我国最广大人民的利益，从而使公共政策能够公平、公正和科学地指导和推动中国特色社会主义建设。

（二）坚持政策方案基本价值的公正性与人民性

公共政策是国家意志的具体体现，是对社会价值和公共利益进行的权威性分配，任何具体的政策制定都离不开基本的价值目标指导。而不同国家对基本价值或者说对一个社会的公正性存在根本性的差异。中国特色社会主义的国家性质决定了我国公共政策代表最广大人民的共同利益，是最广大人民利益的生动体现。一些具体政策在坚持社会公正性和人民性的基础上，发挥着调整人民内部不同利益的重要作用，寻求不同利益群体的人民群众利益的最大公约数。坚持公正性和人民性就是坚持中国特色社会主义国家性质，坚持人民是国家的主人，坚持国家和社会发展是依靠人民和为了人民。因此，始终坚持公共政策的公正性和人民性，是我国政策能够取得成功的重要因素。

（三）坚持政策规划方法的科学性与试验性

政策制定的科学化是公共政策研究的重要问题。我国不断从机制、方法和程序等方面推动公共政策制定的科学化。民主集中制、广泛深入的调研、从群众中来到群众中

① 习近平．在庆祝中国共产党成立100周年大会上的讲话［N］．人民日报，2021-07-02.

去、专家咨询等方法是我国在长期政治实践中积累的优良传统，对于政策规划的科学化发挥了重要作用。在新的历史时期，政府应当继续坚持和发扬这些优良传统，同时在推进政策方案规划的科学性方面，政府应当进一步完善先进科学手段在政策规划及政策评估中的应用，要更加尊重自然规律、经济规律和社会规律。同时，我们认识到政策规划的科学化并不是一个简单可控的过程，而是处在复杂并不断变动的社会条件下。政策主体与政策客体之间往复不断的互动也加剧了政策制定的复杂性。因此，政策制定的科学性始终是公共政策面临的重大考验。为了降低政策风险，我国在实践过程中经常使用"试点"的方式，坚持不断尝试和试验，从而保证公共政策能够更加科学并符合我国的实际情况。

(四) 坚持政策规划过程的民主性与协商性

我国公共政策规划的过程同时是政策方案的民主协商过程，是中国特色社会主义民主的重要体现。坚持政策规划过程的民主性是在坚持民主集中制基础上，充分发挥各机构、各主体及公众的作用，充分吸收社会各种意见和建议，最终形成政策规划的过程。民主决策是中国特色社会主义民主的重要组成部分和重要体现，也是我国公共政策规划的优势所在。坚持政策规划过程的民主性和协商性，一是要坚持和完善中国共产党的党内民主协商机制；二是要坚持和完善人民代表大会制度和共产党领导的多党合作与政治协商制度；三是坚持和完善政府公共政策制定中的民主协商机制，加强决策公开、民主听证等制度；四是坚持和完善民众的参与机制，充分听取不同公众的意见和利益诉求等。

本章小结

政策目标是有关公共组织特别是政府为了解决有关政策问题而采取的行动所要达到的目的、指标和效果，具有问题的针对性、未来的预期性和目的的多元性等特征。按照不同的划分标准可以分为不同的类型，如长远政策目标和近期政策目标、国内政策目标和对外政策目标等，都指向公平、效率、自由和安全的价值追求。确定政策目标不仅为制定政策方案提供方向性指导，而且为政策方案的规划和执行提供核心的评估标准。在确定政策目标时，要遵循实事求是、面向未来、系统协调、明确具体和伦理考量的原则。

政策规划是指在建立有关政策议程后，为了实现一定的政策目标，公共权力机关组织力量草拟政策方案与行动步骤的过程。这一过程要坚持紧扣政策目标、规划多重方案，方案彼此独立、有创新、切实可行等原则。政策规划需要有理论上的参考框架以促进对政策问题的分析、政策方案的拟定和评估，如韦默和维宁的政策分析框架、帕顿与沙维奇的政策分析框架等。此外，政策规划过程中的政策学习和政策移植也需要予以关注，并对政策方案进行预测性评估和可行性评估。

公共政策的抉择，就是由公共政策的制定者根据政策规划建议和要考量的相关事项，按照一定的决策制度和程序规定，对解决有关政策问题的行动方案做出决定性选择的过程。国家元首、行政首长、民意代表、法官等抉择主体坚持始终从国情出发、尊重科学分析的价值、考虑各方利益的平衡、发挥决策者的能动作用、遵循有关程序规定的原则，经过政策论证、政策审议环节，沟通讨论，最终实现政策采纳。

为了实现政策目标，在政策设计和规划阶段，公共管理者必须研究需要以什么样的方法和手段来执行政策，包括行政型工具、市场型工具、社会型工具和混合型工具。政策工具选择具有重要意义，要结合政策环境、政策目标、政策主客体、政策问题的特征和政策工具的特性、政策工具选择的国际借鉴等进行合理选择。

思考与练习

1. 公共政策基本目标有哪些？如何理解公平与效率、自由与安全之间的关系？

2. 公共政策规划与设计的主要联系与区别是什么？公共政策规划的原则主要有哪些？

3. 公共政策抉择的主体与原则分别有哪些？公共政策合法化的主要内容有哪些？

4. 什么是政策工具？政策工具一般有哪些分类？

5. 政策工具选择的意义是什么？政策工具选择有哪些重要影响因素？

在线自测

扫一扫　练一练

第五章 公共政策执行

学习目标

1. 了解公共政策执行的研究路径。
2. 掌握公共政策执行的模型与非线性特征。
3. 理解公共政策执行的资源、过程与机制。
4. 掌握公共政策执行偏差的表现、原因以及矫正。
5. 理解我国公共政策执行的实践与经验。

本章提要

本章共分为四节：第一节对公共政策执行的研究路径进行了梳理，对自上而下路径、自下而上路径以及整合路径进行了阐述，并对我国政策执行研究的内容进行了归纳。第二节主要对史密斯模型、互适模型和循环模型以及公共政策执行的非线性特征进行了介绍。第三节对公共政策执行的资源、过程和偏差以及执行机制进行了阐述。政策执行需要物质资源、人力资源、信息资源、权威资源和制度资源，包括执行前的准备、执行的实施以及总结三个阶段。执行的过程中会出现偏差，偏差产生的原因既有主观方面也有客观方面，需要采取相应的措施进行矫正。为了确保执行的效果，需要关注信息沟通机制、公民参与机制、激励机制、责任追究机制和监督机制。第四节对我国公共政策执行的实践优势和基本经验进行了总结。稳定的执行环境、科学的政策方案、协作的执行主体、配合的目标群体构成了我国政策执行的实践优势。注重政策宣传、重视政策试验、善用典型示范是我国政策执行的基本经验。

引导案例

“限塑”缘何令难行？

为了节约资源，减少环境污染，2007 年 12 月 31 日，我国发布《国务院办公厅关于限制生产销售使用塑料购物袋的通知》。此通知也被大家称作“限塑令”，其中规定，自 2008 年 6 月 1 日起，在所有超市、商场、集贸市场等商品零售场所实行塑料购物袋有偿使用制度，一律不得免费提供塑料购物袋。2020 年 7 月，国家发展改革委、生态环境部等九部门印发的《关于扎实推进塑料污染治理工作的通知》又提出，2021 年 1 月 1 日起，在直辖市、省会城市、计划单列市城市建成区的商场、超市、药店、书店等场所，餐饮打包外卖服务及各类展会活动中，禁止使用不可降解塑料购物袋和一次性塑料餐具等塑料用品。

从 2008 年 6 月 1 日到 2021 年 6 月 1 日，“限塑令”走过 13 年。然而记者调查发现，“限塑令”自实施以来几乎成为一纸空文：农贸市场小超市直接提供免费塑料袋，大型超市塑料购物袋收费，这已是习以为常的事。

缘何“限塑令”难行？如何破解困局值得各方思考。

市民声音：钱包都不带了，谁还会带购物袋

5 月 21 日，记者在科尔沁区金通市场看到，市民买菜还是习惯用塑料袋。通过走访，记者发现，塑料袋的使用无处不在，如水果店、蛋糕店、奶茶店、花店、熟食店、饭店、服装店等各类店铺。除了大润发、维多利、进前佳等大型超市的购物袋是收费的，其他店铺均免费提供塑料购物袋。

“下了班，回家路上买点水果、蔬菜。从单位去市场，很少有人会准备好购物袋。现在连钱包都不带了，谁还会上下班拎个兜子呀。”家住碧桂园小区的张女士对记者说，迄今为止，除了在大润发、维多利购物时塑料袋会收费，从没在农贸市场、早市或早餐摊点遇到过塑料袋收费的情况。

“摊主没有收费要求，消费者使用塑料袋就不会节省了。即使买两个土豆、两个茄子，也得拿两个塑料袋。如果收费，有可能单独称完放在一个袋子里。而且，根据多年形成的购物习惯，即便一些老年人提着兜子去买菜，商贩也会先用免费塑料袋把菜装好，以免弄脏了兜子。”在郭女士看来，将免费塑料袋拿回家，再当作垃圾袋使用，也是许多市民多拿塑料袋的原因之一。

商家声音：不提供免费塑料袋不卖货

5 月 21 日早晨，记者在科尔沁区西顺路早市看到，商贩无一例外都在使用超薄塑料袋。超薄塑料袋规格不一，多为白色、红色、黑色，呈半透明状。前来买菜的市民手里提着的无一例外也都是商贩们提供的免费超薄塑料袋。

“限塑说了好多年，但这事儿说到底，最终提高的成本还是落在我们业户和消费者身上。”在金通市场卖了 20 多年蔬菜的任女士说：“这事很难落实。举例说，如果你来买了 5 块钱的黄瓜，我向你另收一毛钱塑料袋钱，你还能再来买我的菜吗？”

采访中，科尔沁区明仁大街西段一家超市的老板说：“2008年刚开始执行限塑令时，顾客来买东西，我一律不免费提供塑料袋，其实这项政策挺好的，我们还能节省一项开销，我绝对支持，可是没过多长时间就没人管了。别的商店都给塑料袋，就我不给也行不通啊！再说也影响卖货呀！”

大型超市照章执行购物袋收费

5月13日17时许，记者来到大润发某店收银台前，只见收银员不断地告知顾客，该超市已经开始提供可降解的环保购物袋，价格高了，并提示可降解购物袋不如以前的购物袋结实。

采访中，也有不少市民呼吁，实施“限塑令”是好事，但是，超市内的手撕塑料袋已经成为“限塑令”下的政策盲区。对于购买少量商品的顾客，多撕几个手撕塑料袋就没必要再买购物袋，多数收银员看到也不会阻拦，而撕几个手撕塑料袋“顺”回家中的事情也经常在超市上演，这同样会成为白色污染的污染源，使“限塑令”处于尴尬位置。

呼吁加大监管力度 疏堵结合破解“令难行”

采访中记者了解到，“限塑令”不仅在大多数超市和市场成为一纸空文，随着外卖及快递业的迅猛发展，承担大部分包装功能的塑料迅速成为“香饽饽”，成了摆在“限塑令”面前的新难题。那么，如何减少白色污染，让“限塑令”发挥其应有的作用呢？针对目前的状况，有环保志愿者呼吁，处理塑料制品较好的方式，一是加强回收，二是推广可降解材料或塑料袋替代品。

培养环保意识，改变消费习惯。从超市、农贸市场抓起，倡导责任意识，用减量化落实“限塑令”；建立宣传教育长效机制，坚持常抓不懈，让“限塑令”走进家庭，化为每个人的自觉行动。

“没有买卖，就没有伤害！”采访中，很多人表示，“限塑”应该从源头抓起，更主要的应是限用、限售、限产。避免塑料袋源源不断地流入市场，更要严厉打击违规生产超薄塑料袋的黑作坊，严控批发、零售、消费等环节，完善塑料袋销售使用和回收的全链条制度设计，将“限塑令”贯穿全过程。

资料来源：康桂君．“限塑”缘何令难行？[N]．通辽日报，2021-05-24.

案例思考：

1．“限塑令”政策在执行的过程中出现了什么问题？

2．影响“限塑令”政策执行的主要因素有哪些？

3．针对“限塑令”政策在执行中出现的问题，应该采取哪些措施？

本章建议学时：6学时

所有公共政策都是为了解决某一公共问题而制定的，但是政策的制定并不等于公共问题的解决。从公共政策的制定到政策目标的实现，还有一个政策的执行过程，只有通过有效的政策执行，政策目标才能够实现，否则再好的政策都只不过是一纸空文。

公共政策执行的定义

政策执行是将政策意图转变为政策结果的行动过程。具体来说，是

“政策执行者通过建立组织机构，运用各种政策资源，采取解释、宣传、试验、实施、协调与监控等各种行动，将政策意图转化为实际效果，从而实现既定政策目标的活动过程”①。政策执行在整个政策过程中具有十分重要的地位和作用，它不仅是实现政策目标的唯一途径，而且是检验政策正确与否的重要环节。

第一节　公共政策执行的研究路径

尽管政策执行在整个政策活动中具有非常重要的地位和作用，但是在很长一段时间内，学者们对政策执行的研究却处于低谷状态，直到 20 世纪 70 年代，这一情况才得到彻底改变。1973 年，美国学者维尔达夫斯基（Wildavsky）和普瑞斯曼（Pressman）共同撰写了《执行：联邦政府的期望在奥克兰市落空》一书，引起了人们对政策执行问题的广泛关注。随着该书的出版，西方国家尤其是美国兴起了政策执行研究的热潮，涌现出了不同的观点、理论与模式。依据其历史发展的顺序及研究特点的不同，可将政策执行研究分为三种路径：第一代政策执行研究的自上而下路径（Top-down Approach）、第二代政策执行研究的自下而上路径（Bottom-up Approach）和第三代政策执行研究的整合路径（Integrated Approach）。

一、第一代政策执行研究的自上而下路径

第一代政策执行研究始于 20 世纪 70 年代，侧重政策执行实务及个案研究，采取的是“自上而下”的研究路径，把政策制定和政策执行视为分离的、连续性过程，政策制定者负责设定政策目标，政策执行者负责政策目标的落实，认为政策执行是追求非政治性的技术过程，因而强调将政策目标的落实程度视为衡量政策执行成败的关键指标，突出政策制定者在政策执行中的地位和作用。主要代表人物包括维尔达夫斯基和普瑞斯曼、米特（Meter）和霍恩（Horn）、萨巴蒂尔（Sabatier）和马兹曼尼安（Mazmanian）等。

作为政策执行研究的开创者，维尔达夫斯基和普瑞斯曼在《执行》一书中追踪奥克兰市政府的一个旨在促进就业的联邦经济发展项目，他们发现：“项目失败的主要原因是该项政策执行需要经过许多不同的‘准许点’，从而使得涉及多个政策执行主体的联合行动存在困难。”米特和霍恩则在自上而下研究路径下设计了一个分析政策与绩效间关系的概念框架，将 6 个影响变量纳入其中，包括“政策标准与目的、政策资源、组织间沟通与强制活动、政策执行机关的特征、政治及社会、经济条件与执行者意向”②。萨巴蒂尔和马兹曼尼安则从更加全面的视角，将影响政策执行的因素分为三大类，即“政策问题的特性、政策本身的可控变量以及政策以外的变量”③。

总体而言，第一代政策执行研究的自上而下路径揭示了政策执行的复杂性和动态性，

① 陈振明．公共政策分析导论［M］．北京：中国人民大学出版社，2015.

② Van Meter D S，Van Horn C E. The policy implementation process：a conceptual framework ［J］. Administration & Society，1975，6（11）：445－488.

③ Sabatier P A，Mazmanian D. The conditions of effective implementation ［J］. Policy Analysis，1979，5（4）：481－504.

使政策执行失败问题受到广泛关注，激发了人们对政策执行研究的热情，为后面的研究奠定了基础。但是，该研究路径也具有一定的局限性：一是对高层决策者的过度关注导致忽略了政策执行中的其他主体，比如基层官僚。而实际上，基层官僚具有影响政策执行的实力和潜力，他们会采用适应性策略。二是某些公共政策是多元主体在长期互动中形成的结果，可能会缺乏明确的政策目标，在这种情况下，该研究模式无法适用。

二、第二代政策执行研究的自下而上路径

第二代政策执行研究始于20世纪70年代末80年代初，建立在对第一代政策执行研究批评的基础之上，采取的是“自下而上”的路径。第二代政策执行研究认识到政策执行会因政策执行时间、政策执行机构和政策类型等因素的不同而变动，侧重于探讨促进和阻碍政策执行的变量分析，进一步丰富了政策执行研究的理论模型。与自上而下的研究路径相反，自下而上的研究路径认为政策制定和政策执行并非截然分开的过程，对基层政策执行主体和目标对象动机和行为的分析有助于更好地理解政策执行过程，倡导从多元行动者角度看待政策执行，强调执行中的互动，从而涌现出了利普斯基、爱尔默、赫恩和波特等代表性人物。

利普斯基阐述了街头官僚理论，认为“处在官僚机构末端、与民众直接打交道的街头官僚拥有极大的自由裁量权，在政策执行中并不是消极地、被动地执行政策，而是会根据实际情况对政策进行重塑”①。通过强调街头官僚的自由裁量权和自主性，自上而下研究路径的基本主张受到了挑战。爱尔默在“前向探索”视角基础上，提出了自下而上的“后向探索”研究视角。这种研究视角强调“要关注政策系统的底层，认为可以从个人和组织的选择入手，进行不断的追溯，最后到达政策工具和政策目标”②。因而，有效的政策执行取决于政策执行主体之间的过程与产出，而非政策制定者的意图与目标。赫恩和波特等从多元政策执行主体之间的互动出发，构建了执行结构模型，其实质是“介于市场和官僚组织之间的一种行动者关系网络，由行动者在互动的过程中自发形成，各个参与者的目标和动机各不相同”③。

自下而上研究路径强调政策执行过程的因果链条的复杂性和多元性，关注政策执行者对政策目标的诠释和理解以及在政策执行中形成的互动关系，从而为政策执行研究提供了新的视角和方法。虽然自下而上研究路径较好地弥补了自上而下研究路径的缺陷，但似乎又走向了另一个极端——重视边缘而忽略了中心，对基层官僚及其自由裁量给予了过多关注，忽视了政策目标的作用以及政策制定对执行的影响，放弃了政策制定与执行二分法。这也许是因为自下而上的研究路径是建立在对自上而下研究路径的批评之上的，而且这种批评有些夸大其词。

---

① Lipsky M. Street level bureaucracy：the dilemmas of individuals in the public service［M］. New York：Russell Sage Foundation，2010.

② Elmore R F. Organizational models of social program implementation［J］. Public Policy，1978，26（2）：185－228.

③ Benny Hjern，David Porter. Implementation structure：a new unit of administrative analysis［J］. Organization Studies，1981，2（3）：211－227.

三、第三代政策执行研究的整合路径

自上而下的研究路径和自下而上的研究路径各有利弊，形成了各自的支持阵营。然而，在莱斯特等人看来，为了迈向第三代政策执行研究，新研究路径的构建必须克服理论的多元主义、应用范围的有限性以及知识缺乏积累三大局限，在此基础上，戈金等进一步认为“既有理论的解释力和预测能力都极为有限，从而提倡将政策执行的动态演化纳入政策执行研究视野中”①。

在对已有政策执行研究路径反思和检讨的基础上，从 20 世纪 80 年代中期，研究者们开始试图把第一代政策执行研究和第二代政策执行研究整合起来，认为成功的政策执行不仅在于通过“自上而下”途径确保政策制定者缜密规划政策工具与其他资源的运用，而且还需要通过“自下而上”途径明确政策执行相关参与者的实际情况，广泛掌握不同层次机构团体间的结构。整合研究更强调政策执行研究的科学性，把理论构建及其有效性建立在更加严谨的科学分析、定量分析和假设验证基础上，产生了“府际政策执行沟通模型”“倡导者联盟模型”等。

作为第三代政策执行研究的提出者，戈金等运用混合方法构建了“府际政策执行沟通模型”，将其用于分析跨越不同政府层级的政策执行问题，展示了政策执行过程的动态性、依赖性和复杂性。该模型认为州政府的政策执行受到联邦政府、州政府以及地方政府等提供的激励与制约因素的相互影响，这两种因素及其相互作用又通过影响州政府的决策后果与政府能力来对最终的州政府的政策执行施加影响。同时，州政府的政策执行结果会反馈给相应的层级政府，作为其调整激励与制约因素的依据。作为第三代整合研究模型的代表，萨巴蒂尔提出的政策倡导者联盟框架极具代表性。该框架认为政策变迁是子系统内部不同倡导联盟相互竞争和外部因素共同作用的结果。倡导联盟是指具有共同信念体系的政策行动者群体。外部因素包括两种：一种是相对稳定变项，包括问题领域的基本特征、自然资源的基本分配、基本的文化价值与社会结构、基本法制结构等；另一种是动态事件，包括社会经济条件与科学技术的变迁、系统内占统治地位的治理联盟变化、其他政策子系统的政策决定和影响。

总体而言，第三代政策执行研究试图走出一条“中间路线”来对既有政策执行研究进行理论整合，提炼出了一些此前被忽视的影响因素。然而，这种整合仍然受到了一些质疑。在帕森斯看来，“自上而下”和“自下而上”研究路径存在着一些非常重要的差异，以至于试图综合二者的努力就如同在尝试将两个“不对称的范式”结合起来一样。②

四、中国学者的政策执行研究

我国的公共政策执行研究起步较晚，直到 20 世纪 80 年代中后期才出现了相关的研究。随着我国改革开放的深入和社会主义市场经济体制的初步建立，现实中的政策执行问

① Goggin M L，et al. Implementation theory and practice：toward a third generation［M］. New York：Harper Collins，1990：9-10.

② Parsons W. Public policy：an introduction to the theory and practice of policy analysis［M］. London：Edward Elgar，1995：487.

题凸显出来，因此到20世纪90年代，学者对政策执行的研究逐渐多了起来。进入21世纪之后，政策执行研究步入了稳中有升的状态，参与研究的学者越来越多，研究主题更加多元，研究规范性不断加强，研究路径也日趋多元化。一方面，在经典的公共政策教材中，都有关于政策执行的专门论述，如宁骚的《公共政策学》、陈振明的《公共政策分析》、陈庆云的《公共政策分析》等；另一方面，关于政策执行的研究成果也不断涌现，如丁煌的《政策执行阻滞机制及其防治对策研究：一项基于行为和制度的分析》、傅广宛的《非线性视角中的公共政策执行过程》、林震的《退耕还林政策执行偏差及其矫治》、任丙强的《地方政府环境政策执行的激励机制研究：基于中央与地方关系的视角》、宁国良的《执行主体选择性执行公共政策的心理因素分析》等。

总体而言，在引荐和应用西方政策执行研究理论模型的基础上，我国学者尤其重视对中国公共政策执行过程的观察与分析，从中涌现出一些具有代表性的研究成果，这些研究主要关注中国政策执行模式的提炼与总结、政策执行阻滞分析以及政策执行影响因素分析等内容。

（一）中国政策执行模式研究

宁骚以辩证唯物主义和历史唯物主义为哲学基础，将“群众路线”纳入中国政策执行过程分析，提出了“上下来去”模型，将“从群众中来，到群众中去”、“试验—推广”以及“执行—总结”等概括为这种模型的典型特征①。此外，一些学者重点凸显了中国政策过程中的“压力型体制”对政策执行的影响，如在紧扣“层级压力”的基础上，贺东航和孔繁斌进一步提炼了“高位推动的政策执行模式”②。除了从自上而下路径提炼中国政策执行模式，一些学者还从自下而上和整合研究路径的视角突出了执行结构、街头官僚、政策执行网络等在中国政策执行过程中的作用。

（二）政策执行阻滞分析

人们总希望政策目标能够实现，政策问题能够得到解决，但在政策执行中，政策目标与现实的政策效果之间似乎总存在着差距，执行梗阻的现象屡见不鲜。政策执行阻滞是指政策执行过程因某种消极因素的影响而出现不顺畅乃至停止不前，进而导致政策目标不能圆满实现甚至完全落空的情形。制度缺陷被视为导致政策执行阻滞的主要原因。针对政策执行阻滞的原因，学者们还从其他视角加以论述，比如从利益博弈的角度加以展开，将“上有政策，下有对策”视为政策主体基于利益得失考量而进行博弈的结果③。

（三）政策执行影响因素分析

政策执行无疑会受到各种因素的影响，各种政策执行研究路径实际上可以视为围绕发现和提炼政策执行影响因素展开。中国情境下的政策执行影响因素分析主要围绕政策类型、政策制定过程、政府间关系、政策执行主体、政策目标对象、政策工具、政策注意力以及政策环境等因素展开。

---

① 宁骚．公共政策学［M］．3版．北京：高等教育出版社，2018：294.

② 贺东航，孔繁斌．公共政策执行的中国经验［J］．中国社会科学，2011（5）：61-79.

③ 丁煌，定明捷．上有政策，下有对策：博弈分析与案例启示［J］．武汉大学学报（哲学社会科学版），2004（6）：804-809.

总体而言，中国学者的政策执行研究处于快速增长和知识累积的阶段，产生了一批高被引文献和研究者，与此同时，在研究方法运用、理论对话、研究视角拓展等方面仍然存在有待提升的空间。

第二节　公共政策执行的模型与非线性特征

在政策执行研究发展过程中，不同学者从不同的角度出发，基于不同的研究路径，探究影响政策执行的因素，形成了多个政策执行的理论模型。

一、史密斯模型

史密斯模型也叫过程模型（见图 5－1），由美国学者史密斯在《政策执行过程》一文中首次提出。

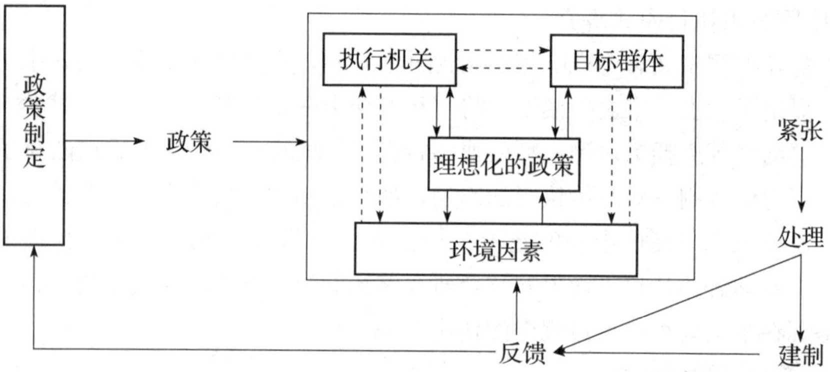

图 5－1　史密斯模型

资料来源：宁骚．公共政策学［M］．3 版．北京：高等教育出版社，2018：295.

可见，史密斯认为影响政策执行的四个主要因素如下：

（1）理想化的政策，即合法、合理、可行的政策方案。具体因素包括政策的形式、类型、渊源、范围及受支持度，社会对政策的影响。

（2）执行机关，即负责执行政策的机构。执行机关的结构与人员、主要领导的方式和技巧、执行的能力和信心都会对政策执行产生影响。

（3）目标群体，即政策所作用的对象。目标群体的组织或制度化程度、接受领导的情形以及先前的政策经验都会影响政策执行的效果。

（4）环境因素，即与政策生存空间相关联的因素，具体包括经济环境、政治环境、文化环境等。

史密斯模型

当政策被执行时，这四个因素内部和因素之间会产生冲突或导致紧张，比如执行机关之间的分歧就是典型的要素内部冲突，而目标群体和执行机关对政策的不同看法则属于要素之间的冲突。“处理”则是对这种紧张或冲突的反应。处理的结果可能是建立制度，也有可能仅仅是形成非定型的处理模式。无论哪种结果出现，相关的情况都会被反馈给政策执行的四个要素及政策制定过程。从这一点来看，政策执行是一个循环往复的过程。总体而言，史密斯模型突出了政策执行因素之间的互动过程及四个因素对政策制定的影响，并将时间因素纳入互动过程的观察和分析，认为“复杂的非渐进政策可能比简单的渐进政策需要更多的时间来将处理模式制度化”。

二、互适模型

互适模型

互适模型是由麦克拉夫林在 1976 年发表的《相互调适的政策执行》一文中提出的，基于对 85 个实施美国课堂组织项目的地方创新的观察，他发现“政策执行过程在地方创新成功与否方面扮演着主导性作用”，进而认为“对于希望在地方教育实践中带来重大变革的决策者和实践者来说，互适，而不是标准化，是一个更现实和更富有成效的目标，学习则成为这种相互调适的根本特征”。这种相互调适过程主要是指在政策执行过程中，对项目设计、地方制度环境以及人员变动进行适应性调整，从而使项目目标和方法能够适应地方人员利益和需要，地方人员的变动能够满足项目要求。在麦克拉夫林看来，“除非对最初的计划和技术进行调整，否则政策执行通常是肤浅或象征性的，因此应该从组织途径来分析和解决政策执行中的问题”。通过对地方课堂组织项目实施的跟踪观察和研究，麦克拉夫林归纳出了互适模型成功实施需要满足的三个条件：

（1）开发课堂项目实施所需要的地方资源，通过鼓励参与和在实践中学习的方式来提高政策执行者和目标对象对实践中的课堂组织项目的理解，增强他们的获得感和自豪感；

（2）为人员提供职前和在职的正式和非正式培训，这种培训不能仅仅集中在项目实施前进行，而是要在项目实施过程中采取各种适当的人员发展方式和培训方式；

（3）采取调适性计划和政策参与者定期会面的方式，为评估项目目标和活动实现程度、监督项目活动以及根据制度和项目需要调整计划创造条件。

这种不断进行的、适应性的、与项目性质和不断变化的制度环境相一致的规划活动能够更好地使问题在演变为危机前得到解决，推动这种互适型政策执行所需要具备的任何一个条件的缺失或薄弱都不能保证这种政策执行模式的成功，因而不能在项目实施中有走“捷径”的想法。

总而言之，互适型政策执行要求重视目标对象的需要，在执行过程中不断地重新评估、改进和明确项目目标和方法，“通过实践学习”的方式使得目标对象能更好地理解项目目标和执行技术的要求。具体而言，这种相互调适的过程如图 5－2 所示。

（1）政策执行者与目标对象之间的需求和观点并不完全一致，双方需要通过说明、协商、妥协等方式，确定一个彼此都可以接受的政策执行方式。

（2）政策执行者与目标对象在相互调适的过程中是平等的，双方之间进行双向交流，而不是传统的“上令下行”。

（3）政策执行者的目标和手段会随着目标对象的需求和观点的改变而改变，同时也受到环境因素的影响。

（4）目标对象的利益和价值取向会反馈到政策上，从而影响政策执行者的利益和价值取向。

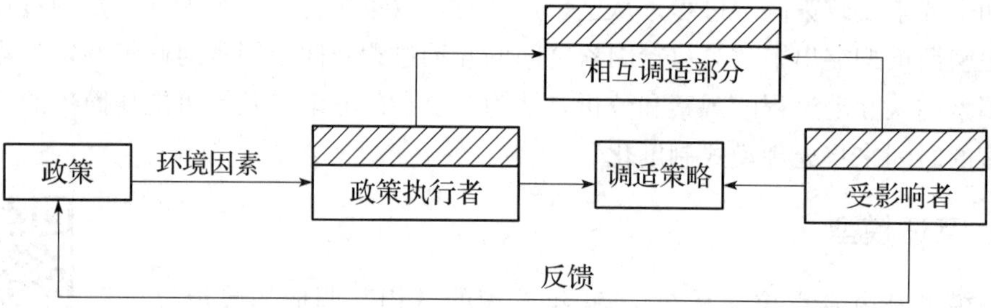

图 5-2 互适模型

资料来源：宁骚．公共政策学［M］．3 版．北京：高等教育出版社，2018：295.

三、循环模型

循环模型是由霍恩与拉宾洛维茨在 1978 年发表的《执行：理论的观点》一文中提出的。他们认为，“政策执行可以分为三个相互循环的阶段，即拟定纲领、分配资源和监督过程。每一个阶段都必须遵循合法性、理性和共识三个原则。同时，循环过程受到环境条件的冲击和影响”。

具体来说，作为政策制定阶段的延续，政策执行包含三个阶段：一是拟定纲领阶段，即将立法者的意图转化为行政机关执行政策的规范和纲领；二是分配资源阶段，即将政策执行所需要的资源平均地分配给执行者；三是监督过程阶段，即对政策执行过程与成果加以评估，确认执行者所应承担的行政责任，监督包括监测、审计与评估三种形式（见图 5-3）。

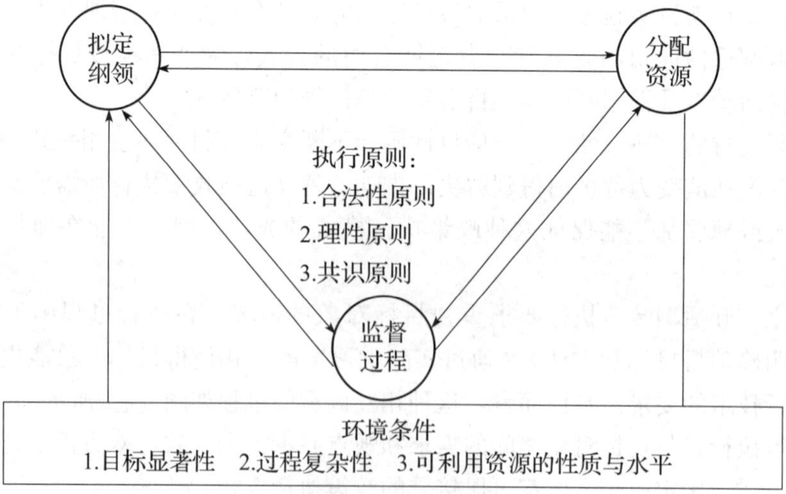

图 5-3 循环模型

资料来源：宁骚．公共政策学［M］．3 版．北京：高等教育出版社，2018：296.

每一个阶段都遵循三个原则：一是合法性原则，即执行法律要求的事项。该原则受议员权力与地位的高低、技术可行性程度、立法辩论的争议范围和厘清程度、立法者与执行者支持法律的程度四个因素的影响。二是理性原则，即执行符合道义的、理性的事项。理性包含一致性和可行性两个方面。三是共识原则，即有影响力的执行者只有在具有争议的问题上达成共识，执行才能顺利。当这三个原则在现实中发生冲突的时候，通常需要诉诸于政策执行过程中的政治因素，冲突的解决可以视为目标、资源以及执行过程的复杂性等的函数。

环境条件主要包括目标显著性、过程复杂性、可利用资源的性质与水平三个因素。目标显著性是指目标是清晰明确的还是模糊不清的、目标实现的紧迫程度以及目标是象征性的还是实质性的，模糊不清的、象征性的、缓和的项目通常以一种非常复杂的、循环的方式实现，清晰明确的、实质性和紧迫的项目通常更加强调执行的集中性和层级性。过程复杂性是一个关于执行层级、执行部门以及执行者数量的函数，参与者越多，执行过程会越复杂，开放和复杂的决策过程总是有侵蚀协商一致的意见和扭曲其最初的优先事项的危险。

此外，执行特定项目的政策环境的性质也构成了过程复杂性评估的重要方面，在缺乏统一、连贯的目标和压倒一切的原则的情况下，一个充满各种立法授权的环境可能会导致项目多样性的相互抵消。与此同时，执行也是可利用资源的性质与水平的函数，不同性质的政策需要不同类型的资源，资源分配的程度也会产生不同程度的影响政策执行的压力。

四、政策执行的非线性特征

公共政策执行过程是一个非线性系统，具有非线性特征。邓恩注意到了在“时间-结果”的政策执行体系中存在着非线性特征，包括摆动现象、周期现象、增长曲线、衰减曲线和剧变现象等。但这种说法并不十分全面。傅广宛指出，公共政策执行过程的一般非线性特征还包括，滞后特征、共振特征、临界慢化特征、多值响应特征等，这些特征在政策执行过程中几乎都程度不同的有所表现。同时，详细界定了这些一般非线性特征的概念并描述了其具体表现。其概念内涵和具体表现如下：

（1）公共政策执行中的滞后特征是指一个政策系统出现回应的时间或者消退的时间比人们按照常规逻辑预想的时间要滞后一个时期的现象。如政策执行的主要过程临近结束或者已经结束，而政策执行的大部分综合效益却还没有表现出来，需要经过一段较长的时间甚至几年才能够得到比较充分和比较完全的表现。

（2）公共政策执行中的共振特征是指一个政策执行系统往往会自发地带动另一个政策执行系统按照相同的执行模式进行政策执行过程。这里的共振可以理解为扩散、仿效、感染等效应。不同的政策执行系统之间可以产生不同程度的共振。一个政策系统的政策执行过程可以对另外一个政策执行系统产生作用。所有的政策执行都会不同程度地表现共振特征。“左顾右盼，等待观望”“讨价还价，政策攀比”“互相学习，取长补短”等，就属于政策执行中共振特征的范畴。

（3）政策执行过程也经常出现程度不同的临界慢化特征，政策执行的速度随着时间的进行而变化。政策执行的早期阶段，政策目标实现的速度比较快，但是到了一定时期，越接近政策目标的实现，政策执行速度就越慢，这是公共政策执行中经常出现的现象。尤其是政策执行进行到一定程度，即将要发生质变时，执行的速度更加放慢。政策执行的速度与时间的变化没有呈现相同程度的变化，这一变化过程完全符合非线性的特征。因此，临界慢化描述的是政策执行速度在政策执行过程中，尤其是接近政策目标实现的最后阶段所表现出来的一种非线性特征。

（4）在公共政策的执行过程中，也会表现出多值响应特征。即在一个政策执行过程中会同时出现多个不同的政策反应或者政策结果。例如，一些政策目标之外的政策附带效果等，就是政策执行的多值响应特征。

在政策执行的研究中引入非线性理论，有利于在一种成熟理论的视角下观察政策执行现象。随着研究的进一步深入，利用非线性特征的数学描述，无疑能够深化对于政策执行系统的了解，并在量化层面得出新的结论和解释。

第三节　公共政策执行的资源、过程与机制

公共政策的执行是一个复杂的过程，其中涉及多个执行主体之间的互动，需要耗费大量的资源。在政策执行的过程中，还会因为种种原因产生偏差。因此，为了保证政策的有效执行，需要对整个执行过程进行精心设计，准备充分的资源，建立完善的执行机制。

一、公共政策执行的资源

公共政策执行的资源

不论政策制定得多么完美，如果缺乏必要的执行资源，政策预定的目标就无法实现。要落实政策，实现政策目标，就必须投入一定的资源。具体而言，政策执行的资源包括以下几个方面。

（一）物质资源

物质资源是政策执行得以完成的必要基础，主要包括物力和财力两个方面。物力是指执行政策所需要的工具、设备、材料等，如交通工具、通信设备以及办公用品等；财力是指执行政策所需要的经费。政策执行的物质资源一定要充足，因为缺乏物质资源，政策执行的效果就可能会打折扣。现实的政策执行中，也往往会出现因为执行经费不足而导致执行效果不佳的现象。因此，保证物质资源的供给是政策执行的首要任务。物质资源的具体供给一方面要根据政策执行的重要程度和规模进行，另一方面也必须兼顾经济发展的水平。

解释性案例 5-1

做好资金保障　保障粮食安全

农业是国民经济的基础，在当前国际形势错综复杂的大环境下，坚持不懈抓好粮食安全，对于稳住农业基本盘，稳定经济社会发展大局意义重大。2022 年，陕西省财政厅积极做好粮食生产重点任务资金保障。

2022 年，陕西省在积极争取中央财政支持农田建设补助资金 20.75 亿元的基础上，将省级配套资金由 4.3 亿元增加到 5.3 亿元，支持全省新建高标准农田 234.9 万亩，同步实施高效节水灌溉 70 万亩。

省财政厅稳定实施耕地地力保护补贴，下达耕地地力保护补贴资金 30.7 亿元，持续引导和鼓励农民自觉保护提升耕地地力；及时下达实际种粮农民一次性补贴资金 4.4 亿元，应对农资市场价格上涨对实际种粮农民增支影响；落实农机购置补贴资金 3.8 亿元，

提高农业机械化应用水平。

统筹省级农业专项资金 1.1 亿元，用于粮食规模化经营吨粮田建设、粮食单产提升、粮食作物高产高效技术集成等，不断提高粮食产量。针对冬小麦晚播苗弱、不良气象频繁、小麦条锈病易发等不利因素，及时下达小麦促弱转壮补助资金 6 100 万元和小麦“一喷三防”等重大农作物病虫害防控资金 9 800 万元，全力以赴确保夏粮生产安全。

下达资金 6.6 亿元，支持大中型灌区节水改造，为农业生产提供用水保障。下达资金 2.4 亿元，支持黄河古贤水利枢纽、榆林马镇引黄工程等重大水利项目前期工作。抢抓国家适度超前开展基础设施投资政策机遇，发行专项债 14.5 亿元，保障引汉济渭二期、东庄水利等重点项目加速推进。

资料来源：王赫．省财政厅：做好资金保障　保证粮食安全［EB/OL］.（2022－06－14）［2023－03－01］. https://www.xiancn.com/content/2022－06/14/content_6581786.htm.

（二）人力资源

人力资源是指具有能动性的政策执行人员，他们是保证政策顺利执行的智力条件。政策执行人员素质的高低不仅关系到政策执行质量的好坏，而且关系到政策目标完成的优劣，因此需要为政策执行配备高素质的人员。如何为政策执行配备高素质的人员？可以从两个方面进行考虑：一是政策执行人员的思想品德。公共政策是对社会资源的权威性分配，政策执行会对社会和个人产生巨大的影响，因此政策执行人员应该具有高尚的品德和端正的政治态度，只有这样，才能保证公正地执行政策。二是政策执行人员的能力。政策执行涉及众多的因素，非常复杂，需要执行人员在复杂的环境中正确地执行政策，因此政策执行人员应该具有卓越的执行能力。

（三）信息资源

充足的信息资源是政策得以顺利实施的重要保证，因为政策执行的过程就是政策信息流转的过程。政策执行人员只有了解政策本身以及政策执行的相关信息，如执行的过程、执行手段和方式等，才能准确地执行政策，同时，政策执行人员只有及时掌握关于政策执行的状态信息，如政策产生的影响、目标群体对政策的反应等，才能发现执行过程中存在的问题，才能对政策执行进行相应的调整，从而保证政策执行有效进行。在政策执行过程中，为了确保信息资源供给充足，需要建立畅通的信息渠道，以便于政策制定者、政策执行者能够及时交流、传递和共享信息。

（四）权威资源

权威是使人信服的力量和威信。在政策执行过程中，权威是一种重要的资源，因为权威是使下属表示诚意接受某项建议而予以执行的动力，拥有权威的上级能够让下属心悦诚服地开展工作，而拥有权威的政策执行人员也能让目标群体更好地遵从政策。权威一方面来源于法定的权力，即由法律赋予执行者相应的执行权；另一方面源于政策执行者的个人魅力，这是由执行者个人的性格、知识智慧以及工作经验等综合优势所形成的。政策执行人员要提高其权威，一方面需要依照法定权力执行政策，不侵权、不越权；另一方面需要提高个人修养和能力，增加领导魅力，以身作则，获得下属和公众信任。

（五）制度资源

在将政策方案转化为实际效果的过程中，政策制定者和政策执行者之间有时会存在较为严重的信息不对称和利益冲突现象，因此对政策执行者行为的激励和约束需要有健全的制度作为支撑，容错、问责和激励等制度的建立可以提高政策执行行为的可预见性，在维护政策执行者合法权益的基础上消除政策执行者的避责心理。

二、公共政策执行的过程与偏差

政策执行是一个有目的、有计划、有组织的活动过程，但也会因为主客观方面的原因，出现违背政策初衷，偏离政策目标的现象。只有及时发现并纠正偏差，才能保证政策的顺利执行。

公共政策执行的过程

（一）政策执行的过程

公共政策的执行活动是一个完整的过程，主要包括三个阶段：一是政策执行的准备阶段；二是政策执行的实施阶段；三是政策执行的总结阶段。

1. 政策执行的准备阶段

作为政策执行的开端，准备阶段的工作有助于减少政策执行过程中的不确定因素，保证政策执行的顺利进行。具体来说，政策执行的准备阶段包括以下环节：

（1）加强政策认知。政策认知是人们对政策的认识和看法。在执行的准备阶段，加强政策认知主要是针对政策执行人员而言的。政策执行人员只有对政策的内涵和精神实质有了正确的认识，才能从心理上认同和接受政策，才能向目标群体正确地解释和宣传政策，才能在政策执行过程中忠于政策，并且能够结合政策环境创新地执行政策。要加强政策执行者的政策认知，就要组织政策执行人员认真学习相关政策，可以请政策制定者和专家对政策进行讲解，明确政策背景、内容、目的、功能等，从而让政策执行者详细地了解政策的来龙去脉，真正地理解政策。

（2）制订政策执行计划。政策执行计划是为了实现政策目标，对政策执行过程中的各种要素进行统筹规划后，制订出的行动方案。具体来说，就是要明确政策执行的具体组织和人员，确定政策执行的各种资源、方式、时间等。之所以要制订政策执行计划，一方面是因为政策往往比较宏观和抽象，一般不包括具体的行动细节；另一方面是在执行政策的过程中，各地的实际情况各不相同，因此需要结合当地环境明确执行的具体措施。政策执行计划既要具体明确，也要富有弹性。因为在政策执行的过程中，环境可能会发生变化，所以制订政策执行计划时，要留有余地，以保证出现新情况时，能够及时调整。

（3）进行物质和组织准备。物质准备是落实政策执行过程所必需的经费和必要的设施；组织准备是确定政策执行的机构并配备合适的执行人员。对于常规性政策的执行，可以由原来的机构继续承担。对于非常规性或者是牵涉面比较广的政策，可以通过组建临时机构或者采取多部门协作的方式来完成。配备执行人员时，一方面要坚持因事择人，即政策执行人员的选择要根据职位和工作的实际要求进行；另一方面要坚持因材施用，即要根据执行人员的能力和素质，将其安排在合适的岗位上。

2. 政策执行的实施阶段

政策执行的实施阶段是实现政策目标的关键环节，具体包括政策宣传、政策细化、政策试验和政策推广四个阶段。

(1) 政策宣传。政策宣传是向社会公众和目标群体宣布和传播公共政策的目的和内容，促使社会公众和目标群体的行为向着宣传者所希望的方向发展。与政策认知不同，政策宣传的对象主要是社会公众和目标群体，目的是要让社会公众和目标群体理解政策和认同政策，从而能够支持政策，采取配合政策执行的行动。政策宣传的方式是多样的，既可以利用报纸、广播、电视、网络等大众传媒进行，也可以在社区通过设立宣传栏和张贴宣传标语等方式进行。

(2) 政策细化。政策的出台通常需要政策相关者进行多轮协商，最终建立在共识基础上的政策方案通常较为抽象和模糊，仅仅是为政策执行提供了方向上的指引。因而，政策的具体落实还需要在解读政策精神和坚持政策基本原则的基础上，对政策方案进行细化和适应性转化，使其符合地方资源、情境和能力等方面的要求，最终将政策文本从抽象模糊转化为具体清晰，体现出政策执行中原则性和灵活性的结合。

(3) 政策试验。政策试验是一项新政策在正式推广之前，根据政策目标群体和政策适用范围的实际情况，选择具有代表性的局部地区、范围或者群体，使用较少的成本和较短的时间，试行政策的办法。其目的是减少政策执行失败的风险和政策执行的震荡，降低政策执行的成本。政策试验一定要按照科学方法来进行，其步骤包括选择试验对象、设计试验方案和总结试验结果三个阶段。选择试验对象时要注意典型性，设计试验方案要具有周密性，总结试验结果要有全面性，既要重视成功经验，也不能忽视失败的教训。

解释性案例 5-2

11 个国家城乡融合发展试验区公布

2019 年 12 月 19 日，国家发展改革委、中央农村工作领导小组办公室、农业农村部等 18 个部门联合印发《国家城乡融合发展试验区改革方案》(以下简称《方案》)，公布了 11 个国家城乡融合发展试验区名单，分别是浙江嘉湖片区、福建福州东部片区、广东广清接合片区、江苏宁锡常接合片区、山东济青局部片区、河南许昌、江西鹰潭、四川成都西部片区、重庆西部片区、陕西西咸接合片区、吉林长吉接合片区。

试验区聚焦 11 个方面深入探索、先行先试，包括建立城乡有序流动的人口迁徙制度，建立进城落户农民依法自愿有偿转让退出农村权益制度，建立农村集体经营性建设用地入市制度，完善农村产权抵押担保权能，建立科技成果入乡转化机制，搭建城中村改造合作平台，搭建城乡产业协同发展平台，建立生态产品价值实现机制，建立城乡基础设施一体化发展体制机制，建立城乡基本公共服务均等化发展体制机制，健全农民持续增收体制机制。

根据《方案》，试验目标是：2022 年至 2025 年，试验区实现城乡生产要素双向自由流动的制度性通道基本打通，城乡有序流动的人口迁徙制度基本建立，城乡统一的建设用地市场全面形成，城乡普惠的金融服务体系基本建成，农村产权保护交易制度基本建立，农民持续增收体制机制更加完善，城乡发展差距和居民生活水平差距明显缩小。试验区的引领示范带动效应充分释放，形成一批可复制、可推广的典型经验和体制机制改革措施。

资料来源：熊丽. 11 个国家城乡融合发展试验区公布 [N]. 经济日报，2019-12-28.

（4）政策推广。政策推广是政策执行中最艰难的一个环节，因为这一环节不仅涉及面广，而且变量也最多。正因为如此，政策推广的成效直接关系到政策执行的结果和绩效。政策推广意味着政策要在全部范围内实施，但因为各个地区的情况千差万别，所以一方面要坚持原则性，即严格按照政策精神和要求落实政策，另一方面要贯彻灵活性，即根据不同地区的情况，选择不同的方式和方法执行政策。

3. 政策执行的总结阶段

政策执行的总结阶段是对政策执行信息进行反馈和对执行情况进行回顾与检查，目的是掌握整个政策执行的情况，为未来的政策评估奠定基础。在政策执行的总结阶段，需要进行政策执行监测和政策执行再决策两项活动。政策执行监测是对整个政策执行情况进行监督和检测，以便明确政策执行是否完成了政策目标，是否达到了预期的效果。政策执行再决策是指执行主体在政策执行过程中，根据信息反馈对现行政策方案进行补充和修正。再决策的主要原因是政策运行的过程中环境和要素都发生了变化，只有及时调整政策方案，才能保证政策符合当前和未来一段时间的实际情况，达到应有的政策效果。

（二）政策执行偏差

政策执行偏差是指执行主体在实施政策的过程中，由于受主客观因素的制约，其行为效果偏离政策目标并产生了不良后果的政策现象。

1. 政策执行偏差的表现形式

（1）象征式政策执行。主要是指在执行政策的过程中，执行主体只做表面文章和形象包装，没有解决实际问题。

（2）附加式政策执行。主要是指在政策执行过程中人为地增加一些政策所没有的内容，使政策的调整对象、范围、力度、目标超越了政策原定的要求。

（3）残缺式政策执行。主要是指在执行政策时有所选择，不是执行全部政策，而是选择其中的部分进行执行。一般来说，政策执行者往往选择对自己有利的部分进行落实。

（4）替代式政策执行。主要是指在政策执行过程中换上与现行政策表面上一致而事实上背离的内容。这是一种极为严重的执行偏差，其政策内容、目标、性质已发生了根本的改变。

（5）观望式政策执行。主要是指在政策执行过程中，执行主体不是主动执行政策，而是消极等待，能拖就拖，实在不能拖才勉强执行。

（6）照搬式政策执行。主要是指在政策执行过程中，执行主体不能结合当地的实际情况灵活执行政策内容，而是机械地照搬上级文件，僵化地落实政策。

2. 政策执行偏差产生的原因

政策执行偏差产生的原因可以分为主观原因和客观原因。

主观方面的原因：一是政策执行者的利益和需求。执行者是生活在现实中的人，有着自身的利益和需求，政策执行如果不利于执行者的利益和需求，则执行者可能会采取相应的手段规避政策执行。二是政策执行者的素质不高。政策执行需要执行者具有一定的知识和能力，但因为各种原因，政策执行者可能并没有具备政策执行需要的知识和能力，从而影响了政策的执行。三是政策执行组织的缺陷。高效的政策执行来源于执行组织的完善，但现实中的执行组织可能存在结构不合理、人员不充足、沟通不顺畅、协调有困难等情况，这些都会影响政策执行。

客观方面的原因：一是政策问题的复杂性。政策问题涉及的人越多、牵扯的利益越多就越复杂，这样的问题处理起来就比较困难。如果执行者对相关政策问题的复杂性没有充分认识，对相关政策的执行难度缺乏足够的思想准备，有可能产生各种形式的政策偏差。二是政策质量低劣。如果政策质量不高，则政策执行效果也不会好。低劣的政策主要表现为政策目标错误或者模糊不清、政策内容混乱、政策标准不合理等。这些政策往往让执行者无所适从，自然无法有效执行政策，从而导致执行过程出现偏差。三是缺乏有效的监控。监控是防止政策执行偏离原有目标和路径的重要手段。但现有监控制度的不健全、监控方式的不恰当、监控渠道的不通畅都减弱了监控应有的作用，导致部分政策执行人员背离政策执行的初衷，同时也让执行过程中的问题不能被及时发现，从而出现执行偏差。

3. 政策执行偏差的矫正

政策执行偏差的矫正是指政策主体采取一定的纠正措施，使政策执行回到正确的方向并且消除不良后果的过程。针对执行偏差产生的原因，可以采用以下对策进行偏差矫正：

（1）提高政策执行人员的素质。一个合格的政策执行人员应该是一个政治素质、知识素质、能力素质和心理素质全面发展的人才。政治素质要求政策执行人员能够从大局出发，全心全意为人民服务，在政策执行中坚决维护公共利益，保证执行不走样；知识素质意味着政策执行人员拥有执行政策的专业知识，能够科学地执行政策；能力素质意味着政策执行人员能够处理执行过程中的突发情况，化解危机；而心理素质则意味着政策执行人员即使面对困难，也能够不退缩，坚持实现政策目标。要做到这些，就需要政策执行人员不断学习，一方面提高思想政治素质，强化行政道德修养，另一方面增加知识和能力，并通过政策执行实践，不断提高政策执行能力。

（2）完善政策执行的组织。政策执行组织的缺陷是产生执行偏差的原因之一，因此需要对执行组织进行完善。首先，根据统一指挥、权责对应等原则改善执行组织的内部构成，确保政策执行组织的结构合理、权责明确，从而避免执行过程中出现推诿局面。其次，配备合适的人员，根据每个职位的不同要求，考虑到人员的年龄、能力、知识等，为每个职位选择合适的人员。最后，制定科学合理的管理制度，比如目标责任制、检查监督制度和奖励惩罚制度等，以明确政策执行的具体准则，保证政策执行的正常秩序。

（3）科学构建问题，提高政策质量。政策质量低劣的主要原因是在政策制定的过程中，没有对政策问题进行科学的构建，因此需要对政策问题进行详细的分析，明确问题的性质、范围、领域，探究问题产生的真正原因，并吸收专家参与到政策制定中，严格按照政策方案规划的程序制定方案，进行政策方案的合法化，确保政策质量。

（4）加强政策执行监控。监控有助于规范政策执行人员的行为，并且能够做到早发现问题、早解决问题。因此，需要健全监控的制度、明确监控标准，并且根据标准检查政策执行行为，及时发现执行中的偏差并进行纠正。

公共政策
执行的机制

三、公共政策执行的机制

公共政策执行过程是一个涉及多元主体参与的复杂过程，为了保证公共政策执行的高效优质，需要构建完善的政策执行机制。

（一）信息沟通机制

公共政策执行的过程实质上也是一个信息流通的过程，是信息从政策制定者到政策执行者再到目标群体的纵向流动过程，同时也是信息在政策制定者之间、政策执行者之间和目标群体内部横向流动的过程。纵向的信息流动和横向的信息流动相互交织，构成了信息流动的网络。政策执行者之所以能够完成任务，主要的原因就是能够通过信息流动网络进行良好的沟通。在政策执行的过程中，任何一个信息流动环节出现问题，都可能导致政策执行过程中出现沟通不畅的问题，因此要保证政策执行的顺利进行，需要构建畅通的信息沟通机制。

首先，建立健全政策执行的信息网络。鉴于信息在政策执行中的重要作用，为了保证信息流动的畅通，需要建立起政策执行的信息网络。具体来说，各级政策执行机构需要建立专门的信息系统，负责信息的收集、传递、贮存、加工和使用工作。目前，随着我国数字政府建设的深入推进，各级政府基本上建立起了较为完善的现代化的信息网络。但因为各地经济发展状况差别很大，有一些经济比较落后的地区，其信息网络的建设还需要进一步加强。

其次，优化政策信息传播和反馈的渠道。要在政策执行系统中实现信息沟通的流畅，除了有健全的信息网络，还需要不断优化政策信息传播和反馈的渠道。在信息高速发展的今天，除了利用报纸、广播、电话等传统的媒体渠道加强政策信息的传播和反馈外，还可充分利用微信、微博等新兴渠道，加强政策制定者、政策执行者、目标群体之间的信息沟通。从目前的情况来看，从政策制定者到政策执行者再到目标群体之间的信息沟通比较通畅，但是自下而上的信息沟通渠道还有待加强，可充分利用已有的信访制度、市长电话、市长信箱等方式，使目标群体能够有更多的渠道向有关政策执行机关及时地、直接地反馈政策执行信息。

（二）公民参与机制

公民参与政策执行不仅是政治民主的体现，更是政策执行顺利进行的必要保证。大量的政策研究表明，目标群体在政策执行中并不是被动地接受政策，而是积极地与政策执行主体互动，对政策执行产生重要影响。目标群体对政策的认同、接受和支持能够为政策执行创造良好的环境，减少了政策执行过程中的对抗行为，降低了政策执行的成本。而要让目标群体认同、接受和支持政策，一个重要的方面就是构建公民参与机制，保证公民能够顺利地参与政策执行。

首先，公民参与政策执行计划。政策执行计划是对整个政策执行的统筹规划，是政策执行的依据。公民参与政策执行计划的制定，有助于公民意愿和实际情况的充分表达，一方面可以降低政策执行的盲目性和随意性，保证政策执行计划的可行性，另一方面能够增加公民对政策执行的认可，从而保证整个执行过程的顺利进行。具体的参与方式可以是举行听证会，也可以通过媒体等渠道征求公民意见。

其次，公民参与政策执行监督。公民是执行监督的主体之一。基数庞大的公民群体能够随时发现政策执行中的问题，如果能够将问题及时反馈给执行者，执行者能够及时纠正问题，就可以将政策执行损失降到最低，从而降低政策执行的成本。公民可以通过传统的监督渠道如人民代表大会等来对政策执行进行监督，也可以充分利用新兴的途径如网络等方式来表达对政策执行的意见和建议。

最后，公民参与政策执行评估。在参与方式上，可以采取调查问卷、网上参评以及现场打分等。要让公民真正参与到政策执行的评估中，一方面要扩大参与的渠道，另一方面要保证政策执行的公开和透明，这样公民才可以了解政策执行的情况和信息。

（三）激励机制

政策执行依赖于广大的政策执行人员，执行人员的状态对政策执行有重要的影响。如果政策执行人员具有饱满的工作热情和主动进取的精神，就能够克服执行中的困难，出色地完成政策执行任务。而要让政策执行人员保持一定的工作激情，就需要构建激励机制，通过一定的激励措施让政策执行人员处于良好的工作状态。

首先，完善考核机制。考核是对政策执行人员进行奖励和晋升的基础。只有考核科学，才能正确衡量政策执行人员的产出绩效，才能为奖励和晋升奠定基础。目前的考核机制存在着考核内容不够全面细致，考核标准难以量化，考核方式比较单一等问题，因此需要构建科学的考核标准，细化考核内容，丰富考核方式。

其次，优化薪酬结构。薪酬不仅是满足政策执行人员物质生活需要的主要手段，也是激发政策执行人员工作热情的重要措施。合理的薪酬结构能够增加政策执行人员对所从事工作的认同感和自豪感，从而提高执行效率。可以将薪酬与业绩挂钩，承认和尊重政策执行人员的工作业绩，避免分配中的“大锅饭”现象，落实按劳分配制度。

最后，改革晋升制度。晋升是对政策执行人员能力和业绩的肯定，是提高政策执行人员的积极性以及责任感的重要激励方式，因为晋升不仅意味着责任的加重和职权的扩大，同时也伴随着工资、奖金、福利等方面的提高。但传统的职务晋升空间有限，加上论资排辈现象的存在，使晋升制度失去了应有的激励功能。所以要改革晋升制度，改变单一的职务晋升，增加职级晋升的渠道，建立“职务晋升”与“职级晋升”相结合的两条线晋升制。

（四）责任追究机制

权责一致是管理的重要原则之一，在公共政策的执行过程中也必须贯彻这一原则，既要赋予政策执行主体相应的执行权，也要设定必要的职责，使其对政策执行承担相应的政治责任、道德责任和人格责任。而且，因为公共政策是政府为了解决公共问题而制定的行为准则，政策执行关系到公共利益的实现，所以政策执行人员肩负的责任就更为重大。为了强化政策执行人员的责任意识，减少执行失误，保证政策执行的规范性和严肃性，需要建立以前述内容为核心的责任追究机制。

首先，建立目标责任制。目标责任制是通过工作目标设计，将组织的整体目标逐级分解，转换为单位目标并最终落实到个人的分目标的制度。在公共政策执行中，可以根据政策执行计划，将政策执行目标进行逐级分解，落实到具体的单位和个人，使每一个政策执行者都能明确自己应该做什么以及如何做等问题。目标责任制的建立有助于明确个人责任，强化责任意识，进而提高执行效率。

其次，加强岗位责任制。岗位责任制是指在公共政策的执行过程中，根据执行的目标和任务设置工作岗位，明确每一个岗位的职责、任务以及目标要求。岗位责任制要求做到因事设岗、权责一致、责任明确、责任到人。岗位责任制的建立有助于落实依法执行政策、依法履行职责，从而规范政策执行的行为。

最后，强化依法行政。公共政策执行必须遵循合法原则，即政策执行必须符合法定的程序和原则。因此，政策执行人员应该树立法治观念，在政策执行过程严格遵循法律规定，依法执行政策。如果公共政策执行主体在执行公共政策过程中，其行为超出了法律的界限，出现了行为不当或行政不作为等违法行为，就应承担相应的法律后果。

（五）监督机制

在政策执行的过程中，往往会出现偏离政策目标的情况，为了保证政策执行活动能够严格遵循法定的程序和原则，能够实现预定的政策目标，需要建立政策执行的监督机制，以便及时发现政策执行过程中出现的问题，从而对政策执行进行完善和调整。

首先，完善内部监督。内部监督是指以行政机关为主的政策执行组织内部的监督，包括自上而下的监督，即上级政府对下级政府以及职能部门的监督，也包括自下而上的监督，即下级政府对上级政府的监督。同时，内部监督还包括专门的政策监督，如行政监察和审计监督。在内部监督中，一方面，自上而下监督和自下而上监督要相互补充，另一方面要充分发挥行政监察的职能作用以及审计监督的专业特征，加强政策执行监督的力度，促进政策目标的实现。

其次，加强外部监督。外部监督包括立法机关、司法机关、政党、媒体以及公众等对政策执行的监督。一方面，要发挥每一个监督主体的作用和优势；另一方面，各个监督主体应该密切配合，形成多层次的监督网络，整合监督功能，发挥监督合力。

第四节　公共政策执行的中国实践与经验

我国的体制和国情与西方国家不同，在政策执行的实践方面也有自身的特色。在社会主义现代化建设的实践中，我们党和政府一直非常重视政策执行问题，不断探索适合中国国情的政策执行方法，并且积累了丰富的政策执行经验，形成了有中国特色的政策执行的原则和方法。

一、公共政策执行的中国实践

公共政策的执行离不开一定的环境，环境对政策执行的成效具有重要影响。自改革开放以来，中国发生了巨大的变化，形成了自己独有的发展模式和特色，大量的政策执行活动就是在这种特有的情境和制度中展开的。立足于中国的国情，从影响政策执行的主客观因素来看，中国公共政策执行的实践具有以下优势。

（一）稳定的执行环境

公共政策的执行总是处于一定的环境之中，不同的环境对政策执行会产生不同的影响。和谐稳定的环境有利于政策的推行落实，动荡不安的环境则会加剧政策执行的困难。从总体上看，我国的公共政策执行环境是安定有序的。从经济环境来看，自改革开放以来，我们党领导人民创造了世界所罕见的经济快速发展奇迹，完成了脱贫攻坚全面建设小康社会的历史任务，奠定了政策执行的经济基础；从政治环境来看，我们不断坚持和完善中国特色社会主义制度，推进国家治理体系和治理能力现代化，推进全过程人民民主，改善了政策执行的政治基础；从文化环境看，与西方资本主义国家长期存在的价值纷争和社会撕裂状况不同，社会主义核心价值观统一了人们的认识，增进了社会的团结与和谐，夯实了政策执行的文化基础。

（二）科学的政策方案

公共政策的执行是对具体政策方案的执行，所以政策方案的科学合理性将对政策执行的方向和效果产生重大影响。我们现行的制度和决策方式可以避免出现重大的决策失误：首先，我们的治国理念是以满足人民的根本利益为目标导向，这一理念也贯穿在政策的制定和执行中，这就从根本上保证了政策方案不会背离人民的利益。其次，我们在决策过程中实行多方参与、科学论证和集体决定。对于重大行政决策，公众参与、专家论证、风险评估、合法性审查、集体讨论决定是必经的法定程序。这就从程序上保证了政策方案的科学性。最后，我们实行的是中国共产党领导的多党合作和政治协商制度，共产党是执政党，各民主党派是参政党，共产党的坚强领导保证了政策的长期稳定性。

（三）协作的执行主体

政策执行的主体并不是单一的，而是由多个机构和人员共同组成的，这些执行机构内部人员以及机构之间能否形成合力直接关系到政策执行的成效。虽然政府层级机构之间和横向的部门之间存在冲突和摩擦，但有中国特色的制度在一定程度上打破了这种冲突，使得各级机构和部门之间能够相互协作，完成政策执行。首先，我们坚持党的全面领导，这就意味着“中国的政策执行主体圈是以共产党为核心圈、以各级政府为中层圈、以人大和司法部门为外围圈的整体结构”①，中国共产党是强有力的核心，在党的领导下，各级政府和部门形成了一个统一整体，既合理分工，又密切协作。其次，对于重大的公共政策，我们往往通过“领导小组”的形式，打破层级性治理与多属性治理的壁垒，推动政策贯彻执行。最后，中国共产党拥有大量的党员，这些党员分布在各级政府部门、各个社会领域，党通过组织纪律和政治纪律，将分散的个体整合起来，使得他们在政策执行中能够发挥党员的模范带头作用，相互协作。

（四）配合的目标群体

目标群体对政策的认同和参与是影响政策执行能否真正落地的关键变量。在我国的重大政策实践中，公众对政策的认同度非常高，能够积极配合政策执行。这主要源于以下几点：首先，我们坚持人民利益至上，强调以人民为中心的根本执政理念，因此政策的制定和执行符合最广大人民群众的根本利益，所以能够得到目标群体的认同。其次，在公共政策制定与执行中，我们坚持从“从群众中来，到群众中去”。在政策制定和执行中，党和

① 贺东航，孔繁斌．重大公共政策“政治势能”优劣利弊分析：兼论“政治势能”研究的拓展［J］．公共管理与政策评论，2020，9（4）：52－59．

政府非常注重汇集公众的意见和建议。最后，我们在政策执行过程中，非常注重政策宣传和社会动员，从而能够取得公众对政策的理解，并通过基层组织将公众纳入政策执行的体系，发挥公众的力量。

二、公共政策执行的中国经验

我们的国情与西方国家不同，在政策执行的过程中不能照搬国外的经验。在中国共产党的领导下，我们的政府和人民探索出了适合中国国情的政策执行方式，形成了有中国特色的政策执行经验。

（一）注重政策宣传

政策宣传是向社会公众和目标群体宣布和传播公共政策的目的和内容，促使社会公众和目标群体的行为向着宣传者所希望的方向发展。政策宣传是一种推动政策执行的工具和方法，是影响人们行动的技巧。因而，政策宣传的目的是让社会公众和目标群体理解和认同政策，配合政策执行。因为政策执行是政策执行者和目标群体互动的过程，目标群体对政策的支持和配合行动是政策有效执行的重要条件。目标群体只有了解、理解并接受政策，才能做出支持政策的行为。而政策宣传正是将政策内容转化成目标群体能够接受和了解的信息，把政策的意义、科学依据及合理性、可行性、效益性在相关范围内进行有效传播，使目标群体产生对政策的信任感和信服感，从而接受和认同政策，做出政策制定者所期望的行为。

重视政策宣传是我们党在长期的革命和建设实践中积累起来的一项宝贵经验。在新时代，我们党和政府更加重视政策宣传工作，继续运用报刊、广播、电视等传统的媒介发挥政策宣传的说明教育作用，开展形式多样的政策宣讲活动，运用漫画、动画等多种形式，将政策拆解为通俗易懂的关键要素，极大地提高政策的接受度。同时，随着网络技术的不断普及和升级，党和政府也采用微信、微博等新的方式开展更为精准的政策宣传，采用小视频等形式将最新的政策动态推送给公众，不仅拓宽了政策宣传的范围，而且提高了政策宣传的质量。

解释性案例 5-3

推行政策宣传新模式　助力政策红利真落实

近年来，天津市政务服务办高度重视营商环境政策宣传工作，以提升政策宣传“小切口”做好营商环境“大文章”，帮助企业应知尽知、应享尽享，让政策红利精准、及时落地。

一是强化统筹协调，系统谋划推进。市政务服务办积极发挥营商环境建设牵头作用，制定《2022年度营商环境建设情况常态化监测工作方案》，针对营商环境宣传工作出台具体细则，通过季度监测的方式推进各区、各部门加强政策解读宣传，提升政策解读水平。根据前两季度监测结果显示，上半年各区、各部门通过“一图读懂”、动画视频、政务访谈、公仆走进直播间等方式解读惠企政策超过200次。

二是聚焦群众感受，丰富解读形式。自2020年12月起，市政务服务办组织各区、各部门将涉企政策文件制作成“一图读懂”、动画视频，将文字政策解读成市场主体喜闻乐见、通俗易懂的图片及动画，大大提升了政策文件的可读性和传播性。截至2022年7月，共制作“一图读懂”245份3 328页、动画视频24部90分钟。同时，采用“线上＋线下”的全方位宣传方式，通过官方网站、微信公众号、“学习强国”、“津云”等线上渠道推送，宣传折页、政务大厅LED屏等线下方式宣传。

三是拓展查询渠道，传播天津政策。2021年5月，联合市委网信办、市大数据管理中心，依托“津心办”App，开发推出“津策通”2.0版，汇集全市44个市级营商环境建设部门、16个区政府、5个功能区制定出台的惠企利民政策文件、政策解读及“一图读懂”。市场主体可按照政策类别、发文时间、发文部门、行业类别分类查询政策，也可通过搜索关键字进行自定义查询。每项政策均公布联系人及联系电话，确保政策兑现“落实到人”。

资料来源：天津市政务服务办．市政务服务办推行政策宣传新模式　助力政策红利真落实［EB/OL］.（2022-08-04）［2023-03-01］. https://www.tj.gov.cn/sy/zwdt/bmdt/202208/t20220804_5951048.html.

（二）重视政策试验

政策试验可以减少损失，少走弯路。对于一些涉及全局、非常规性、风险性较高、影响因素复杂的政策，选择政策试验不但有利于减少政策执行的风险，而且有利于降低政策执行的成本。因为对涉及全局的政策，影响面非常广，往往是牵一发而动全身，如果在执行过程中出现问题，损失将是巨大的。所以选取局部地区和人群进行试点，就能够将损失控制在有限的范围内。而且通过政策试验，可以及时发现政策问题，总结经验和吸取教训，对政策进行不断的修改和完善，这样在全面推广时就可以采用更加合理的政策，从而提高政策执行的效率。另外，通过政策试点，可以让人们从心理上慢慢接受新政策，减少政策执行过程中的阻力，从而降低政策执行的成本。

重要政策在全面推行前都要在局部地区或人群中进行试验，以取得经验，然后再全面展开。这是我们党和政府在长期的政策执行过程中积累起来的又一个重要经验。“政策试验”的历史根源可以追溯到中国共产党在革命战争时期特别是土地改革实践中的主动探索。新中国成立后，“政策试验”的应用范围进一步扩大，数量不断增加，类型不断丰富。1963年9月20日，《人民日报》专门发表了社论——《“典型实验”是一个科学的方法》，对政策试验在政策执行中的作用进行了总结。改革开放后，政策试验的广度和深度都得到前所未有的发展。从1978年以来，中国经济政治生活中就先后开展过利改税试点、劳动合同制试点、股份制试点、农村社会养老保险制度试点、公务员制度试点、住房公积金制度试点、分税制试点等，几乎是“每改必试”（见表5-1）。正如邓小平所说：“在全国的统一方案拿出来以前，可以先从局部做起，从一个地区、一个行业做起，逐步推开。中央各部门要允许和鼓励它们进行这种试验。试验中间会出现各种矛盾，我们要及时发现和克服这些矛盾。这样我们才能进步得比较快。”①

① 邓小平．邓小平文选：第2卷［M］. 2版．北京：人民出版社，1994：150.

表 5－1　1978 年以来的代表性“政策试点”

内容	开始时间
湖北、广西、上海、四川等地开展利改税试点	1979 年
广东、上海、浙江等地开展劳动合同制试点	1980 年
北京、广州、上海等地开展股份制试点	1984 年
上海、苏南地区开展农村社会养老保险制度试点	1986 年
国务院 6 部门开展公务员制度试点	1989 年
上海开展住房公积金制度试点	1991 年
全国 9 个省、自治区、直辖市开展分税制试点	1992 年
上海开展城市最低生活保障制度试点	1993 年
全国百家企业开展建立现代企业制度试点	1994 年
全国 382 个小城镇开展小城镇户籍制度改革试点	1997 年
四川、陕西、甘肃开展退耕还林还草试点	1999 年
安徽等地进行农村税费改革试点	2000 年
全国 304 个县（市区）开展新型农村合作医疗制度试点	2003 年
全国 79 个城市开展城镇居民基本医疗保险试点	2007 年
新疆阿勒泰、浙江慈溪开展官员财产公示制度试点	2008 年
上海、重庆开展对个人住房征收房产税试点	2011 年
上海开展营业税改征增值税试点	2012 年

资料来源：周望．中国“政策试点”研究［M］．天津：天津人民出版社，2013.

（三）善用典型示范

典型示范是指在政策执行过程中，把已经取得成功经验的地区作为一种典型，并通过学习和推广成功地区的经验，进而推动整个政策执行顺利进行的一种方法。用更为通俗的话来讲，典型示范就是“树立典型”“学习榜样”。树典型、立标杆作为一种极具政治和道德色彩的治理策略，能以点带面，通过树导向、树旗帜、树亮点，可以充分发挥“典型”的榜样和示范作用，并激励其他地区与部门纷纷效仿，达到“点亮一盏灯，照亮一大片”的治理效应。改革开放之后，树立典型和学习典型仍然在各个领域被广泛应用。在全面深化“放管服”改革中，浙江省的“最多跑一次”改革成为地方探索的样板，获得中央政府的肯定，成为其他地方政府学习的榜样。

在政策执行的过程中，树立典型能够起到良好的示范作用，为其他政策执行主体提供模仿、借鉴和学习的榜样，给其他政策执行主体以信心和鼓舞，激发他们的学习热情。同时，树立典型还具有政策带动作用，一个好的典型可以带动一大片，让其他政策执行主体看到希望，学习到经验，从而更好地结合当地实际情况完成政策的执行过程。

本章小结

政策执行研究经历了自上而下路径、自下而上路径以及整合路径。我国学者对政策执行的研究主要集中在政策执行模式、政策执行阻滞、政策执行的影响因素等方面。

史密斯模型认为理想化的政策、执行机关、目标群体和环境因素是影响政策执行的四个主要因素；互适模型认为政策执行是执行者与受影响者之间相互调适的过程；循环模型认为在环境条件的影响下，政策执行需经历三个阶段，每一个阶段都要遵循三个原则。

政策执行需要物质资源、人力资源、信息资源、权威资源和制度资源等，包括政策执行前的准备、政策执行的实施和政策执行后的总结三个阶段。政策执行的过程中会出现象征式政策执行、附加式政策执行、残缺式政策执行、替代式政策执行、观望式政策执行和照搬式政策执行，这些偏差产生的原因既有主观方面也有客观方面，需要采取相应的措施进行矫正。为了确保政策执行的效果，需要关注由信息沟通机制、公民参与机制、激励机制、责任追究机制和监督机制构成的政策执行机制。

公共政策执行过程是一个非线性系统，具有非线性特征。

稳定的执行环境、科学的政策方案、协作的执行主体、配合的目标群体构成了我国政策执行的实践优势。注重政策宣传、重视政策试验、善用典型示范是我国政策执行的经验。

思考与练习

1. 阐述政策执行的研究路径。
2. 分别阐述史密斯模型、互适模型和循环模型的内容。
3. 简述政策执行的过程。
4. 政策执行的资源包括哪些？
5. 简述政策执行偏差的表现、原因及矫正。
6. 政策执行的机制有哪些？
7. 我国政策执行的经验有哪些？

在线自测

扫一扫　练一练

第六章

公共政策的评估与监控

学习目标

1. 掌握公共政策评估的概念、作用、类型与内容。

2. 掌握公共政策评估的过程与方法。

3. 掌握公共政策监控的内涵与作用，了解公共政策监控机制的构成。

4. 了解公共政策监控的社会系统核算方法、社会审计方法。

5. 掌握中国公共政策评估的实践与经验。

本章提要

公共政策评估和公共政策监控都是政策过程的重要组成部分，制约并影响着从政策问题构建、政策制定、政策执行、政策调整到政策终结等一系列过程。在政策制定中，通过政策预先评估的手段可以选择政策方案。在政策执行之后，通过政策评估可以判断政策过程的得失优劣。政策监控是在政策行为开始之后，用来提供特定的公共政策所产生的原因和取得的结果等相关信息，并根据特定目的对政策过程加以控制的政策分析程序。政策监控虽然可以单独看成一个政策过程运行的保障性政策环节或措施，但从功能上看，由于其同政策评估的功能近似度较大，所以也可以认为是一种特殊形式的政策评估。

引导案例

精准扶贫对农户生计可持续性的政策效应评估

巩固拓展脱贫攻坚成果是“十四五”时期的重要任务，提升农户生计可持续性是防止返贫和实现脱贫地区高质量发展的关键，在生计可持续性视角下系统评估精准扶贫政策效应，可为此提供重要依据。

首先构建涵盖生计资本、生计环境和代际发展能力三个维度的扶贫政策效应评估框架，然后以武陵山区石柱县为案例区，采用双重差分（DID）和倾向得分匹配法量化了精准扶贫对农户生计可持续性的影响，并讨论了其分异性。

评估结果表明：(1) 精准扶贫使农户生计可持续性水平整体提升了20.5%，农户生计资本、生计环境和代际发展能力分别提升21.3%、23.9%、15.8%，农户生计环境改善更突出，而代际发展能力具有一定时滞性。(2) 精准扶贫对生计要素禀赋较好的兼业型农户带动效应更大且显著，其次是务农主导型和务工主导型脱贫户，而以“输血式”帮扶为主的补贴依赖型农户则被边缘化，加剧了群体间生计可持续性分化。(3) 精准扶贫政策效应空间分异性明显。相比经济基础条件较好的王场镇和黄水镇，精准扶贫对具有区位优势的龙沙镇、贫困程度较深的中益乡的带动效应更大且显著。(4) 研究围绕强化对山区教育与技术投入、对偏远地区资源倾斜以及引导贫困边缘群体治理等方面提出巩固脱贫攻坚成果的对策。

研究可为提升巩固脱贫攻坚成果政策的匹配性和精准性提供科学依据，有助于深化对于中国反贫困理论的认识。

资料来源：刘倩，雷洋洋，喻忠磊，等．生计可持续性视角下精准扶贫的政策效应评估及其分异研究：以武陵山区石柱县为例［J］．地理科学进展，2023，42（4）：670－686.

案例思考：

1. 该案例是如何区分精准扶贫的效果的？
2. 该案例使用了什么方法进行政策效应评估？
3. 结合案例内容，讨论政策评估的作用。

本章建议学时： 9学时

第一节　公共政策评估概述

一、公共政策评估的基本概念

公共政策评估的概念

公共政策评估，即政策评估，也称为政策估计、政策估价和政策评价，是使用某种价值观念来分析政策运行结果的一个不可或缺的重要环节或步骤。通过政策评估，能够获得政策运行结果所带来的价值方面的信息，判断政策过程是否已经实现或者在多大程度上实现了政策目标，以及能判断某项政策取得的成效有多大等。简言之，政策评估需要依据一定的标准和程序，运用科学的方法，对政策的效果、效率、充足性、公平性、回应性、适宜性进行综合判断与评价，政策评估是政策过程的一个重要阶段。

关于政策评估的概念有多种界定。张金马认为，所谓政策评估，是指采用现代社会科学研究方法对一个社会或社区或特定社会群体的政策需求、对拟议之中的政策方案以及付诸实施的政策所产生的效果、执行情况及其带来的各种影响等进行客观、系统化的考察与评价。威廉·邓恩认为，政策评估可以提供价值或有价值的政策结果方面的信息。陈庆云认为，公共政策评价的着眼点应是政策效果。简单地讲，公共政策评价就是对公共政策实施效果所进行的研究。戴维·纳茨米亚斯认为，政策评估就是根据正在执行的政策和方案所要达到的预期目标，客观、系统、实证性地检验其作用于目标的影响和效果。陈振明指出，政策评估是依据一定的标准和程序，对政策的效益、效率及价值进行判断的一种政治行为，目的在于取得有关这些方面的信息，作为决定政策变化、政策改进和制定新政策的依据。

上述界定的表现形式不同，是因为观察问题的角度不同所致。各位学者分别从政策方案的评估、政策全过程的评估、政策效果的评估等方面对公共政策评估进行了界定。在政策实践中，公共政策评估是一种全方位、系统化的政治行为。评估主体、评估客体、评估环境、评估目的、评估标准、评估过程、评估方法等多方面要素及其相互作用都应该包括在公共政策评估的内涵之内。如果在相对完整的意义上理解公共政策评估，则可以认为公共政策评估是评估主体依据一定的评估标准，利用相关的评估方法，考察公共政策过程的各个阶段、各个环节，对政策产出和政策影响进行检测和评价，以判断政策结果满足目标群体的需要程度、与目标群体价值判断的吻合程度以及对于目标群体相关机会的满足程度。公共政策评估实质上是一种政策运行的保障活动。

二、公共政策评估的基本作用

公共政策评估在政策运行过程中具有重要作用。公共政策评估的作用主要体现为以下几个方面。

（一）提供关于政策结果的相关信息

对公共政策进行评估需要首先回答政策绩效如何的问题，而政策结果则是考察政策绩效的基础之一。公共政策评估能为政策行为满足目标群体的需要、价值和机会的程度即政策结果提供真实可靠的信息，并能揭示公共政策运行的特定目的和特定目标，还可以对公共政策运行状况进行分析，做出事实评判和价值判断，为把握政策方案或政策运行的实际状况提供相关信息。

（二）为政策运行提供相关预测

公共政策评估者在事实评判的基础上，依据不同的评估手段和技术，除了可以对政策方案及其运行状况做出价值分析之外，还可以对政策方案的科学性、可行性进行考量，并据此预测政策运行的未来状况，描述关于政策未来的结果以及政策行动的未来状态。所以，公共政策评估能起到预测作用。

（三）为政策调整提供参考依据

公共政策评估通过事实判断和价值评判，在相当大程度上能借助既定的政策目标，对政策过程进行监测和控制，修改政策方案，规范政策运行。而且，公共政策评估常常会基于客观环境和主观价值的变化，对政策过程进行调整。这种政策调整一般有三种可以选择的方向：第一，政策延续。对实践证明具有可行性的政策，可以在原有方向上继续执行。第二，政策革新。当在政策运行中遇到新情况必须解决时，对政策方案或者政策执行做出某种调整，包括政策目标、组织结构、资源配置、执行时间和执行方式等。第三，政策终结。当继续执行政策方案无法实现原有政策目标时，往往需要完全停止原有的政策，或者根据需要重新进行政策规划。通过政策评估活动，可以为选择政策延续、政策革新或政策终结等提供方向性的依据。

（四）对政策运行作阶段性或最终的审视

公共政策评估不仅能够对公共政策的全过程做出最终的评估，还可以对政策运行进行阶段性的审视，包括在政策制定阶段或者政策执行阶段，都可以利用政策评估对政策运行的目标、效率、影响力等做综合的分析、比较和评估，并为新的政策制定和运行奠定基础。

三、公共政策评估的主要类型

公共政策评估的类型

公共政策评估可以根据活动形式特征、评估主体担当、政策过程时序等进行分类。从活动形式特征来看，可以分为正式评估和非正式评估；从评估主体担当来看，可分为内部评估和外部评估；从政策过程时序来看，可以分为事前评估、事中评估和事后评估等。

（一）正式评估和非正式评估

具有评估方法科学化、评估过程标准化以及评估结论规范化特点的政策评估是正式评估，不符合上述特点的政策评估即非正式评估。非正式评估对评估主体、评估形式和标准以及评估程序没有严格要求，评估结果存在很大局限性。

（二）内部评估和外部评估

内部评估是指由政策主体内部的评估者所完成的评估，可分为政策方案制定者或执行者实施的评估和政策系统内专职评估人员实施的评估。外部评估是指由政策主体以外的评估者所完成的评估。形式上，外部评估可以分为委托评估和非委托评估两种。委托评估即政策主体委托政策体系外的机构或个人进行的评估，被委托者可以是学术团体，也可以是商业机构；可以是营利性的，也可以是非营利性的。非委托评估即政策主体之外的机构等自行进行的评估。

（三）事前评估、事中评估和事后评估

事前评估是指在政策方案执行之前对政策方案进行的一种预测性评估，其重点在于对政策进行可行性分析和对政策效果及发展方向进行预测。包括公共政策及政策环境的发展趋势、可行性评价、政策效果的预测和评价等。事前评估往往发生在政策制定阶段，是对政策过程进行事前控制的有效工具。我国 2019 年 9 月起施行的《重大行政决策程序暂行条例》规定，重大行政决策的实施可能对社会稳定、公共安全等方面造成不利影响的，决策承办单位或者负责风险评估工作的其他单位应当组织评估决策草案的风险可控性。这正是对公共政策方案进行可行性分析和对政策效果进行预测的要求。事中评估是在政策执行过程中所进行的评估，其目的是通过分析政策在实际执行过程中所遇到的各种情况，具体分析政策执行中的结果，准确地反映政策执行效果，对于发生的新情况及时反馈，对于出现的执行偏差及时矫正。事中评估已经成为政策过程控制的一项重要手段。事后评估是指政策执行后所进行的一种最终评估，也是最为重要的一种评估形式，事后评估要求具有系统性和全面性，对于一项政策的延续、改进或终止具有至关重要的参考价值。

四、公共政策评估的内容

（一）政策效果的分类

在公共政策评估中，所关注的评估效果很多，但从政策效果的内涵看，主要有以下几种类型。

1. 直接效果

直接效果是指公共政策的执行对所要解决的公共政策问题及目标群体所产生的直接作用。比如，精准扶贫政策有效减少了我国贫困人口的数目，到 2020 年 11 月 23 日，国务院扶贫办确定的全国 832 个贫困县全部脱贫摘帽，全国脱贫攻坚目标任务已经完成。直接效果是相对于政策目标而言的，所以评估政策直接效果的前提是和既定的政策目标相比较。

2. 附带效果

公共政策执行的效果超出了公共政策既定的直接目标，这种超出直接目标的政策效果称为附带效果。例如，免费接种新冠疫苗是预防和控制新冠传染病的有效公共卫生干预政策，其直接政策效果是能够减少社会成员的疾病发生、减少医疗费用，其附带效果之一是增加了民众对于社会的信赖感。公共政策的附带效果是必然的，因为公共政策是面向全社会的，不可避免地会对所有社会成员产生直接或间接的影响。因此，附带效果是公共政策的溢出效果，这种效果既有正面的，也有负面的。例如，就近入学政策催生了学区房的概念，其直接效果是增加了中小学学生上学途中的安全感并使他们获得了更多的睡眠时间等，但该政策附带效果的负面影响是助长了优质中小学附近学区房的涨价态势等。

3. 潜在效果

潜在效果是指公共政策对社会所起的缓慢的、长期的、潜移默化的作用和影响。由于公共政策的滞后效应①，一些公共政策的效果在短期内不易为人们察觉，但有可能在今后一段时间里得到充分表现，这种没有与公共政策执行同步，后来才表现出的政策效果就是公共政策的潜在效果。这种潜在效果具有不确定性，不易测定，给公共政策评估带来了不少不确定性。

4. 象征性效果

在公共政策实践中，一些公共政策的内容只是象征性的，其产生的有形效果可能十分微弱，但其产生的无形效果却比较强大，这里的无形效果就是象征性效果。例如，领导者

① 傅广宛．非线性视角中的公共政策执行过程［J］．中国行政管理，2003（05）：33－36．

看望经济困难家庭，其产生的无形效果就非常强大。这类公共政策的本意也不是以取得有形效果为主，而是以取得无形效果为主。这类公共政策效果对于强化社会对政府的拥护程度，使政府获得多数人支持等具有积极作用。

（二）政策评估的一般内容

常见的评估内容有以下五方面。

1. 政策成本评估

政策成本评估是衡量政策投入与产出之间的关系。政策成本是指整个政策过程中所投入的全部政策资源，如人力、物力、财力、时间、信息和风险等。政策产出是指有形的政策结果，如接种新冠疫苗的人数等。将投入和产出统一量纲后进行比较，即可得到政策成本。

2. 政策需求评估

政策环境的变化会对某些公共政策表现出一定的需求，这种需求有多大、社会条件能否满足这种需求、准备出台的政策能满足公共问题的程度等，对于这类问题进行评估就是政策需求评估。政策需求评估多发生在政策制定阶段，是构建政策议程、制定相应公共政策的基础。

3. 政策效益评估

在公共政策分析中，效益的含义是效果和收益。这里的效益可以分为三种情况：经济效益、社会效益和环境效益。政策效益评估就是获得政策目标在这三种效益上得以实现的程度的一种评估类型。

4. 政策过程评估

政策过程评估是对政策运行各个环节进行评估。它涉及政策问题构建、政策制定、政策执行、政策调整等过程的评估，是一种对于政策运行状况进行实际评估的过程。

5. 政策价值评估

政策评估不仅是客观真实、符合实际的，而且应当是正义的。为了秉持这个原则，通过某种方式对政策价值所具有的意义进行评估显得十分必要。作为一种评估类型，政策价值评估的主要目的正是力图廓清公共政策在价值上所具有的意义。

解释性案例 6-1

中国农村税费改革的政策效果评估

农村税费改革被誉为我国农村继联产承包责任制之后最重要的一项改革举措。然而，关于这场改革所取得的实际效果，社会各界的看法都比较谨慎。实行多年的农村税费改革是否真正减少了农民的负担、增加了农民的收入，以及这种影响是短暂的还是持久的，是一个极其重要的实证性问题。

由此，有学者试图对中国农村税费改革的政策效果进行系统而严格的实证研究。在数据上，该研究运用 7 省 591 个县和县级市 1999 年至 2002 年的相关社会经济数据；在方法论上，该研究利用税费改革分地区逐步推进的特征，借鉴计量经济学“自然实验”和“双重差分模型”的方法估计税费改革对农民收入增长所产生的因果效应的大小，从而避免现存文献存在的一些重要缺陷。利用双重差分模型的基本想法是，农村税费改革一方面制造了同一个县农民纯收入改革前后的差异，另一方面又制造了在同一时点上改革县与非改革县之间的差异，基于这双重差异形成的估计有效控制了其他共时性政策的影响和改革县与非改革县的事前差异，进而识别出政策改革所带来的因果效应。

研究发现，农村税费改革的确对农民收入的增长率有相当大的正面影响：税费改革使农民纯收入平均提高 1.3～1.5 个百分点，对样本期间农民纯收入增长的贡献高达 45%左右，而且该影响至少持续 1 年以上。这一结论能够通过一系列的稳健性检验。此外，研究对影响税费改革效果的因素进行了一些深入探讨。结果发现，税费改革在不同样本地区的影响差异甚大，农村税费改革的增收效应主要体现在那些改革之初财政自给率低、基层政府规模庞大以及远离省会和位于省边界的县市。这些实证结果表明，农村税费改革确实有力地扭转了农民负担加重的严重局面，初步达到了农民增收的政策初衷。

资料来源：周黎安，陈烨．中国农村税费改革的政策效果：基于双重差分模型的估计 [J]. 经济研究，2005 (8)：44 - 53. 有删减．

第二节　公共政策评估的标准与过程

一、公共政策评估的标准

政策评估的标准是衡量有关政策的利弊得失的指标或准则。政策评估的标准必须能客观反映公共政策过程，但人们对于公共政策过程的认识是不断深化的，因此政策评估的标准也是在相对稳定的基础上与时俱进的。这就对公共政策的评估标准赋予了阶段性的显著特征，即公共政策评估的标准在不同的历史时期也会有所不同。在早期的公共政策评估中，人们主要关注政策活动的结果，侧重于效率、效能和效益，对政策活动中应包含的伦理考量和价值观考量等重视程度不够。如对于公共政策的公平性、回应性、适宜性等的评估在早期的评估中就很少见到。实际上，政策活动不仅与效率、效能、效益等政策结果密不可分，而且与政策的合法性、公正性、适宜性等价值观层面的评估标准息息相关。在多数情况下，这些价值观层面的标准甚至能决定一项政策的成败。因此，评估标准的选定，决定了其与评估主体所持的价值观有密切的关系，同时又符合一定的技术条件；也决定了政策评估既是一个事实判断和技术判断的过程，又是一个价值判断的过程。而且，政策评估的任务决定了其必须是建立在事实标准、技术标准和价值标准基础上的科学活动。一般来说，可以把政策评估的评价标准总结为效果、效率、充足性、公平性、回应性、适宜性等类型。

(1) 效果。效果是看政策过程运行的结果是否有价值，或者说是对一项政策实际成效的度量与判断。例如，政府为适龄儿童提供疫苗服务的数量有多少等。政策效果既可能是正面的、积极的效果，也可以是负面的、消极的效果。

(2) 效率。效率是看政策过程为得到这个有价值的结果付出了多大代价，衡量的指标包括单位成本、净利益、成本收益比等。政策效率高低可以细化为三对关系：第一，投入与成本的关系。第二，行政开支与业务开支的关系。对政策运行过程来说，直接用于服务对象的开支为业务开支，管理机构和人员自身的开支是行政开支。一般而言，行政开支过大，业务开支过小，是效率低下的一种表现形式。第三，人均开支和单位成本的关系。某项政策实施时占所在辖区居民人均开支过大，表示纳税人所承担的费用多，单位成本过高，效率就低。

（3）充足性。充足性是指在多大程度上实现了政策目标，包括两个方面的内涵：一是在固定成本的条件下所能得到的效果有多大；二是在固定效果的条件下所能实现的最小政策成本是多少等。例如，“仅仅花了不到10万元就实现了过去需要花费50万元才能够实现的政策目标”“仅仅用了一年的时间就实现了通常需要三年才能够实现的政策目标”等说法，就是对政策评估中的政策效果充足性的一种表达方式。

（4）公平性。公平性是指成本和效益在不同集团之间是否等量分配。判断的工具主要是帕累托准则、卡尔多-希克斯准则、罗尔斯准则等。帕累托准则常用于分析资源配置的合理性。利用帕累托最优状态标准，可以对资源配置状态的任意变化做出好与坏的判断。如果既定的资源配置状态的改变使得至少有一个人的状态变好，而没有使任何人的状态变坏，这种状态称为帕累托改进。卡尔多-希克斯准则也称卡尔多改进，可以用于比较不同公共政策的效果。其含义是，如果一个人的境况由于变革而变好，他不仅能够补偿另一个人的损失而且还有剩余，那么整体的效益就改进了。罗尔斯准则的含义是，一个社会的公平状况，取决于这个社会中生活处境最差的那个人。当面对三个行动，分别产生三种可能的不同结果时，应该比较三个行动所能带来的最低收益，以三个行动的最低收益中的最大收益为原则，选择相应的政策行动。罗尔斯准则为公共政策方案制定如何体现公平性提供了一种参考。

（5）回应性。回应性是判断政策运行结果是否符合特定群体的需要、偏好或价值观念的一种评价标准。例如，与民意测验的一致性。在政策评估中，判断政策回应程度的重点不在于政策的制定和执行的形式方面，而在于政策的实际效果能够在多大程度上满足特定群体的需要、偏好或价值观念。人们的利益诉求是相对稳定的，但随着时间、空间、满足程度和其他条件的变化，也会发生一定变化，从而打破原有的相对稳定。政府所掌握的政策资源具有一定的限度，保证百分之百随时满足需求回应性是不现实的，而且，对全体社会成员都给予一个良好的回应也是不太现实的，因此回应性只能是针对特定群体而言的。在林林总总的需要政府做出回应的选择中，需要政府加以权衡，选择出最需要最紧迫的问题进行回应。对某一类公民而言，在某一项政策上政府可能没有做出良好的回应性，但从其他政策或总的政策体系来看，政府已经做出了回应。因此，回应性是对政策体系回应性的完整判断而言的，并不是对某一项政策而言的。判断政策的回应性，既要考虑到某一政策的回应性，也应考虑到政策体系内其他政策的回应性。

（6）适宜性。适宜性是指所需要的政策结果（目标）是否真正有价值或者值得去做。例如，是否遵循了公平与效率兼顾的原则等。这是一个价值层面的判断标准。它常常回答这样一些问题：为什么偏好这一项政策，而不偏好另一项政策？一项政策优先进行价值分配的顺序是什么？如果政策必须面对一定的风险，那么面对来自经济上、道德上或政治上的风险如何进行取舍？在政策评估活动中，适宜性主要强调的是评估主体的一种信念、思想和理想追求，反映出社会公共利益的实现程度、社会生产力的发展水平和社会发展总方向符合评估者价值的状况。评估的重点是关注生产力的发展、关注政策成本和收益在不同集团或阶层中分配的公平程度、关注社会可持续发展、关注人与自然的和谐程度等。以生产力发展为标准对公共政策进行评估，能最大限度地体现社会发展的根本状况。

政策评估的标准是多方面的，这就决定了在政策评估中，很少使用单一的某个标准进行政策评估。在政策评估实践中，往往使用复合标准进行综合评估，力图获得全面的评估结果。

二、公共政策评估的过程

公共政策评估的过程一般由评估筹划、评估实施和评估总结三个阶段构成。

（一）评估筹划

评估筹划是评估的基础和起点。这个阶段主要承担明确评估目的、选定评估对象、制订评估计划等任务。

（1）明确评估目的。即回答为什么要对政策进行评估的问题，也就是回答评估目的的问题。作为贯穿评估过程各阶段的总指向，明确评估目的对于后续评估过程具有引领作用。

（2）选定评估对象。政策体系中的政策纷繁复杂，往往涉及诸多的政策评估对象。选定评估对象，围绕评估对象按照评估程序展开评估，有利于评估活动更加聚焦，易于达到评估目的。

（3）制订评估计划。包括：明确评估所需的时间、限定评估的范围、确定评估标准与评估方法、准备评估条件。

（二）评估实施

政策评估实施阶段是整个评估活动中最关键的阶段。这个阶段承担的主要任务是收集政策过程信息，通过数据分析和价值判断，对照评估标准进行评估，撰写评估报告，得出符合科学要求的评估结论。评估报告的撰写除根据评估情况提出政策建议外，还应当对评估初衷与目的、评估所使用的方法和评估中存在的问题做出说明。

（三）评估总结

该阶段承担的任务是对评估筹划阶段和评估实施阶段进行全面回顾，通过总结前两个阶段存在的不足和获得的经验，为下一次政策评估活动提供借鉴。

第三节　公共政策评估的方法

公共政策评估的方法

公共政策评估的方法有很多，按照不同的标准，可以分为不同的类别。以是否可量化为标准，公共政策评估的方法可以分为定量评估方法、定性评估方法。

一、定量评估方法

在公共政策评估活动中，有不少内容涉及数据与统计，可以通过这些数据挖掘出更深层次的数量关系，来反映公共政策运行状况。因此，公共政策评估与定量评估方法密切相关。使用定量评估方法有利于减少不必要的评估纠纷与争论，避免评估活动中过于偏重主观价值的倾向，并且使用事实和数据说明评估结果更易使人们接受和信服。常用的公共政策评估的量化方法有如下几种。

（一）指标法

指标法是一种将公共统计数值用于评估公共政策的工具。其主要作用是构建一个指标体系，然后将公共部门的统计结果根据所构建的指标体系进行衡量，并据此制定公共政策或调整公共政策。指标体系的优劣决定了评估结果的可靠性，因此只有构建科学合理的指标体系，才能得出科学公正的评估结论。但指标体系的指标并非越多越好，过多的指标有可能内容重复并互相干扰。因而构建指标体系应从实际出发，科学地选取体系中的指标。

尽管构建评估指标体系有多种原则，但在实际应用中，往往需要体现出公共政策的三种评估特征，即经济效益、主观福利和公平。因此，政策评估指标体系一般应该包含以下三种类型的价值取向：

（1）经济效益取向。绝大多数政策评估无法绕过的重头内容就是经济效益。在政策评估指标体系的构建中，凡是能以币值形式表示的经济效益都应该设立此类指标。在衡量经济效益取向的指标中，最具代表性的是政策的成本效益之比。无论何种经济效益指标，其数字所反映的政策效果相对于纯粹的价值判断来说，更加具有客观性和科学性。

（2）主观福利取向。主观福利指标是衡量政策合法性的一个指标。作为一项评估指标，公民对于某一政策的满意程度通常依靠此类指标来衡量。经济效益指标衡量的是政策带来的市场价值；主观福利指标则强调的是人们尤其是作为政策客体的人们直观的感受或情绪，往往反映公众对某项政策的拥护程度。主观福利指标的测量和获得往往以问卷调查或其他更直接的方式进行。由于没有客观的基础数据而只有主观感受，所以不可能以成本-效益分析的方式来衡量政策的净经济效益，只能以其他方式来衡量政策的社会效益。

（3）公平取向。除了以上两种价值取向外，公共政策还必须考虑资源分配的公平性。公共政策最基本的功能之一就是资源分配。将社会资源在不同群体之间进行分配，必然存在一个社会公平问题。这种公平性在政策指标上的反映往往是公共政策能够对弱势群体所提供的帮助。一项政策若仅仅追求总效益的最大化，而忽视了对于弱势群体的帮助，忽视了对于公平性的考量，则往往由于其与伦理考量和价值观考量的冲突而成为不大可行的政策。

许多方法都可以用来构建公共政策评估指标体系。但只要指标与价值取向有关联，指标的选择就无法回避地包含着对政治利益的考量，指标之间也由于这些原因而出现“厚此薄彼”的情况。同时，不同的利益群体因为利益与价值的冲突而对政策指标的选择具有不同认识。因此，在构建政策指标体系时，应该适当留有一些缓冲不同价值与利益冲突的余地，同时也要适当强调某项指标的重要程度。再者，政策评估指标体系也是一个与时俱进的概念，如果社会的主流价值对某项政策的看法产生了变化，政策评估指标体系也必须随之发生变动。由于诸如此类的原因，政策评估指标在多数情况下应该具有权重，以彰显不同衡量指标的重要性顺序排列以及应对指标重要性的调整过程。

表 6 - 1 是一个利用指标法设计的治安政策评估指标体系，这只是一个简明的指标体

系的表述，因此没有利用复杂的方法设置各项指标的权重。同时，该指标体系是针对全社会在社会治安方面的公共利益设计的，并不是专门针对某一个利益群体的安全设计的，本身就不涉及公平性问题，因此没有专门设立用来衡量公平性的指标。以此政策评估指标体系为依据，可以逐项评估一个时期治安政策的效果，获得对于治安政策的初步评估印象。如果需要进一步的精确评估结果，则要进行指标权重方面的设计。

表 6-1　治安政策评估指标体系

价值取向	评估指标体系
经济效益取向	重大刑事案件发生率
	人群的平均犯罪率
	假释犯的再犯率
	社会治安投资的成本
主观福利取向	公民的安全感
公平取向	—

（二）实验法

实验法源自物理学上传统的实验室实验，其遵循物理实验的基本程序，但并不严格。由于需要对实验数据进行量化处理，所以历来被认为属于量化评估方法的范畴。

所谓以实验法评估公共政策，就是运用随机指派的方法，将一群受试者分配到两个以上的研究小组中，其中一组接受政策实验的处理，称为实验组。实验组接受政策分析人员的直接控制，获得公共政策作用后各种可能的实验结果。分析人员尽可能地将各种实验结果的差别实现最大化，以求达到实验结果之间的辨识度最大。其他组是没有接受政策实验的小组，只是接受通常政策环境下的自然处理，该组称为对照组。

政策实验的关键环节是“随机指派”，应保证每个实验对象都有相同的概率被抽到任何一组。随机指派的方式可以尽量避免在选择各组和各成员时产生的偏见，在无法避免时也能使选择实验对象时产生的偏见最小化。例如，评估某项高等教育政策的合法性，在选择实验对象时，脱离随机指派原则，将来自南方家庭的孩子分为一组，将来自北方家庭的孩子分为一组，通过实验结果可以看到，与北方家庭的孩子相比，南方家庭的孩子可能会对该项教育政策表现出更为积极的支持态度，这就是由于实验对象的非随机指派所产生的一种偏见，显然对实验结果带来了偏差。如果按照随机指派原则选择实验对象，这样的偏差就会减少或者被消除。

政策执行后，以对照组为基准，观察公共政策对于实验组的影响，从而判断公共政策是否有效、在多大程度上有效，以及政策发挥效果的最优路径是什么、不良的政策反应如何消除等。此外，还可以利用其他量化分析方法对获得的实验数据进行深度加工和分析，以便获得更多的、更深层次的实验结论。在政策实验中，由于实验很难在封闭的空间中进行，所以政策环境中的诸多因素常常会干扰政策评估结果，使其精确性有所降低。因为这种开放空间难以避免，所以往往导致政策实验的内在效度降低。正因如此，政策实验经常被认为是准实验。

例如，在师范院校经济困难学生的资助政策中，资助额度的多少是事关该项公共政策成功与否的一个重要因素。学校为提高经济困难学生的学习成绩，拟于下一学年开始，每月为经济困难学生提高 500 元的资助。影响经济困难学生学习成绩提高的因素很多，资助额度是其中的一个因素。

为了评估这项公共政策对于经济困难学生学习成绩的影响，可以随机抽取 20 名经济困难学生进行政策实验。首先按照随机指派的方法将学生分为两组，每组 10 名学生，确定一组为实验组，另一组为对照组。实验开始前先分别测定两组学生的平均学习成绩，由于是随机指派，所以两组学生的学习成绩应该没有太大的差别。然后对其中的实验组学生提高资助额度。实验持续一年后，再分别测定两组学生的学习成绩，结果两组学生的学习成绩有了较大区别。其中实验组的学生学习成绩提高幅度较大，说明提高经济困难学生资助额度的政策有助于解决实际困难，提高学生学习成绩的效果明显。如果需要进一步的研究，则可以采用更加精确的量化方法对数据进行深度挖掘。

由于实验法对于政策过程的处理过于简单化，因此不宜应用于目标宏大的政策，因为这些政策往往包含着利益相关者的深层次冲突，并不是简单的实验就可以概括和描述的。实验法也不适用于对某项公共政策态度完全对立的不同群体。类似这种情况，可以利用德尔菲法或焦点团体座谈会等其他形式来进行政策合法性的评估。

（三）间断时间序列分析方法

1. 间断时间序列分析的内涵

时间序列分析是研究政策发展变化规律的一种量化分析方法。时间序列是随时间而变化，具有动态性和随机性的数字序列。时间序列分析在政策评估中具有广泛的应用。近年来，时间序列分析在政策评估中的应用研究逐渐成为热点。间断时间序列分析是时间序列分析的类型之一，是一种用于评价政策干预效果的准实验设计方法。其利用控制干预前的政策发展趋势，比较干预后政策的发展趋势的办法，通过干预前后产生政策发展的对比，得到相关的政策评估结论。

一般情况下，按照时间先后顺序排列起来的一系列有相同内涵的政策数据都可以构成时间序列。时间序列在政策过程中无处不在。例如，GDP、物价指数、股票指数等每一种都可以构成时间序列；经济困难家庭每天的开支、私企工人每天的工作量、中部地区大学生每天的伙食费等，也可以构成时间序列。政策过程的发展变化所表现出来的各种特征，只要能够被持续地观察、度量和记录，就能够得到各种各样的时间序列。在公共政策实践中，许多统计资料都是按照时间进行观测记录的，因此时间序列分析在公共政策分析尤其是政策评估中具有广泛的应用。

公共政策过程的时间序列由一些有严格先后顺序的数据组成。不同时间点或时间段对应的政策数据之间可能在表面上是没有关联的，但大多数情况下政策数据之间往往存在着某种前后相承的关系，而非互相独立。对这类政策数据的时间序列分析是针对这种政策数据特点而形成和发展起来的，因此时间序列分析具有难以替代的作用。在政策评估中，时间序列分析是一种动态的政策数据处理的方法。该方法基于随机过程理论和数理统计方法，研究随机政策数据序列所遵从的统计规律，以此来回答政策评估中的一系列问题。

时间序列分析承认事物发展的延续性。其基本思想建立在这样一个基础上，即应用过去的数据，就能够推测政策发展的未来趋势。同时也承认政策发展受偶然因素影响所产生的随机性。例如，公共政策的颁布和实施、政策的中断以及气候变化、地震、水灾、战争等其他因素带来的政策发展轨迹的变动等。在公共政策评估中，时间序列分析就是利用系列观察值，应用数理统计方法加以处理，根据处理结果，或做出关于政策效果的评估结论，或预测未来政策的发展。

间断时间序列分析是一套广泛应用于政策评估领域的程序，是按照随机因素（如政策执行）作用的时间点，对一个时间序列进行划分，然后对作用前和作用后事物的发展轨迹进行分析并得出相关评估结论的方法。该方法以图形和统计表格等形式直观显示政策行为对政策结果的影响，从而为准确进行政策评估提供依据。在无法开展随机对照实验来进行政策评估，或在缺乏对照组难以根据实验结果进行政策评估的情况下，间断时间序列分析方法可以有效评估种种随机因素对政策的干预效果。

时间序列模型不同于一般的经济计量模型，其不以经济理论为依据，而是依据变量自身的变化规律，利用外推机制描述时间序列的变化。在处理时间序列模型的过程中必须明确考虑非平稳性，如长期趋势偏倚、自相关偏倚、循环或季节性对政策发展轨迹造成的影响等。间断时间序列分析可以避免一些因自然发展中的随机因素对事物发展轨迹造成的影响，能更加准确地评估公共政策。

2. 间断时间序列分析实例

以下通过例子来说明间断时间序列分析在政策评估中的应用。

美国康涅狄格州 1955 年交通事故创下新高，因交通事故而死亡的人数是 324 人。1956 年州长宣布对该州的超速驾驶者实行严格的制裁政策。到 1956 年年底，交通事故死亡人数是 284 人，交通事故死亡人数下降了 12.3 个百分点。基于这个事实，州长宣称这项政策的执行是有价值的。图 6-1 显示了这项超速制裁政策的表面结果。图中的最高点是 1955 年康涅狄格州因交通事故而死亡的人数，最低点是 1956 年年底该州因交通事故而死亡的人数。①

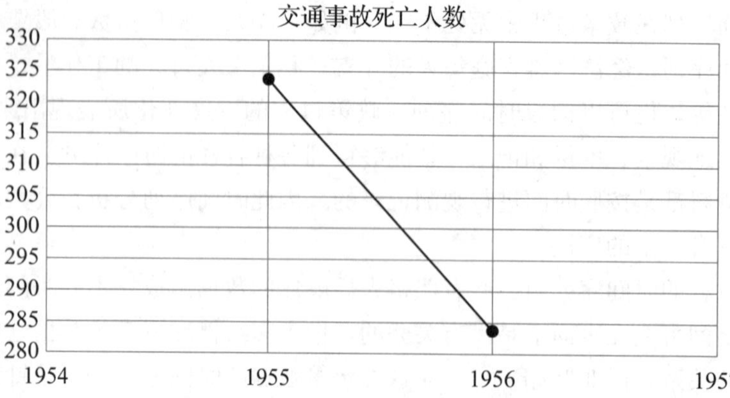

图 6-1　1956 年超速制裁政策执行前后康涅狄格州的交通事故死亡人数变化

① 威廉·N 邓恩．公共政策分析导论［M］．4 版．谢明，伏燕，朱雪宁，译．北京：中国人民大学出版社，2011.

现利用间断时间序列分析来评估康涅狄格州的超速制裁政策的效果。程序如下：

第一，绘制间断时间序列分析图。将制裁政策执行开始时间的前后多年的交通事故死亡人数统计数据画在图上，形成了一个含有1951年至1959年交通事故死亡人数统计数据的扩展的时间序列（见图6-2）。

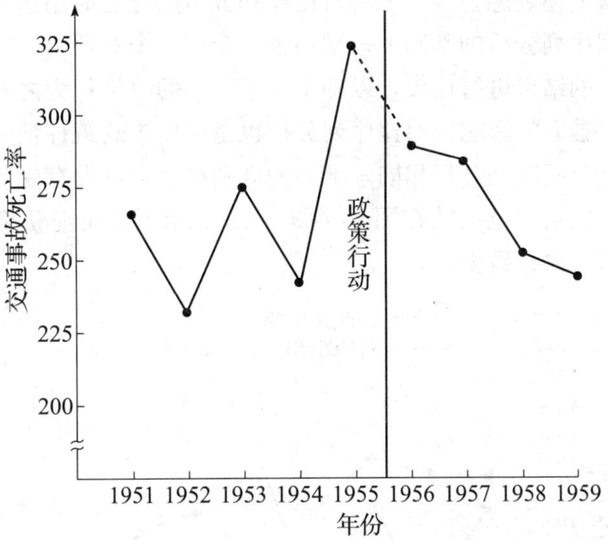

图6-2 在1956年超速制裁政策执行前后康涅狄格州交通事故死亡人数间断时间序列图

然后，在政策执行第1年（即1956年）处画一条垂直线，将扩展的时间序列断开，断开后的时间序列因此而被称作“间断时间序列”。横轴上可见的时间刻度表示每年的7月1日，两个刻度之间的中点表示每年的1月1日。

第二，根据间断时间序列图进行分析。根据图6-2所做的关于政策效果的分析，与根据图6-1所做的分析完全不同，主要表现为以下三点：

(1) 交通事故死亡率的下降可能是“蜕化”现象所致。除了政策行为之外，司机的内在变化如安全意识的变化（蜕化）可能对政策效果产生了影响。多年来，康涅狄格州的交通事故死亡率曾经多次出现下降的现象，这可能是司机加强了社会学习的结果，如司机接受了培训项目或公共安全的教育等。图6-1只能简单反映政策执行前后交通事故死亡率变化，无法考虑这些可能存在的因素的独立影响。但间断时间序列图（图6-2）就可以把“蜕化”作为影响交通事故死亡率的重要影响因素考虑进去。

(2) 交通事故死亡率的下降可能是时间序列的不稳定性所致。所有的时间序列都有一定程度的不稳定性，间断时间序列可以将这种不稳定性显示出来，这种不稳定性相当明确。1955年与1956年之间的下降幅度仅仅比1951年与1952年之间和1953年与1954年之间的下降幅度大一点，这就表明交通事故死亡率下降的现象可能是时间序列自身的不稳定性造成的，而未必是由政策行为引起的。

(3) 交通事故死亡率的下降可能是回归假象。如果1955年的交通事故死亡人数代表着一个极值点，则它在1956年的下降可能仅仅是极值向均值或时间序列总体趋势回归的过程。事实上，1955年的交通事故死亡人数确实是序列的一个极值点。因此，1955年到

1956 年的下降可能部分归因于回归现象和时间序列的不稳定性。

总之，间断时间序列分析的一个主要优点是它能够系统地考虑对于政策结果的因果推理的有效性产生怀疑的其他因素。当对间断时间序列图所显示的政策效果和州长的推理进行比较时，间断时间序列分析这一优点的重要性可以清楚地凸显出来。

第三，为了澄清上述疑惑，接下来将对比序列分析的方法应用于政策评估中。对比序列分析是在间断时间序列分析的基础上，增加了一个或多个对照组，然后将间断时间序列分析的结果和对照组的结果进行比较，以确定除了最初的政策行为之外，不同组的特性是否对政策结果造成了独立的影响。对比序列分析也是应用于政策评估的一种程序。对比序列分析的逻辑和间断时间序列分析相同，唯一的区别在于它将没有受到政策行为影响的一组或多组（对照组）的情况也反映在图上。图 6－3 显示了从康涅狄格州获得的原始数据和对照组州的交通事故死亡数据。

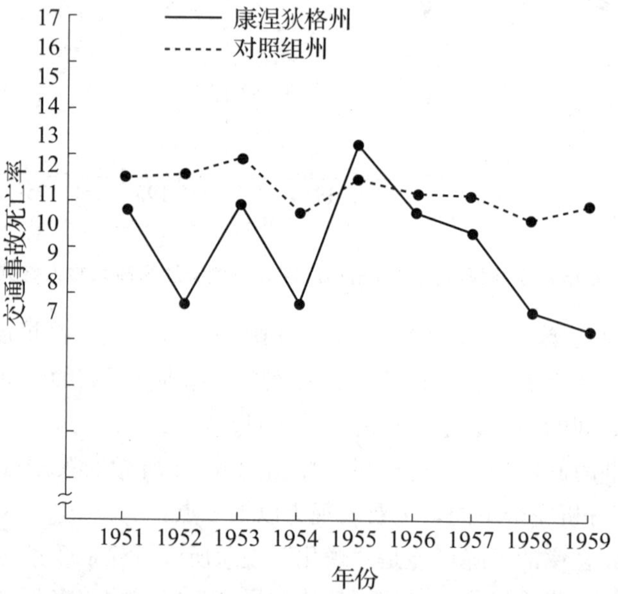

图 6－3　康涅狄格州和对照组州 1951—1959 年交通事故死亡率对比序列图

注：交通事故死亡率是各州人口中每 100 000 人中死于交通事故的人数。

对比序列分析有助于进一步考察关于政策行为对政策结果影响的报告的有效性。对比序列分析中的数据，在一定程度上证伪了以历史和蜕化为根据的与州长的看法相悖的报告。从对比序列图中可以看到，虽然在 1952 年至 1956 年，康涅狄格州和对照组州的交通事故死亡人数有着相似的连续的增长和下降的模式，但有一个现象清晰地凸显了两个州的区别，即 1955 年以后康涅狄格州的交通事故死亡人数，比对照组州的交通事故死亡人数下降得更快。这意味着康涅狄格州实施的严格的制裁政策还是具有一定效果的。利用对比序列图，不仅可以对州长关于政策成功性的报告进行更加精确的评估，而且可以证伪一些看似正确的与州长的结论相左的解释，从而为政策评估报告提供更加坚实的逻辑基础。间断时间序列分析和对比序列分析的结果，同各种对内部有效性和外部有效性构成威胁的因素一起，可以被当作政策论据来使用。

二、定性评估方法

为体现评估主体和评估对象的主观意愿，政策评估中还经常需要利用定性评估方法进行评估。

（一）以定性分析为主的政策评估方法的含义

以定性分析为主的政策评估方法强调被评估者在参与政策评估过程中的地位和作用。这种方法认为，评估的过程是一个吸纳各种利益诉求的过程，也是一个完善公共政策方案的过程。同时还认为，在参与政策评估过程中，强调被评估者的地位和作用，有利于不断调整公共政策，使各种利益相关者逐渐达成共识。所以，以定性分析为主的政策评估方法实际上是一个修改完善政策方案的过程。

以建构主义为基础的定性评估是主要的定性评估方法之一。该方法的主要内容是：重视利益相关者对政策的认知，更重视政策对于这种认知的回应性。这里的政策认知是利益相关者对于政策认识过程的一种产物，是利益相关者的政策主张、对政策的关心程度和理解程度等几种主要因素的复合体。具体地说，政策认知是利益相关者获得特定政策知识或应用特定政策知识的过程，是利益相关者最基本的心理过程。它包括对于政策效果的感觉、知觉、记忆、思维、想象等各种认识。因此，这种方法强调的是融入更多的主观逻辑推理，并以主观逻辑推理结果为政策评估的参照系，同时强调以建构主义为主体的自然调查方法。

（二）以定性分析为主的政策评估过程的要点

基于政策评估的过程也是一个吸纳各种利益诉求的过程，以定性分析为主的政策评估主张，在评估中务必明确各种利益相关者，尤其是关注潜在的政策执行后的利益受损者，然后，识别政策利益相关者的政策认知，尤其要关注其利益诉求，并在以主观逻辑推理结果为政策评估参照的基础上，构建定性评估的网络。这个过程要求体现人性关怀与社会互动相结合，特别关心那些承受政策风险的利益相关者的政策诉求；要汇聚和利用各种社会力量的协同作用，化解或降低政策风险；寻找各种利益相关者的利益诉求平衡点，使得各方的利益诉求能够逐渐趋向共识，对于一些无法达成共识的政策诉求可以考虑使其成为妥协点；尽可能更多地采集与妥协议程相关的信息，如民意调查、灾害损失数据、相关政策和法律法规等；尽可能全面地了解各种利益诉求，提供一个可以让利益相关者自由讨论的公共平台，以化解各种歧见。最后将已经达成妥协和共识的政策诉求形成报告，将尚未达成共识的各种政策诉求按照上述顺序重新构建，直到满足大多数人的政策诉求。

第四节　公共政策监控

一、公共政策监控的内涵

公共政策监控的内涵

公共政策是一个过程。由于政策主体、政策客体和政策环境等各种原因，政策过程在运行中有可能偏离政策目标，导致政策的合法性、合理性和有效性出现偏差。政策监控是测量和描述政策过程运行状况信息的一类公共政策分析方法。提高政策目标的实现程度，及时发现和减少政策过程中出现的偏差，必须对政策运行过程进行检查、督促、指导和纠偏，这一系列监控措施与分析程序就构成了政策监控的过程。

政策监控是政策过程的重要组成环节之一。它能够提供一系列政策过程的运行信息，用以描述所监控的政策过程，并探讨该过程诸环节与政策结果之间的关系。在政策监控过程中，监控主体、监控对象、监控目的和监控过程四个要素之间需要协同发挥作用。

（1）监控主体。政策监控的主体一般包括立法机关、行政机关、司法机关、政党组织、大众传播媒介、利益集团和公民等主体。由于国家政治体制和历史文化传统等的不同，对于政策监控主体的理解和界定也不同。

（2）监控对象。广义的政策监控对象是指政策过程中任何监控要素的运行状态，主要包括政府组织和公务员的政策行为及状态、政策过程的任何政策环节中其他要素的运行状态等。狭义的政策监控对象是指从事某一政策过程任何环节活动的个人和组织的活动状态，以及政策过程其他要素及其运行状态。

（3）监控目的。政策监控的目的是从属于政策目标下的子目标，这个子目标为了力保政策目标的实现，维持政策过程的合法性、合理性及有效性，对于政策过程出现的偏差及时进行干预，以求最大限度实现预期政策目标。

（4）监控过程。政策监控的过程是指从建立政策监控机制开始到政策过程的监控任务结束的动态过程。

公共政策监控主要分为三种类型：（1）以实施监控的时间先后为标准，分为预防性监控、过程性监控和结果监控。（2）以监控的经常性为标准，分为经常性监控和引发性监控。引发性监控是政策过程引发了分歧而产生的被动型监控。（3）以监控的参与程度为标准，分为单方面监控和抗辩性监控。单方面监控是由政策监控主体组织的没有被监控单位参加的监控。抗辩性监控是政策监控主体安排时间，允许被监控单位对于监控结果进行答辩的监控。

解释性案例 6－2

教育部已明确取消 5 类全国性高考加分项目

教育部召开新闻发布会介绍，目前已明确取消 5 类全国性高考加分项目，逐步取消 95 类地方性加分项目。

据介绍，自高考加分政策设立以来，国家一直对政策的执行情况进行跟踪监控。通过监控，发现高考加分政策存在一定的不公平性，引起了社会的议论。

2015 年、2019 年，教育部会同有关部门先后开展了两轮清理和规范高考加分工作，明确取消体育特长生、中学生奥林匹克竞赛、科技类竞赛、省级优秀学生、思想品德有突出事迹 5 类全国性高考加分项目，指导各地减少地方性加分项目，进一步降低加分分值。这些措施，目的在于促进公平、科学选才、监督有力的体制机制更加健全及中国特色现代教育考试招生制度更加完善。

资料来源：周韵曦．教育部已明确取消 5 类全国性高考加分项目 [N]．中国妇女报，2022－09－16．有删减．

二、公共政策监控的机制

公共政策监控
的机制

公共政策监控机制是由政策监控主体、监控对象之间的关系模式以及监控主体的行为规则和方式等要素构成的一个系统，分为内部监控机制和外部监控机制。

（一）内部监控机制的构成

内部监控机制是指政策制定系统内部所存在的一种监控机制。主要包括：上级政府对下级政府的监控机制，如省政府对市政府政策执行过程的监控机制；专门系统的监控机制，如审计、监察等机关对相关政策执行情况的监控机制。

根据政治制度的不同，不同的国家具有不同的内部政策监控主体。在联邦制国家，只有很少的一部分政策是在上下级之间进行监控的，其余的则是按照法律规定由联邦政府、州政府等按照法律的规定在职权范围内进行监控。在单一制国家内，较多的政策监控发生在上级政府之间，例如，上级政府对下级政府政策制定和政策执行的监控，或者是下级政府对上级政府的政策制定和执行的监控。

（二）外部监控机制的构成

对行政部门而言，下列监控主体的监控构成了外部监控机制：

（1）立法机关对公共政策的监控。主要包括：1）以法律形式对公共政策进行监控。立法机关所制定的法律为公共政策提供了基本的行为规范，成为对公共政策强有力的制约。2）以听取和审议政府工作报告、预决算安排等形式，对社会资源的分配加以监控等。3）以行使人事任免权的方式对公共政策制定者的选择产生影响。4）以诘问、质询和弹劾等方式对公共政策进行监控。5）在西方，实行内阁制的议会拥有提出不信任案的权力。议会经常以提出不信任案的方式对政府所实施的公共政策或公共政策制定者进行监控。不信任案被通过意味着内阁必须辞职。6）以检查、视察或组成特别调查委员会的方式对公共政策执行情况进行监控。

（2）司法机关对公共政策的监控。主要包括：就公共政策的制定程序与原则、公共政策内容的合理性、公共政策执行的合法性、公共政策执行的方式是否符合法律程序等事项进行司法裁定。

（3）政党对公共政策的监控。政党对公共政策的监控一般采用下列方式：立法机关以议员身份活动的政党成员直接参与制定政策，并参与立法机关对行政机关的监督活动；通过政党成员掌握的国家权力和政府权力，直接运作公共政策的制定和执行；通过政党所控制和影响的社会团体、大众传媒等对公共政策施加外部的间接监控。

（4）利益集团对公共政策的监控。除了国家与市场的影响之外，社会团体和各种利益集团对公共政策的监控也不可忽视。它们通过具有一定组织化水平的方式表达对于公共利益的诉求或其他诉求，是对政府公共政策产生影响的政策监控方式之一。

（5）大众传播媒体对公共政策的监控。通过大众传播媒体所形成的社会舆论，能够对公共政策的合法性、有效性和合理性进行监控，从而达到实现公共利益的目的。

（6）社会公众对公共政策的监控。根据法律规定，社会公众对影响自身利益或公共利益的政策表达某种要求，可以视为对公共政策的一种监控机制。在形式上，其往往表现为面访、写信、网络表达诉求、提起诉讼等方式。

公共政策监控的方法

第五节　公共政策监控的方法

在公共政策评估的介绍中，已经介绍过的指标法、实验法、间断时间序列分析方法等都可以应用于公共政策监控。除此之外，能够用于公共政策监控的方法还包括社会系统核算和社会审计等方法。

一、社会系统核算

社会系统核算的主要分析因素是社会指标，即利用社会指标来进行公共政策监控。因此，社会系统核算可以认为是指标法的一种特定情形。其与普通指标法的区别在于，普通指标法针对特定的某项政策专门设立和构建一个指标体系，而社会系统核算所依据的指标则大都是通用的社会指标。社会指标具有特定内涵，是指用以衡量总体各部分社会状况及其随时间变化的统计量。这里的总体是指社会总体，社会状况则是指在一个既定社会里人类存在的外在环境与内在环境。外在环境是指社会和自然的环境，内在环境是指人们主观和感觉的环境。社会指标强调了指标属性中随时间变化的要素，但指标法中所构建的指标属性一般不强调这个要素。社会指标的特点在于其用途属性既可以是客观的又可以是主观的，因为它既可以用于监测如城市化程度等客观状况，又可以用于监测对市政服务的满意程度等主观状况。在行政区划的意义上，社会指标可以对包括全国在内的各级行政区域发生的政策过程变化进行监测。在行业的意义上，社会指标可以用于监测社会变化的任何领域，如对海洋污染、医疗保健及造纸业每周的用电量的监测等。常用的指标举例如表 6 - 2 所示。

表 6 - 2　部分有代表性的研究领域及其社会指标举例

研究领域	社会指标举例
健康和疾病	州精神病院的病人数
公共安全	害怕夜间单独行走的人数
教育	25 岁及以上的高中毕业生
就业	妇女就业比率
收入	处于贫困线下的人口百分比
住房	住房条件低于法定标准的家庭数
休闲和娱乐	制造业职工年均带薪假期
人口	计划人口数和实际人口数
政府和政治	公共管理的质量
公众价值取向和态度	对生活的总的满意度和陌生感
社会流动性	父辈职业的变迁
自然环境	空气污染指数
科学和技术	科学发现

资料来源：威廉·N 邓恩．公共政策分析导论［M］．4 版．谢明，伏燕，朱雪宁，译．北京：中国人民大学出版社，2011：197.

大部分社会指标的特点是：社会指标是与公共政策有关，受公共政策影响可以改变的指标，如空气污染指数可以用于监测环保机构所采取政策措施后的效果；社会指标的目标是锁定的，即所有指标的改变对应公共政策目标的改变；社会指标的数据是因时变化的，即所有指标的数据随着时间的推移将会发生一定的改变；社会指标是可以交叉分类的，即所有指标都可以按照种族、年龄、受教育程度及收入水平或其他身份特征进行交叉分类；社会指标是表示客观和主观社会状况的，如州精神病院的病人数可以用来表示精神健康方面的客观社会状况，惧怕在夜间单独行走的人数必须依靠主观回答来得到。

二、社会审计

社会审计是审计的种类之一，也称独立审计或注册会计师审计，是指注册会计师依法接受委托、独立执业、有偿为社会提供专业服务的活动。社会审计常常用于公共政策监控。与其他公共政策监控主体不同，社会审计的主体是注册会计师，具有特定性，属于第三方监测的范畴。在公共政策监控中，社会审计的主要任务是维护市场经济秩序，保护社会公共利益和各类投资者的合法权益，及时发现经济活动中的偏差，保证公共政策过程的正常运行。依法审计是社会审计必须遵循的基本原则，社会审计过程是在我国制定的一系列旨在指导、管理和监督社会审计行业及其业务活动的法律法规中运行的。服务方式的独立性、有偿性和服务对象的社会性是社会审计的基本特征。在开展社会审计的过程中，注册会计师不受任何机关、单位、团体或个人的干涉，依法独立承办委托业务，并对其出具报告的真实性、合法性负责。正是由于这些独特的性质与品质，社会审计在公共政策监控中所发挥的作用越来越大。

社会审计能够弥补社会系统核算所具有的天然不足。社会系统核算具有自身的局限性，即该系统在政策监控中忽略了对于政策执行过程的详细观察，或者将其做了过于简单化的处理，以至于难以观察和监控政策执行过程的具体细节。社会审计可以部分弥补这种不顾过程只问结果的缺陷。社会审计能够清楚地监测政策投入、政策过程、政策产出及政策影响之间的运行状况，表达这些要素运行状态之间的各种关系。利用社会审计进行政策监控的目的，是保证从开始投放资源到所投放的资源被目标群体接受的这一过程，能够被全程跟踪和观察。因此，社会审计可以帮助确定不太理想的政策结果是由何种原因导致的，例如是政策投入不足还是资源或服务偏离了预定目标群体。利用实验或统计控制来消除环境变量的影响后，社会审计能够将政策投入和政策产出关联起来，从而衡量政策效益，即推动以货币单位为基础的政策的投入与产出的关系比较得以实现。该评估方法以收益超过成本以及社会净福利最大化作为政策评估标准，制度性结构干预可以形成“黑匣子”，将资源投入这个黑匣子，从黑匣子里产生的结果及负效应等信息则无从知晓。而将社会审计应用于政策过程监控时，则可以显现出其价值：能够提供关于“黑匣子”里面正在发生的事情的重要信息。

第六节　公共政策评估的中国实践与经验

20 世纪 80 年代中期，伴随着改革开放的进程，在决策民主化、科学化、法制化的背景下，公共政策评估的重要性在我国的政策实践中不断得到彰显，并在一些重大决策事项中逐步得到应用。经过三十多年的发展，已经形成了具有中国特色的公共政策评估经验。

一、公共政策评估的中国实践

中国公共政策评估的实践具有自己的发展轨迹和特点。沿着自上而下的路径传导公共政策评估的政治动力是其中之一。

自 2004 年起，政策评估开始出现在党和政府的规范性文件中，这彰显了党和政府已经将政策评估的重要性转化为政策实践内容的一部分的意志。在中央层面上，2004 年发布的《全面推进依法行政实施纲要》中规定：涉及全国或者地区经济发展的重大决策事项以及专业性较强的决策事项，应当事先组织专家进行必要性和可行性论证；行政机关应当确定机构和人员，定期对决策的执行情况进行跟踪与反馈等。2019 年国务院出台的《重大行政决策程序暂行条例》要求，对重大行政决策实行风险评估与决策后评估，规定了决策中的公众参与、专家论证与合法性审查等内容。在地方层面上，部分地方政府也随之出台了相关规范性文件，如 2009 年出台的《南京市重大行政决策评估暂行办法》，2012 年上海市闵行区出台的《关于推行公共政策评估的实施办法（试行）》等，都明确强调了政策评估的重要性并做出了程序性的安排。

在行业层面上，2023 年，由科技部科技评估中心牵头起草、中国科技评估与成果管理研究会发布的《科技创新政策评估规范》团体标准公布。该标准规定了科技创新政策评估的基本原则、评估对象、评估框架与指标体系、评估方法和程序等内容，适用于科技创新政策的评估活动。政策环境影响评价是指在政策制定过程中同步开展并对政策方案实施后可能造成的资源环境影响进行的一种预测性评估活动，2020 年，生态环境部发布《经济、技术政策生态环境影响分析技术指南（试行）》，提出了开展政策环境影响评价的一般性技术框架。

显然，上述一系列规范性文件和行业标准的颁布，不仅提出了政策评估的规范和程序，更重要的是在客观上沿着自上而下的路径传导了开展公共政策评估活动的政治动力。这种政治动力有效保证了政策评估活动在中国的快速拓展。可以认为，我国开展公共政策评估活动的政治动力来自国家领导层面的推动，因此是一种自上而下的政治意志表达。

在这种政治动力的作用下，公共政策评估的网络已经初步形成。这个网络在纵向上以各级政府为主导，在横向上以多元化的评估形式为辅助，在交叉上以评估事项为节点。在这个网络中，就评估主体而言，既有政府内部的评估机构参与，又有在政治动力推进下的高校、科研单位及公众等外部评估主体参与。从评估形式来看，既有各类审计活动进行政策评估，也有各种统计指标进行政策监控；既有专家论证、焦点团体座谈会等“外脑”的介入，又有地方政府开展的网上评议、万人评议等公众参与。在评估内容上，既有对于政策合法性的评估，如政策方案的社会稳定风险评估、经济可行性评估，又有关于政策方案的科学性、可控性论证。就评估阶段而言，既有政策方案评估、政策执行中评估，又有政策执行后评估。所有这些，构成了一张以政治动力为基础的公共政策评估网络，表现了我国公共政策评估的实践特征。

二、公共政策评估的中国经验

坚持党领导下的政策评估、坚持以三个评估模式为重点、坚持构建三个评估机制、建立和完善中国特色的公共政策评估制度是中国公共政策评估获得迅速发展的主要经验。

（一）坚持党领导下的政策评估

改革开放以来，每一项事关公共政策评估的基本政策的出台，都是党领导的产物。一些基本政策是由党直接制定的，如《中共中央关于全面深化改革若干重大问题的决定》《中共中央关于全面推进依法治国若干重大问题的决定》等，均对公共政策评估的重要性、内容、落实措施等进行了明确规定，指明了政策评估的方向。一些基本政策是在党的领导下根据党中央的相关指示精神由政府部门制定的。例如，2019 年国务院出台的《重大行政决策程序暂行条例》提出，对重大行政决策实行风险评估与决策后评估，同时规定了决策中的公众参与的程序和办法等；2020 年，由生态环境部发布的《经济、技术政策生态环境影响分析技术指南（试行）》，提出了开展政策环境影响评价的一般性技术框架，该框架适时贯彻了党中央关于生态环境保护和建设美丽中国的相关要求。同时，党是政策评估的根本主体。我国明确规定，立法中涉及重大体制和重大政策调整的，决策权在中央，必须要由党中央统筹协调，经党中央讨论决定。在实践中，涉及国家机构和政治制度、基本经济制度、基本人权、国家安全等方面的法律调整，如修改选举法、修改刑事诉讼法等法律，都是由全国人大常委会党组就有关重大问题向党中央报告，由党中央讨论决定的。实践证明，在公共政策评估中坚持党的领导，是保持国家长期稳定和不断发展的重要举措。

（二）坚持以三个评估模式为重点

公共政策的评估模式很多，每种评估模式都有自己的评估侧重点和价值取向。就我国的公共政策评估实践来看，有三种模式较为突出：目标达成模式、顾客导向模式、利益相关者模式。

（1）目标达成模式是我国公共政策评估的主流模式，主要用于评估公共政策目标的实现程度，评估结果对于政策调整和终止具有重要参考意义。我国在这个评估模式中采用的方法主要是指标法，即构建指标体系，将其用于国家经济社会政策的评估，评估的指标包括地区生产总值、人均 GDP、森林覆盖率、人均住房面积、污染物排放量等，并将评估对象与预先设定的标准进行比较，找出差距，以此判断政策目标的实现程度。这反映出我国在公共政策评估中对于公共政策效率的追求和重视。

（2）顾客导向模式是以顾客的需求作为评估导向的一种模式。该评估模式将政策对象的需求和期望作为评估的主要标准，并辅以相应的评估方法，如万人评议、满意度评估等。尽管它是一种简约化的评估手段，但这种评估模式凸显了以人民为中心的评估导向，有利于建设服务型政府，强化公务员的公仆意识。

（3）利益相关者模式是尽可能把所有利益相关者都纳入评估主体之列，以获取来自各方面的评估意见。每一个参与评估的利益相关者，都把其他人对政策结果的关切，包括在自己的追求之内来进行讨论。因此这种评估模式是一种对于各种观点兼容性最强的模式，凸显了我国公共政策评估中的民主意识和全面意识。任何公共政策，往往都会涉及多类利益主体，对于公共政策的评估结果也往往众说纷纭。我国利用利益相关者模式进行政策评估，是协调各方利益、调动一切积极因素的有效方法之一。

（三）坚持构建三个评估机制

按照时间维度进行划分，政策评估可以分为对政策的事前、事中和事后评估三种类型。在我国，规范类、指引类的重大政策评估属于事中或事后评估的范畴；意见类、方案类的重大政策评估则大多属于事前评估的范畴。

（1）事前评估。国家历来非常重视对公共政策进行事前评估。例如，国务院 2019 年颁布施行的《政府投资条例》规定，投资主管部门或者其他有关部门应当根据国民经济和社会发展规划、相关领域专项规划、产业政策等，从下列方面对政府投资项目进行审查，作出是否批准的决定：项目建议书提出的项目建设的必要性；可行性研究报告分析的项目的技术经济可行性、社会效益以及项目资金等主要建设条件的落实情况；初步设计及其提出的投资概算是否符合可行性研究报告批复以及国家有关标准和规范的要求；依照法律、行政法规和国家有关规定应当审查的其他事项。这个规定就是对于公共政策进行事前评估的一项重要要求。又如，2019 年 9 月起施行的《重大行政决策程序暂行条例》也规定，重大行政决策的实施可能对社会稳定、公共安全等方面造成不利影响的，决策承办单位或者负责风险评估工作的其他单位应当组织评估决策草案的风险可控性。这些规定都反映了我国在政策评估中坚持构建事前评估机制的一贯做法。

（2）事中评估。事中评估是针对政策运行状态进行的一类实时监测性评价，这类评估具有明显的动态性，评估结果随着政策过程的发展及时更新，从而为政策过程的运行方向提供及时的决策依据。我国对重大且执行期限较长的政策建立了事中评估机制。定期检查和监测就是这种评估机制的体现。如围绕全面建成小康社会主要目标的实现情况评估、新发展理念贯彻落实情况评估、重大改革任务推进情况评估、重大战略任务推进情况评估、重大工程项目进展情况评估等。整体上，事中评估能够通过分析影响政策过程的相关因素，对有关政策过程的目前态势、发展趋势、政策客体状况、政策主体状况等进行实时度量和评估，这种度量和评估是一种非常有效的机制，用以向决策者进行政策过程的调整与控制等政策行为提供必要的信息。

（3）事后评估。事后评估是指在政策过程结束后，对政策过程的结果进行的实测性评估，包括损失评估和收益评估等。政府制定任何公共政策都是以有限的群体知识和经验为基础的，公共政策方案很难做到尽善尽美。公共政策在执行过程中也会因为各种不可预料的情况而出现偏差。公共政策的事后评估制度就是对上述事先无法预料和克服的情况的补救。国家非常重视公共政策的事后评估。中央和地方均建立了事后评估机制，特别是在重大工程项目方面已普遍实行事后评估机制。2014 年国家发展改革委印发《中央政府投资项目后评价管理办法》，对项目后评价的定义、工作程序、成果运用等方面作出了明确规定。《政府投资条例》也明确规定，投资主管部门或者其他有关部门应当按照国家有关规定选择有代表性的已建成政府投资项目，委托中介服务机构对所选项目进行后评价。《国务院关于加强市县政府依法行政的决定》中也规定，要建立重大行政决策实施情况后评价制度。

（四）建立和完善中国特色的公共政策评估制度

建立和完善中国特色的公共政策评估制度，是加强政府科学决策、民主决策和依法行政的关键性制度安排，对提升党的领导水平和执政水平、推进国家治理体系和治理能力现代化具有重要意义。李志军认为，“为推动公共政策评估贯穿政策制定和实施的全过程，必须着力推进公共政策评估制度的现代化建设。立足我国经济社会体制机制、文化、伦理等，建立和完善具有中国特色的公共政策评估理论体系、方法体系、制度体系，关系到国家治理体系和治理能力的现代化建设。只有实现公共政策评估的制度化、规范化、程序化、科学化和体系化，公共政策评估在中国式现代化建设中的重要作用才能得到充分发挥。因此，必须采取有力措施，着力建立和完善中国特色的公共政策评估制度，以完善的制度安排保障公共政策评估工作高效、科学运行”。为此，应“分阶段推动公共政策评估制度建设；加强公共政策评估主体和行业制度建设；构建中国特色公共政策评估理论和方法体系；规范公共政策评估从业标准，加强人才队伍建设；加强财政预算，保障公共政策评估工作高质量运行；创新公共政策评估方式，推动公共政策评估形成良性循环”。

本章小结

政策评估需要依据一定的标准和程序，运用科学的方法，对政策的效果、效率、充足性、公平性、回应性、适宜性进行综合判断与评价，政策评估是政策过程的一个重要阶段。以是否可量化为标准，可以将公共政策评估方法分为定量评估方法、定性评估方法。

政策监控是测量和描述政策过程运行状况信息的一类公共政策分析方法。提高政策目标的实现程度，及时发现和减少政策过程中出现的偏差，必须对政策运行过程进行检查、督促、指导和纠偏，这一系列监控措施与分析程序就构成了政策监控的过程。政策监控是政策过程的重要组成环节之一。指标法、实验法、间断时间序列分析方法等都可以应用于政策监控。除此之外，能够用于政策监控的方法还包括社会系统核算和社会审计等方法。

经过三十多年的发展，我国已经形成了具有中国特色的公共政策评估经验。公共政策评估的中国经验包括坚持党领导下的政策评估、坚持以三个评估模式为重点、坚持构建三个评估机制、建立和完善中国特色的公共政策评估制度等。

思考与练习

1. 试述公共政策评估的内涵。
2. 政策评估的一般内容有哪些？
3. 利用指标法设计一个经济困难学生资助政策的评估指标体系。
4. 试述政策监控的主要方法。

在线自测

扫一扫　练一练

第七章

公共政策的稳定、变动与终结

学习目标

1. 掌握公共政策的稳定、变动与终结的基本内涵。
2. 掌握公共政策稳定的实现路径。
3. 掌握公共政策变动与终结的影响因素和理论模型。
4. 提升关注现实、运用理论知识分析和解决现实问题的能力。

本章提要

公共政策的稳定和变动是公共政策发展的两种形态。公共政策的稳定与维持是公共政策能够有效调节社会行为的基础，政策的稳定性和连续性为政策问题的解决提供了完备的基础条件，因而一项政策出台以后，一般都会维持相当长一段时间，直到其所指向的政策问题得到妥善解决。当然，公共政策并非一成不变的教条，它是人们围绕某个公共问题而展开系列活动的一个动态调整的过程。随着政策问题的转变，或政策目标的调整，以及政策环境的变化等，政策稳定的均衡状态会被打破，政策的变动与调整也就开始了。

政策的生命周期是指一个完整的政策过程，即一项政策经过问题界定、政策规划与决策、政策执行、政策评估、政策终结等前后相继的环节。政策终结意味着一个政策过程的结束，也是政策变动的特殊体现形式。

本章探讨公共政策稳定、变动与终结的基本内涵，以及公共政策变动与终结的影响因素、理论模型，为政策研究者和实践者提供参考。

引导案例

我国生育政策70年变迁

以生育政策的主要内容来划分，新中国成立以来的生育政策可以划分为以下几个阶段。

1. 鼓励生育阶段（1949—1953年）

这一阶段，政府对生育及人口增长采取了放任自流的态度，并出台了限制避孕和人口流产的政策，鼓励人们生育。

2. 政策转变及反复阶段（1954—1959年）

鼓励生育的政策在1953年第一次人口普查后发生了急剧的转变。远远高于预期的人口数震动了政府领导人。从中央领导到学术界都提出一些节制生育的观点。但是“大跃进”及随后的大饥荒，改变了中国人口转变的方向。当时的一些领导人对人口形势产生了乐观情绪，“人多力量大”“人多可以办大事”的想法在一些主要领导人心目中再次占据主要地位。

3. 计划生育试行阶段（1960—1969年）

对“大跃进”失败的反思和三年困难时期结束后人口增长的现实压力，使控制人口和节制生育的思想得以复苏。1962年12月，中共中央和国务院发出了《关于认真提倡计划生育的指示》，要求各级党委和政府把这一工作列入议事日程。

4. 限制人口增长的“晚、稀、少”政策逐步形成和全面推进阶段（1970—1980年）

1969年全国总人口突破8亿大关，使得人口与经济本来已尖锐的矛盾更加突出。这种客观现实迫使党和国家领导人在国民经济恢复后不得不重申控制人口的重要性。1973年，第一次全国计划生育工作汇报会正式提出了“晚、稀、少”政策，并在全国进行了推广。1978年6月，国务院计划生育领导小组会议提倡一对夫妇生育子女数“最好一个、最多两个”。

5. 全面推行一胎化的紧缩政策阶段（1980年秋—1984年春）

由于人口增长惯性的存在，根据有关方面的预测，要实现在20世纪末人口不超过12亿的目标，必须实行一对夫妇只生一个孩子的“独生子女”政策。由此全国开始推行紧缩的一胎化政策，也就是“独生子女”政策。

6. 计划生育政策的调整阶段（1984—1991年）

由于实行的“一孩”政策与广大群众的生育意愿严重冲突，我国计划生育工作的推进较为困难。为了缩小政策与生育意愿的差距，缓和干群矛盾，1984年，中共中央批转了《关于计划生育工作情况的汇报》（中发〔1984〕7号），文件要求进一步完善当前计划生育工作的具体政策。

7. 多样化的生育政策时期（1991—2013年）

1991年5月12日，中共中央、国务院根据实际生育控制能力与政策间的差距，做出了《关于加强计划生育工作严格控制人口增长的决定》。2001年12月29日发布了《中华人民共和国人口与计划生育法》。根据社会发展水平、城乡结构和地域民族特征，各省市制定了地方计划生育条例，形成了现行的生育政策格局，概括起来为：城镇地区和北京、天津、上海、重庆、江苏、四川六省市的农村，基本实行汉族居民一对夫妇生育一个孩子；有29个省、市、区规定夫妇同为独生子女的，可以生育两个孩子；有7个省规定农村夫妇一方为独生子女的，间隔几年可以生育两个孩子。

8.“单独二孩”与“全面二孩”政策（2013—2021年）

“单独二孩”是中国实行计划生育的一项政策，即允许一方是独生子女的夫妇生育两个孩子。2013年中共十八届三中全会决定启动实施“单独二孩”政策。2013年12月28日，《关于调整完善生育政策的决议》由第十二届全国人大常务委员会第六次会议表决通过，“单独二孩”政策正式实施。

2015年12月27日，全国人大常委会表决通过了人口与计划生育法修正案，“全面二孩”政策于2016年1月1日起正式实施。“全面二孩”政策是指所有夫妇，无论城乡、区域、民族，都可以生育两个孩子的政策。实施“全面二孩”政策，是继“单独二孩”政策之后生育政策的进一步调整完善。

9.“三孩”政策（2021年至今）

2021年5月31日，中共中央政治局召开会议，审议《关于优化生育政策促进人口长期均衡发展的决定》，指出要进一步优化生育政策，落实一对夫妇可生育三个子女的政策和配套措施。

2021年7月6日，《国家医疗保障局办公室关于做好支持三孩政策生育保险工作的通知》正式下发。2021年7月20日，《中共中央 国务院关于优化生育政策促进人口长期均衡发展的决定》公布，提出实施“三孩”生育政策及配套支持措施。2021年8月20日，全国人大常委会通过了人口与计划生育法修正案。现行《中华人民共和国人口与计划生育法》规定，我国实行“适龄结婚生育”和“优生优育”，一对夫妇可以生育三个孩子。

案例思考：

1. 我国各个阶段生育政策的目标什么？政策发展有哪些特征？
2. 纵观我国生育政策的变迁过程，影响不同时期政策变动的因素有哪些？

本章建议学时：6学时

第一节 公共政策的稳定

公共政策稳定的内涵

政策稳定是实现公共政策目标的前提和基础，公共政策一旦制定和实施，在政策目标达成或政策问题解决之前，应保持政策的稳定性，因此分析保持政策稳定的因素使之转化为维持政策稳定的动力是政策研究的重要方面。

一、公共政策稳定的基本内涵

（一）政策稳定的含义

政策稳定是指现行政策不受政策系统内外部环境变化的影响，坚持既定政策目标、按照原有政策内容继续实施的一种政策均衡状态。一项公共政策具有稳定性则意味着该政策基本要素保持不变，政策运行呈现一惯性、连续性和协调性。

政策维持、政策接续是实现政策稳定的途径。政策维持是保持政策稳定的具体行动体系，是指“通过分析政策稳定的积极因素使之转化为政策稳定的动力，以保持政策稳定的行为和过程”①。通常来说，政策的政治性、原则性越强，就越强调政策维持。

政策接续是指一项政策沿着既有的政策轨道继续下去。政策接续的含义表现为两个方面：第一，通过政策评估认为政策问题尚未解决、政策目标尚未实现，或者政策问题比较复杂、原有政策周期只实现了阶段性目标，但实践证明既有政策具有可行性和有效性时，据此做出的使政策在原有性质、问题、目标、工具和途径等轨道上继续执行的行动选择。例如，2018 年，中共中央办公厅、国务院办公厅印发了《农村人居环境整治三年行动方案》，解决我国农村人居环境状况不平衡和脏乱差等突出问题。2021 年，三年行动实施周期结束，扭转了农村长期以来存在的脏乱差局面，政策预期目标基本实现，但由于农村人居环境整治的复杂性和长期性，以及原有政策及工具的有效性，中共中央办公厅、国务院办公厅印发了《农村人居环境整治提升五年行动方案（2021—2025 年）》，持续推进农村人居环境整治提升。从三年行动方案到五年行动方案呈现出农村人居环境整治与提升的政策接续，力图通过政策稳定实现周期长、任务重的政策目标。第二，政策接续探讨的是调整后的新政策与原政策的连接关系，是一种渐进性和连续性的政策变动。后一种理解也反映政策稳定的相对性特征。

（二）政策稳定的意义

政策稳定是解决复杂政策问题、实现政策目标的重要保证，具有积极的作用。

第一，政策稳定是维护国家与社会稳定的基础。公共政策是维护国家稳定、实现社会有序发展的重要手段，也是构建政府与市场、社会良性互动关系的主要载体。政府通过制定和执行公共政策，引导、规制和激励个体与组织行为的改变，但行为的改变需要一定的周期，也具有路径依赖的特征。频繁的政策变动，甚至是变动不居，会造成政策受众无所适从，从而带来不必要的冲突，影响社会稳定。

第二，政策稳定是解决长期且复杂公共问题的重要保证。公共政策的核心价值在于解决公共问题、实现政策目标。但政策问题具有复杂性、多样性等特征，例如生态环境的改善等。政策稳定有利于长期且持续的政策资源投入，提高问题解决的可行性和效果。

第三，政策稳定是节约政策资源的有效途径。任何一项政策的制定与实施都需要建立和依托一系列的政府组织机构、职能、工作程序和制度，需要投入一系列的人、财、物和技术资源等，如果政策变动频繁，势必造成巨大的资源浪费。

政策稳定也是一柄双刃剑，如果过分注重政策的稳定，可能使其趋于保守，甚至导致政策僵化，对政策系统产生消极影响。

① 宁骚．公共政策学［M］．3 版．北京：高等教育出版社，2018：359．

二、公共政策稳定的实现路径

政策稳定是实现社会预期、维护公共利益和促进国家稳定发展的关键。在政策目标实现或政策问题解决之前，只要政策内容科学合理，就应保持政策的稳定性。影响政策稳定的因素是多样的，相应的实现政策稳定的路径也是多元的，我们从决策系统的相对稳定、政策设计的科学性以及政策与环境的适配性三个方面探讨实现政策稳定的有效路径。

（一）保持决策系统的相对稳定

公共政策是决策系统与政策环境互动的产物。决策系统相对稳定是保持政策稳定的首要因素。决策系统的稳定性与政党和行政制度、政策理念等密切相关。在西方国家多党制的政治运行中，政党的更替或领导人的变更致使决策系统不稳定，进而导致政策频繁变动。改革开放四十多年来，我国取得了举世瞩目的辉煌成绩，稳定的决策系统及决策理念是保证对外开放政策持续有效的重要因素。因此，决策系统的相对稳定能够保证政策的连贯性与一致性，促使政策稳定的实现。

（二）提高政策设计的科学性

公共政策实践中出现的很多“短命政策”“补丁政策”，究其原因，很大程度上源于政策设计的失当、失误。因此，政策设计的科学性与合理性直接关乎政策稳定的实现。这就要求决策者在政策设计过程中，基于公共政策理论与工具，充分借助科学家、政策专家、研究机构等智库力量，界定政策问题，研判发展趋势，设计有效的政策方案。另外，公共政策以维护公共利益为基本前提，当政策导致利益分配失衡时，就会遭遇不同利益主体的抵制与抗议，导致政策失效和变动。因此，在政策设计中，还应注重如何实现公平和相对均衡的利益分配。

（三）增强政策与环境的适配性

政策环境是影响政策内容设计与政策稳定性的重要因素，政策环境的变化必然导致政策的变动与调整。例如，2001 年我国加入世界贸易组织，政策环境发生巨大变化，与之相应的 2 000 余项政策都要作相应调整。政策环境具有复杂、多样、动态等特征，但并不意味着在政策环境的影响下政策稳定性无法实现，提高政策与环境的适配性是实现政策稳定的可行路径。这就要求在政策制定过程中，应遵循因地制宜的基本原则，增强政策弹性，避免“一刀切”政策、“水土不服”政策等导致的政策频繁变动。

公共政策
变动的内涵

第二节　公共政策的变动

公共政策以有效解决公共问题为根本使命，但随着时代的发展，公共问题本身呈现出复杂多变的特征，政策环境也在持续变化，这就使得决策系统要对政策理念、政策内容和政策工具等进行调整与完善，以提升政策回应公共问题的有效性。正如安德森所言，“政策被正式通过后，便会发生政策评价和反馈，政策的变化与调整随之而来”。因此，尽管公共政策追求稳定的发展目标，但政策变动是政策周期中的一种常态现象。

一、公共政策变动的基本内涵

（一）政策变动的含义

政策稳定与政策变动是公共政策过程的两种基本形态，政策稳定只是一种动态的平衡，当政策问题本身、政策环境发生变化时，就会产生政策变动。政策变动，又称政策变化、政策变革、政策变迁等，描述了公共政策内容所发生的客观变化。美国学者安德森对政策变动内涵的界定与理解对后续研究具有启发意义，他认为政策变动是现有政策被一个或多个政策所取代的现象，包括新政策的采纳和现有政策的修改完善或废止。政策变动有现行政策的渐进变化、在特定领域中创立新的法规、政治选举后公共政策方面的重要调整三种表现形式。这一概念既界定了政策变动的本质，又描述了政策变动的多种表现形式，为公共政策学者探究政策变动的基本内涵提供了借鉴基础和探索方向。我国学者在研究政策变动现象时，也往往使用政策调整、政策创新等描述和研究公共政策在内容或者形式上产生的新变化，强调政策变动是政策系统对内部因素和外部环境的变化所做出的一种适应性变革。

政策变动涉及公共政策系统的各个要素、各个环节，主要包括政策目标的变动、政策主客体的变动、政策方案的变动和政策工具的变动。

1. 政策目标的变动

政策目标是政策内容设计的基础，既规定了政策方案设计的方向，也为未来评估政策结果和影响提供了基本标准。公共问题新状况的出现、现有政策效果的反馈以及政策环境的变化等都会使政策目标发生变化。例如，在 2023 年 1 月国务院联防联控机制发布会上，相关政府部门指出我国疫情防控工作重心从“防感染”转向“保健康、防重症”①，这意味着新冠疫情防控政策目标的重大调整，也为后续政策方案的调整完善确定了方向。因此，当公共问题的阶段性目标已经实现，或政策执行中出现目标偏差问题，或政策问题本身与政策环境发生重大变化时，就应当及时对原定目标进行修正或者重新确立政策目标。

2. 政策主客体的变动

政策主体和客体是政策得以有效运行的载体。在公共政策的执行过程中，公共机构的不健全、机构能力与资源不足、职能职责交叉冲突等都会影响政策效果甚至出现政策失误，此时就应当通过行政机构改革或者吸纳社会主体参与等对政策主体进行调整。政策客体调整是指政策问题和目标群体的调整。公共政策所指向的问题及与之相关的人群是处于不断变动之中的，环境的变化可能改变问题的性质或涉及人群的范围。因此，为了保证政

---

① 国家卫健委．我国疫情防控工作重心从“防感染”转向“保健康、防重症”［EB/OL］．（2023－01－03）［2023－03－01］．https://news.cctv.com/2023/01/03/ARTIP0Uc9B5Ei18Eo2wAivlK230103.shtml.

策的有效性，必须及时调整政策的客体。

3. 政策方案的变动

政策方案是解决公共问题、实现政策目标的具体安排，当政策问题和政策目标发生变动时，相应的政策方案也应进行变动调整。例如，为了更好地解决“无车家庭”用车需求问题，2020 年北京市修订了《北京市小客车数量调控暂行规定》，并由北京市交通委员会、北京市公安局、北京市发展和改革委员会等 13 个部门联合发布《〈北京市小客车数量调控暂行规定〉实施细则》（2020 年修订），增加以“无车家庭”为单位配置指标，优先向“无车家庭”配置指标、推动个人名下第二辆及以上在本市登记的小客车有序退出等政策内容，明确“无车家庭”积分规制、申请流程等。政策方案的变动调整要根据方案本身与实际情况的差距来进行，基本可行的只要做一些局部的修订；如果与现实差距过大，则要做大幅度的调整甚至推倒重来，制定新的方案。

4. 政策工具的变动

政策工具是实现政策目标的手段和方法，是实施政策方案的具体步骤、手段和方法。政策工具的调整是政策变动中最常见的，也是最容易实现的。在政策执行过程中出现了偏差，其原因可能是步骤安排不合理或是产生了脱节，也可能是使用的方法不当或是采取了不合适的对策等。这些情况都是经常出现的，也是比较容易调整的，关键是要本着实事求是的原则对出现的问题进行及时补救和修正，使执行措施更加有效和完善。2007 年至 2016 年间房价居高不下，房地产调控政策密集出台，每一次具体的政策变动都涉及政策工具的变动。如，2009 年房价出现报复性上涨，为此，《国务院关于坚决遏制部分城市房价过快上涨的通知》发布，该通知综合使用强制型和混合型政策工具，对首付比例、贷款利率、保障性住房供给等进行调整，以期实现遏制房价过快上涨的目标。

公共政策变动的类型

（二）政策变动的类型

学者们根据不同的分类标准探究政策变动的类型及具体体现形式。例如，按照变动的动力可以分为主动变动和被动变动；按照变动的内容可以分为目标变动、主客体变动、方案变动、工具变动等；按照变动的规律可以分为周期性变动和不规则变动等。因而，按照不同的标准可以把政策变动分为不同的类型。本节主要介绍三种典型的政策变动类型。

1. 基于政策变动形式的分类

美国公共政策学者霍格伍德（B. W. Hogwood）、彼得斯（B. G. Peters）按照政策变动形式将政策变动分为“政策维持（Policy Maintenance）”“政策接续（Policy Succession）”“政策创新（Policy Innovation）”“政策终结（Policy Termination）”四种形式，具体内涵如表 7－1 所示。按照霍格伍德等学者的观点，政策接续强调调整后的新政策与原政策的连接关系，是一种渐进性和连续性的政策变动。本书认为政策维持、政策接续是实现政策稳定的途径。

表 7-1　政策变动的四种基本形式

政策变动形式	基本内涵
政策维持	政府决策机构在当前的政策领域内延续之前的政策取向的行为
政策接续	政府决策机构在当前的政策领域内对现有政策的有意识替代行为
政策创新	政府决策机构进入一个从未涉及的领域进行决策活动
政策终结	政府决策机构对先前政策的终止行为，包括解散组织机构、撤销相关法案、停止财政开支等

2. 基于变动程度的分类

按照变动程度，政策变动可以分为渐变型和断裂型。渐变型政策变动是通过渐进的方式对原有政策内容中不适应政策对象和政策环境变化的部分进行增减和修正。渐变型政策变动主要为了纠正偏差，确保预期目标的实现，是公共政策实践中一种常见的政策变动形式。断裂型政策变动是指原政策的中断或终止，可能会导致政策终结或政策创新等形态的发生。

美国学者萨巴蒂尔（Paul Sabatier）也按照变动程度将政策变动分为主要的和次要的两种类型。主要的政策变动是指“政策核心内容的变化”；次要的政策变动是指“对政策某些细节内容的调整”。

3. 基于变动模式与速度的分类

豪利特（Michael Howlett）和拉米什（M. Ramesh）基于变动模式和变动速度两维度分类标准将政策变动分为四种类型，如表 7-2 所示。在政策变动模式中，基于“吸取教训式”对政策进行的修补被称为渐进性政策变动；基于“社会学习式”对政策进行的根本性改变被称为范式性政策变动。

表 7-2　豪利特和拉米什对政策变动的分类

政策变动的模式	政策变动的速度	
	快速	慢速
范式性	快速的范式性政策变动	慢速的范式性政策变动
渐进性	快速的渐进性政策变动	慢速的渐进性政策变动

二、公共政策变动的影响因素

（一）决策者的变动

公共部门依托公共权力分配和维护公共利益，是公共政策的主导者，但随着选举、换届、职务晋升等产生的决策者的变动往往会导致公共政策的重要调整与变革。在西方国家多党制的政治体制运行中，因决策者的变动引发公共政策变动屡见不鲜，如 2020 年美国时任总统特朗普宣布美国退出世界卫生组织，但由于执政党换届选举，几个月后，拜登政府宣布恢复“履行对世卫组织的财政义务”，决策者的变动使得美国应对新冠疫情政策出现政治分歧和摇摆。

（二）利益团体

公共政策作为对社会价值的权威性分配，集中反映了对社会利益进行协调和平衡的过程。基于某种共同信念、共同利益、共同观点等所形成的利益团体是公共政策过程的重要参与者，他们之间的互动、博弈成为影响政策变动的重要动力。开放异地高考、解决随迁子女升学问题的政策过程是一个典型的多元利益主体政策博弈的过程。2012 年 9 月，教育部曾公布“异地高考”准入条件，这引发了部分地区随迁子女家长和户籍地家长的激烈辩论，不同利益主体的诉求难以协调整合，阻碍了部分地区“异地高考”政策变动的发生。

解释性案例 7-1

老旧小区增梯改造中的利益博弈

随着北京市人口老龄化速度逐渐加快，老楼居民对电梯增设的需求日益凸显。为满足老、弱、病、残、孕等业主群体对楼宇垂直交通的便利性需求，北京市相关部门先后出台了《关于北京市既有多层住宅增设电梯的若干指导意见》《北京市 2016 年既有多层住宅增设电梯试点工作实施方案》等，对多层住宅增设电梯的申请原则、资金来源、方案内容、申请程序及相关事项做出了详细规定。但在推进老旧小区增设电梯的工作中充斥着“支持派”“反对派”“观望派”等不同群体的利益诉求。

支持者的声音：在意见征询中，大部分业主对增设电梯一事表示肯定与支持，其中尤以高层业主和老年业主的呼声最为强烈，同意的理由多是可以方便业主上下楼，比如方便日常生活以及当高层业主发急病需送院治疗时可以提供方便。

增梯的反对意见：意见调查表中明确表示反对增梯的意见大多集中在低层住户（3 层以下）和靠近电梯的住户。首先，有居民认为加装电梯会影响自身的生活质量，如加装电梯后会影响采光，同时电梯运行时的噪声会影响自己的睡眠质量等，尤其以 1 层住户反应最为强烈。其次，部分业主认为加装电梯会影响自己房屋的升值空间。最后，邻里关系不和睦成为业主反对安装电梯的原因之一。

观望者态度不置可否：在意见征询中，还有部分业主并未直接表达支持或反对增设电梯。这些业主认为，增设电梯的具体设计方案尚未出炉，电梯对自身的负面影响（包括但不限于影响通风、采光，增加噪声等）程度到底如何不能确定，因此无法做出决定。

反悔的业主：在施工方案公示后，有些同意加装电梯的业主却反悔了。这些反悔的业主先前同意增梯并非是存在强烈的增梯需求，而往往是抱着加不加都行的心态或碍于邻居情分等才选择同意，但当设计方案出来之后，看到了增梯对自家利益的实际影响，于是选择了反悔。

资料来源：陈佳，等．一梯之遥的高度：北京老旧小区增梯改造困境．中国公共管理案例库，2018.

（三）价值观念

决策者对政策问题的认知和判断影响有限注意力的分配，价值观念则成为影响决策者偏好形成的主观因素，进而决定了政策问题能否进入政府议程并产生政策变动。价值观念包括价值观、信念、思维模式等，影响决策者对公共利益的理解和衡量。如 2006 年国家启动新一轮医疗体制改革，时任国家领导集体强调医疗卫生事业要保持公益性，确立了以人为本的公益性价值导向，体现价值观念对政策变动方向的影响。

此外，由于公共问题的复杂性与动态多变特征，再加上决策科学对信息、技术的依赖也日益增强，决策者可以通过政策学习改变价值观念，探索应对复杂公共问题的“新思路”，改善对公共利益的理解与政策行动。

（四）政策评估

政策评估是政策生命周期的重要环节，也是调整、修正、延续或终止政策的重要依据。当在政策评估中发现存在决策内容不科学、政策工具无法解决相应的公共问题、政策成本高于实际收益等情况时，就应当尽快推动政策调整或变革。例如，2015 年联合国可持续发展峰会正式颁布了《2030 年可持续发展议程》，提出 17 个可持续发展目标，引导全球转向可持续发展道路，彻底解决社会、经济和环境三个维度的发展问题。《2021 年可持续发展目标报告》使用最新可获取的数据表明，在减少贫困、妇幼保健、电力使用和性别平等方面已经取得了进展，但不足以在 2030 年实现目标；在减少不平等、降低碳排放和解决饥饿问题等重要领域，进展已经停滞或发生逆转，并指出需要采取紧急和协调行动的领域。联合国通过年度政策评估的方式描述目标进展、诊断问题，进而推动落实可持续发展目标的具体政策措施的调整。

（五）政策资源约束

公共政策的运行过程依赖于人、财、物等资源的有效投入，也需要制度、技术、信息的支撑与保障，而这些政策资源具有较强的变动性。政策资源不足致使原政策难以继续实施或新政策难以出台，不得不通过政策调整应对资源约束趋紧。

（六）焦点事件

焦点事件是指具有突发性的，能引起民众及政府广泛关注的重大或危机事件。由于焦点事件具有聚焦问题的能力，尤其是负面影响凸显了政策缺位或政策失败，就会在短期内形成压力，使决策者将有限的注意力集中在该问题上，通过政策调整或创新等形式回应公众需求，因此，焦点事件往往成为促使或阻碍政策变动的导火索和催化剂。如，2018 年 8 月高铁霸座事件引发社会关注，多个霸座视频被曝光，随后广东省出台《广东省铁路安全管理条例》，对铁路运行安全中存在的一些问题进行了系统规定，尤其是一些社会关注的高铁霸座、在铁路沿线 500 米内飞无人机和放风筝等焦点问题。

（七）公众舆论

公众舆论是公众对某一公共问题的观点、意见、建议等的总和，是一种民意表达，体现了公众的利益诉求。在以互联网技术为支撑的新媒体时代，媒介为公众提供政策讨论的公共空间，公众的利益诉求往往通过多种媒介平台进行表达和汇集，形成强大的力量，进而影响政策系统和政策走向。

三、公共政策变动的理论模型

20 世纪 70 年代以来，由于社会不确定性的增加，政府政策运作的社会、经济环境发生急剧变化，这迫切需要政策系统改变原有政策以适应现实的需求，导致了多种政策的变迁，于是政策变动的理论探索与研究正式进入政策科学发展议程，并日益成为中西方公共政策研究的一个重要领域。政策变动的理论研究主要探究影响政策变动的因果关系和因果机制，形成了较多的框架、理论与模型。本书第二章所介绍的倡导联盟框架，又称为倡议联盟框架，被认为是用以分析政策变动的常用工具之一。倡议联盟框架以政策子系统作为分析政策变动的主要因素，以子系统中各类参与者组成的倡议联盟为主要载体，以联盟的政策信仰体系为关注焦点，通过分析外部影响因素以及政策子系统中倡议联盟之间的互动，能够解释长达十年或数十年的政策变动过程。

在倡议联盟框架中，影响政策变动的核心变量有三个：政策子系统中相互竞争的倡议联盟之间的互动、相对稳定的因素、外部事件影响。政策子系统是倡议联盟框架的分析单元，即为解决某一问题而集聚的政策行为主体的组合，可分为倡议联盟及政策掮客两类角色，包括政府官员、利益集团、专家学者、研究机构及媒体等不同类型的政策行动者。每一个倡议联盟由共享政策核心信念并协调其行为以影响政策过程的政策行动者组成，信念则是政策行动者参与政策过程的黏合剂，包括深层核心信念、政策核心信念，工具/次要信念三个层级。政策掮客在倡议联盟之间的竞争性互动中“保持中立”，发挥斡旋调解功能，通过沟通协商凝聚共识，降低联盟间的冲突程度，最终形成达成共识的政策方案。

间断均衡理论是另一种用以分析政策变动的理论，由美国学者鲍姆加特纳（Frank R. Baumgartner）和琼斯（Bryan D. Jones）在将生物进化领域的“间断均衡说”引入公共政策过程研究时提出。该理论摆脱了传统渐进主义模型的逻辑束缚和实践困境，融合了渐进和间断两种政策变动形态，致力于描绘政策变动过程中存在的稳定渐进和短时间断突变的现象，并成为广泛应用于解释各类政策变动的主流理论框架。

在间断均衡理论中，政策变动包括政策均衡和政策间断两种形态，政策均衡是指政策变动长期处于停滞/稳定状态，而政策间断则是指均衡状态被打破后遭遇的政策变动。政策垄断、政策图景、政策场域是影响政策状态变动的核心变量。其中，政策垄断指的是由主要行动者所组成的集中的、封闭的政策子系统，它倾向于将其他参与者排斥在外，使政策变动长期处于缓慢或停滞的均衡状态；政策图景指的是某个政策如何被公众和媒体加以理解和讨论，是对一个政策的蓝图和想象，正向或负向的政策图景会相应强化或破坏政策垄断；政策场域指的是由拥有权威决定某一问题的机构和团体组成的垄断或开放的政策子系统。间断均衡理论认为，问题性质变动引发的政策图景调整，推动政策场域产生改变，其结果是政府的注意力和立场发生变化，并最终导致政策进入垄断的均衡和崩溃的间断状态。

公共政策终结的内涵

第三节　公共政策的终结

政策终结是公共政策过程的一个重要环节，当政策目标已经实现或者政策不能有效地解决政策问题时，则进入政策终结阶段。2006 年 1 月 1 日，中国农业税彻底退出政策舞台，就是典型的政策终结实践。政策终结意味着一个完整政策过程的结束，在政策周期的循环中发挥着承上启下的功能。

一、公共政策终结的基本内涵

（一）政策终结的含义

在政策科学发展的早期，与政策过程的其他阶段相比，学者们极少关注政策终结环节。20 世纪 70 年代，滞胀经济成为一种十分突出的共性现象，西方政府为应对经济危机出台了不少干预经济发展的政策，但政策效果不佳、屡屡受挫。低效甚至无效的政策既不能有效地回应现实问题，又浪费了有限的政策资源，于是各方纷纷要求调整、结束那些效率低、效能差的政策和组织机构，政策终结的相关问题研究正式进入学界视野。

政策终结的概念最早由拉斯韦尔提出，他将政策终结作为政策过程的一个阶段，认为政策终结是关于取消政策方案，以及研究有关相信某种政策必须继续而采取某种行动或因政策终结而丧失价值的人们之主张的活动。在此基础上，部分学者关注政策终结的政治行为本质特征，巴达克（Eugene Bardach）将政策终结视为“在接受政策 A 同时取缔或削减了政策 B 的政治过程”；布鲁尔（Garry D. Brewer）指出政策终结是政策过程的六个阶段之一，是当“政策和项目无法发挥功能或已成为多余、过时，甚至不必要时，将政策与项目予以终止或结束的政治行为”。

随后，部分学者侧重对政策终结对象的探讨，狄龙（Peter DeLeon）认为政策终结是“政府对某一特殊功能、计划、政策或组织经过深入评估而加以结束或终止的过程”，政策终结的对象不仅包括政策、计划/项目，还应包括公共组织及其功能。丹尼尔斯（Mark R. Daniels）认为政策终结是“对政府项目、政策、组织的终结，也是组织为削减预算对自身的调适，以及为政府服务民营化而产生的削减”，并强调政策终结是一个发展的概念，对一项政策的终结意味着一项新政策的开始。

20 世纪 80 年代中期以来，我国引入并逐步推动公共政策分析学科的发展，国内学者也开始关注政策终结问题。陈振明将政策终结界定为“政策决策者通过对政策或项目进行慎重的评估后，采取必要的措施，以终止那些过时的、多余的、不必要的或无效的政策或项目的一种政治（或政策）行为”。陈庆云认为，“公共政策终止是决策者通过对政策的审慎评价后，终止那些错误的、过时的、多余的或无效的政策的一种行为。政策终止不仅是指取消原有的政策，而且还意味着制定新的政策”。综合学界的观点，本书认为政策终结是决策者基于政策评估结果对将过时的、无效的或多余的政策、计划、功能或组织予以终止的行为过程。政策终结的主体主要是具有权威性价值分配能力的政府决策者；政策终结的客体包括不能有效回应问题的政策、计划、功能和组织；政策终结以科学、合理、有效的公共政策评估结果作为依据。

解释性案例 7－2

国务院关于废止部分行政法规和文件的决定

为进一步推进“放管服”改革，促进境内企业依法合规利用境外资本市场规范发展，国务院决定废止以下行政法规和文件：

一、国务院关于股份有限公司境外募集股份及上市的特别规定（1994 年 8 月 4 日中华人民共和国国务院令第 160 号发布）

二、国务院关于进一步加强在境外发行股票和上市管理的通知（国发〔1997〕21 号）

本决定自 2023 年 3 月 31 日起施行。

（二）政策终结的内容

要顺利实现政策终结，就必须首先明确政策终结的对象。狄龙、丹尼尔斯等对政策终结内涵的界定明确了政策终结的对象及内容。一般来说，政策终结的对象包括功能、组织、政策和计划。

1. 功能终结

政策功能的终结，就是终止由政策执行而带来的某种或某些服务。在政策终结的所有对象中，功能终结遭遇到的挑战最大，一方面是因为一旦功能终结，则与该功能相关的组织、政策、计划都要面临终结的局面，若予以取消势必引起多维度的抵制；另一方面，由于公共问题的复合性、公共部门职能分工的专业化，某项功能往往是由许多不同的政策和机构共同承担的，终结某项功能往往涉及不同的工作程序和多维度的利益协调，增加了功能终结过程的复杂性。

2. 组织终结

组织是为了履行特定的政府功能而设立的，也是政策运行的载体，当政府功能面临调整、政策的使命结束后，相应的组织也面临着某些调整，如经费缩减，人员分流，机构裁减、合并甚至撤销，等等。我国国家机构改革中的大部制改革是典型的因职能调整导致的组织终结。组织终结通常比较困难，因为组织终结意味着原有的组织系统被打破，组织尤其是组织成员的利益将被重新分配甚至减损，所以组织终结可能会遭到强烈的抵制。

3. 政策终结

政策终结指的是政策本身的终结，承担政策活动的组织依然存在，旧政策功能则由新的政策来承担。政策本身的终结关系到政策资源的利用和重新分配，影响政策功能的实现方式和路径。在政策实践中，只要公共组织处于稳定的发展状态，当一项具体的政策被废止时，往往就会产生一个相应的新政策方案继续担负组织的使命，因而政策终结的成本和阻力远低于功能终结和组织终结。

4. 计划终结

计划终结也称项目或工具终结，指的是政策的具体措施和手段的终结。在所有终结对象中，计划终结是最常见的一种形式，其遭遇的挑战和复杂性相对最低。这是因为，一方面政策工具是实现政策目标的具体手段，如果政策效果不及预期，遵循工具理性，对具体措施和手段的调整则会应运而生；另一方面，与前三种终结对象相比，计划终结处于最底层的微观层面，是在功能、组织、政策方案不变的情况下产生的对具体措施和手段的替代，不会触动利益内核，终结的成本较低，容易达成共识。

(三) 政策终结的表现方式

一般来说，政策终结的方式有政策缩减、政策合并、政策分解、政策替代和政策废止五种。

1. 政策缩减

政策缩减指的是采用渐进的方式推进政策终结，以应对政策问题与政策环境的变化，或缓冲政策终结所带来的抵制与冲突。一般来说，政策缩减主要表现为政策目标群体的缩小、政策资源的减少、政策工具的弱化等。例如，20 世纪 80 年代末期以来，我国高考加分政策成为一项较为稳定的高考政策，并延续下来。2014 年，根据《国务院关于深化考试招生制度改革的实施意见》和《关于进一步减少和规范高考加分项目和分值的意见》的相关规定，全面取消体育特长生、中学生学科奥林匹克竞赛、科技类竞赛、省级优秀学生、思想政治品德有突出事迹等全国性高考加分项目，高考加分政策开始大范围缩减。

2. 政策合并

政策合并指的是有些组织或政策被终止了，但它们所担负的（部分）功能并没有被取消，而是通过重新优化组合的方式合并到相关政策中的政策终结方式。政策合并通常表现为被终止的内容合并到一项已有的或者是一项新的政策当中。例如，2013 年 3 月，在《国务院机构改革和职能转变方案》中，按照实行铁路政企分开的方案设计，铁道部正式被撤销，但原铁道部所承担的“拟订铁路发展规划和政策的行政职责”仍是政府职能的一项重要体现，因此通过政策合并的方式将该职责划入交通运输部。

3. 政策分解

政策分解是一种特殊的政策终结形式，指的是将旧政策的内容按照一定的规则分解为几个部分，每个部分各自形成一项新政策。当政策目标多元、政策内容体系过于庞大复杂时，为了更有针对性地解决相关政策问题，可以通过政策分解的方式使各个新政策独立发挥作用。

4. 政策替代

政策替代是指用新政策取代旧政策，以更好地应对政策问题与政策环境需要的政策终结方式。由于公共问题仍然存在，通过制定新的政策方案、政策工具甚至是新的操作程序等可以更好地解决政策问题，实现政策目标。增值税全面替代营业税是一个较为典型的政策替代实践，2017 年 10 月 30 日，国务院常务会议通过了《国务院关于废止〈中华人民共和国营业税暂行条例〉和修改〈中华人民共和国增值税暂行条例〉的决定（草案）》，标志着实施了 60 多年的营业税正式退出历史舞台，增值税全面替代营业税发挥税收政策的调节功能。

5. 政策废止

政策废止是政策终结的一种最直接、最彻底的方式。政策废止一般针对那些经评估认定已经完全过时或完全失效的政策。2016 年，国家发展改革委对改革开放以来截至 2015 年底印发的政策性文件进行了全面清理，宣布失效政策性文件 1 680 件，包括涉及价格管理的 1 206 件，涉及产业政策的 75 件，涉及项目建设的 62 件，涉及能源资源的 105 件，其他 232 件。这些政策文件多数都是历史久远的过时政策，其中 20 世纪七八十年代的有 141 件，20 世纪九十年代至 2003 年以前的有 863 件，都已不适应时下经济社会发展的需要①。政策废止是优化制度供给、消除政策过剩导致的制度性障碍的有效手段。

二、公共政策终结的理论模型

20 世纪中叶，西方政府倡导用公共政策回应社会公共问题，唤醒了学术界对公共政策内容及运作过程的研究，并将如何科学地制定政策置于政策过程研究的核心，而政策终结等阶段未被重视。20 世纪 70 年代的经济危机使得西方政府开始密集地调整政策，原有政策不得不面临终结或转型，这推动学术界开始关注政策终结的本质内涵、影响因素及行为策略等，公共政策终结的研究被正式提上议程。

政策终结是政策变动的一种特殊形式，与政策变动的影响因素相似，决策者的变动、利益团体、价值观念、政策资源约束、焦点事件、公众舆论以及政策评估等都能对政策终结产生影响。西方学界围绕这些影响因素，开展公共政策终结的理论研究。西方公共政策终结研究分为三个阶段：第一阶段是 20 世纪 50 年代末，拉斯韦尔等政策科学家探究政策过程的基本内涵，将政策终结视为政策过程的一个主要环节，明确了政策终结及其研究在政策科学中的“身份问题”，但由于学界更多关注政策制定研究，在该阶段并未重视政策终结研究；第二阶段始于 20 世纪 70 年代中后期，经济滞胀的危机塑造了政策环境，导致政策方向的转变，为了回应大量政策面临终结及转型的现实需求，巴达克、布鲁尔、狄龙等学者系统探究政策终结的本质内涵、内容、类型和影响因素等，为政策终结理论研究奠定了基础；第三阶段是 20 世纪 90 年代以后，政策终结的理论与案例实证研究成为该阶段的核心内容，丹尼尔斯等学者立足于政策终结理论分析框架的构建，并基于理论框架与模型开展案例分析与实证研究，验证理论的解释力，不断推动政策终结理论研究的发展。

在众多的政策终结理论框架与模型中，根据理论模型的科学性、普适性等标准，本书选取组织终结分析框架、公共产品终结的过程模型、政策终结两阶段决策模型进行重点介绍。

（一）组织终结分析框架

组织终结
分析框架

亚当、鲍尔及其合作者根据终结的外部政治动机和终结对象的内部组织黏度构建了组织终结分析框架，认为政治动机和组织黏度的不同组合决定了组织面临保持现状、改革、濒临风险、终结四种不同的发展境况。组织终结分析框架如表 7－3 所示。

① 法规司．国家发展改革委纵深推进“简放服”改革 集中宣布废止 1680 件政策性文件［EB/OL］．（2016－06－20）［2023－03－01］．https://www.ndrc.gov.cn/fzggw/jgsj/fgs/sjdt/201606/t20160620_1106989.html.

表 7-3　组织终结分析框架

		组织黏度（内部）	
		高	低
政治动机（外部）	高	改革	终结
	低	保持现状	濒临风险

政治动机变量体现促进或阻止终结的政治意愿，包括政治变动（Political Turnover）、社会压力（Societal Pressure）、问题压力（Problem Pressure）和预算限制（Budgetary Constraints）四种外部环境因素；组织黏度变量决定了终结面临障碍的大小，取决于组织年龄和青春期（Age and Adolescence）、组织规模（Size）和多元或单一组织目标（Multi-purpose or Single Purpose）三个影响因素。变量的具体界定如表 7-4 所示。

表 7-4　组织终结分析框架的变量体系

变量		基本内涵
政治动机	政治变动	与组织终结风险正相关
	社会压力	强大的私人利益团体在决定政策终结成败上扮演重要角色，特别是那些可以从组织终结或存续上获得利益的联盟和团体
	问题压力	组织的总体绩效表现影响其被终结的可能性
	预算限制	节俭的压力越大，决策者通过终结来解决预算危机的可能性就越大；但如果终结需要的财政资源越多，维持现状的可能性也就越大
组织黏度	组织年龄和青春期	组织存续的机会与其年龄正相关，如果组织安全度过某一关键时期，其存续的可能性就比较大
	组织规模	组织规模和终结风险之间存在非线性关系，并非组织越大越不容易终结
	多元或单一组织目标	当组织绩效不佳时，单一目标的组织比多目标的组织更容易被发现，其面临的终结风险也更高

组织终结分析框架认为，当组织黏度较高、政治动机较低时，组织会保持现状；当组织黏度较低、政治动机较强时，组织很可能遭到终结；当组织黏度和政治动机都处于较高强度时，虽然人们终结的意愿很强，但该组织也不会被终结，而是会被重组或改革；当组织黏度和政治动机都处于较低强度时，组织会暂时处于高度不确定的风险状态，有随时转向终结情境的可能。

（二）公共产品终结的过程模型

柯克帕特里克、莱斯特和彼得森在《政策终结过程：财政分配的一个概念框架及其运用》一文中提出了关于公共产品终结的过程分析框架，并以此检验 1986 年美国联邦财政分配计划，认为政策终结受“该政策或项目的内在特性”“终结发生的外部政治环境”“终结的限制性因素”三类变

公共产品终结的过程模型

量的影响，如图 7－1 所示。

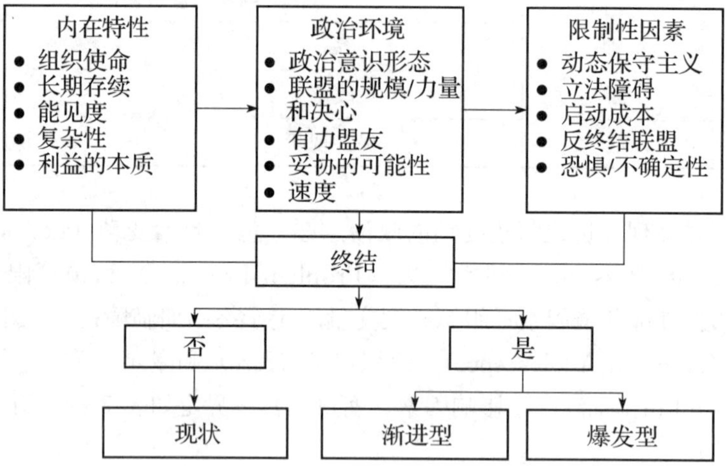

图 7－1　公共产品终结的过程模型

政策或项目的内在特性是指终结对象所拥有的不被个人操纵的因素，主要包括组织使命、长期存续、能见度、复杂性和利益的本质五个变量，其中，组织使命直接关乎组织存在的理由，如果不重要或者至少看起来不重要的话，那就可能被终结；长期存续指向终结对象的存续时间，存续时间越长越不容易被终结；能见度是指公众能见度不高的对象更有可能逃过终结；复杂性是指复杂且公众难以理解的目标更不容易被终结；利益的本质是指项目受益者的人数及他们对利益的评价。

政治环境因素包括政治意识形态、联盟的规模/力量和决心、有力盟友、妥协的可能性和速度五个变量。

限制性因素主要包括动态保守主义、立法障碍、启动成本、反终结联盟、恐惧/不确定性五个变量。

公共产品终结的过程模型认为，在上述因素的影响下，决策者需要做出决定：要么否定终结，维持现状；要么改变现状，实施终结。根据需要，终结方式可以是渐进型的，也可以是爆发型的。

（三）政策终结两阶段决策模型

政策终结两阶段决策模型

伊丽莎白·格蓝迪（Elizabeth A. Graddy）和柯伊（Ke Ye）提出了关于公共政策终结过程的两阶段决策模型，探究政策终结在不同发展阶段的主要内容及影响因素，如图 7－2 所示。

在政策终结两阶段决策模型中，决策者基于触发因素、影响和利益因素决定政策或保持现状，或进行调整，或实施终结，具体的基本假设如表 7－5 所示。触发政策终结的因素包括财政问题、感知到的政策失败和意识形态变迁。其中，财政问题反映了政策资源对政策终结的影响，是指项目和组织的存续依赖其环境资源，当环境支持组织存续的能力下降时，这一资源依赖关系就会威胁到其生存。政策特征包括项目特征、服务需求和私人能力，这些特征揭示了政策的重要性以及终结可能造成的影响。终结的预期影响取决于项目规模以及对所提供的服务的需求状况。

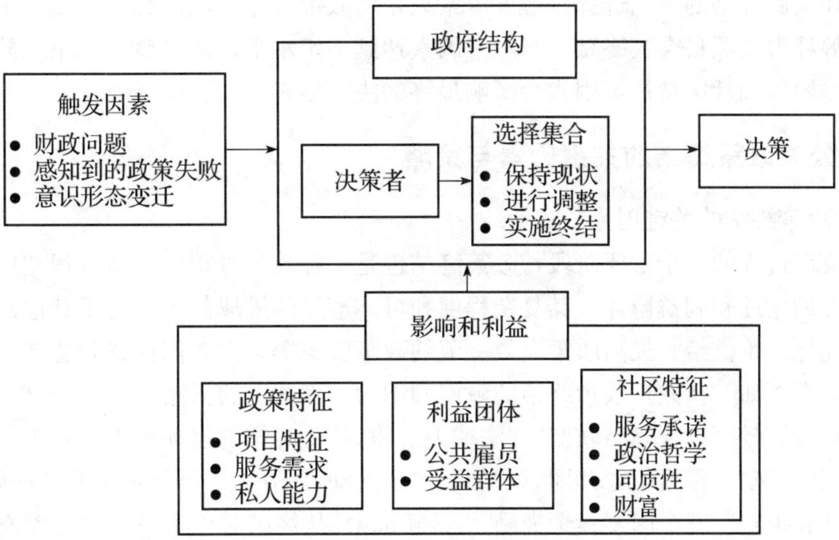

图 7-2 政策终结两阶段决策模型

利益团体包括公共雇员和受益群体，受到政策直接影响的利益团体会抵制终结政策的努力，受雇佣提供服务的公共雇员很明显会受到政策终结直接的、个人的和负面的影响。如果这一组织比较大且组织良好，其反对就可能更为有效。公共项目的受益者也可能抵制终结，这一效果取决于他们组织和影响决策者的能力。社区特征包括服务承诺、政治哲学、同质性和财富等。社区特征会影响官员的偏好，并提供对特定行为的激励。

表 7-5 政策终结两阶段决策模型的影响因素及基本假设

决策阶段	影响因素		假设
第一阶段	触发因素	财政问题	政府资源递减越多，政策终结就越有可能
		感知到的政策失败	公共项目的绩效越低，政策被终结的可能性就越大
		意识形态变迁	对精简政府的意识形态偏好的增加，将会提升政策终结的可能性
第二阶段	政策特征	项目特征	大型项目和有高需求的项目相对不太可能被终结
		服务需求	
		私人能力	发达的私人服务部门会提升政策终结的可能性
	利益团体	公共雇员	公共雇员（规模和组织程度）越强大，政策终结越不可能
		受益群体	受益群体（规模和组织程度）越强大，政策终结越不可能
	社区特征	服务承诺	占有较大比例政府预算的政策领域项目相对不太可能被终结
		政治哲学	政策终结更有可能发生在政治保守的社区
		同质性	社区偏好的同质性会影响终结决策
		财富	较富裕的社区相对不太可能去终结政策

政策终结两阶段决策模型认为，政策终结的第一阶段是财政问题、感知到的政策失败和意识形态变迁等触发因素促使人们对现有政策进行反思。此时，决策者面对保持现状、

进行调整和实施终结的不同选择。触发因素只是将政策及其可能面临的终结提上议程，并不能充分解释哪个项目会被终结。当触发因素达到一定水平，决策就进入第二阶段，政策特征、利益团体和社区特征等因素会影响最终的决策结果。

三、公共政策终结的关键因素与策略

（一）政策终结的关键因素

作为政策过程的一个重要阶段，政策终结也是一种政治过程，终结过程充斥着各个政策主体的力量角逐和利益博弈，其复杂程度和可能遭遇的挑战甚至会高于其他政策过程环节。为了优化政策供给、提高政策绩效、节约政策资源等，学者们描述和总结了政策终结的障碍性因素。如，狄龙把政策终结的障碍归纳为“理智上的抵制”“组织机构的持久性”“组织的动态保守性”“反终结联盟”“法律上的障碍”“高昂的启动成本”六个方面，为后续的探索奠定基础；霍格伍德和冈恩增加了“政治动机不足”“可能带来的负面效果”“决策者的拖延和拒绝”三个因素；考夫曼（Kaufman）从终结对象本身出发，探究组织弹性和组织适应能力对组织终结的影响；等等。

综上所述，政策终结的障碍性因素多种多样，但终结对象的特质、政策资源和利益相关者行为是推动或阻碍公共政策终结的三个关键因素。首先，终结对象的特质指向政策或组织固有的属性特征，比如使命、适应能力、效率等，终结对象的使命越重要、适应政策环境变化的能力越强、政策或组织绩效越高，其抵抗终结的能力越强。其次，政策资源是指为政策终结所投入的相关资源，是政策终结的约束性条件，当资源的充沛程度不足、政策终结成本较高时，政策终结的可能性就自然降低。最后，由于政策终结是相关政策主体利益博弈的过程，利益相关者的行为及能力则成为政策终结的关键力量，他们会基于共同诉求形成利益联盟，借助政策专家、媒介等力量影响政策的走向。

（二）政策终结的策略

正是因为政策终结过程充满着利益博弈的复杂性和不确定性，这就要求决策者充分认识到政策终结策略的重要性，注重科学性和艺术性的有效结合。美国学者罗伯特·贝恩曾提出“政策终结的 12 项忠告”，为公共政策实践者有效推动政策终结提供参考。

（1）别放试探性气球，那样会引起反对派去组织他们的支持者起来抗议。因此终结者在作出正式决定之前，要防止信息泄露。

（2）扩大政策支持者的范围，有组织的选民往往能够决定政策的终结与否。因此终结者要能够让己方支持者的规模超过原政策受惠者的规模。

（3）把焦点放在政策的危害性上。清除一项具有某种危害性的政策要比清除那些无效或低效的政策容易得多。

（4）利用意识形态的转变来证明危害。政策经常被从意识形态角度进行评估，因此终结者要善于利用和创造意识形态上的变化来说明原有政策的确是有危害的。

（5）不要妥协。政策的延续通常是政治妥协的结果，因此终结者要能够坚持自己的立场。

（6）吸收局外人作为终结者。当局者总不太愿意接受对自己过去行为的负面看法，并作出必须终结的指示，因此吸收局外人参与，有助于他们转变观念、改变做法，从而有利于终结的实现。

(7) 避免立法解决。这是因为立法者更愿意妥协，而不想勉强作出不受欢迎的终结决定，以免树敌太多。

(8) 不要侵犯立法机关的特权。行政机关的终结者应当避免引发宪法赋予总统和国会的权力之间的冲突。

(9) 接受短期内增加的代价。由于终结一项政策需要解雇费、补偿费和启动新政策的费用，因而在短期内的花费常常会超过继续执行的代价。

(10) 推迟新受惠者的受益。先给那些被终结项目的人员提供新的工作，再给原政策的受益人提供补偿。

(11) 提倡采用而不是终结。要让人相信采用新政策必须终结旧政策，而不是单纯强调旧政策的终结。

(12) 只终结必要的部分。终结者应当清楚自己的动机是终结有害的政策、无效的政策，还是代价高昂的政策，这些都要慎重决定。

在西方学者对政策终结策略研究的基础上，结合影响政策终结的关键因素，我们认为在推进政策终结的过程中需要注意以下三个方面：

第一，重视信息公开，营造政策终结氛围。政策终结是决策者基于政策评估结果对公共利益进行重新分配的过程。由于政策信息在政策系统内部和外部分布不对称，相关主体可能因为政策信息的不充足而没有理解政策终结的目标和内容，从而引发或加重抵触和抵抗情绪。决策者在推动政策终结的过程中，应注重信息公开，比如在官方互联网信息平台及时公布前期政策评估的结果，充分说明政策终结的原因、依据等，并注重协商对话平台的搭建，营造有利于政策终结的环境。

第二，重视协商对话，弱化利益冲突。政策终结的核心在于利益相关主体的力量博弈与利益协调。因此，在政策终结过程中，政府应聚焦如何开展利益协调与整合，尽可能减少利益博弈对终结的影响。决策者可以通过听证会、座谈会、官方互动平台等形式畅通多样化意见征集渠道，充分了解相关利益主体的诉求，并通过协商对话、有针对性的措施等破除不同主体间的自利性价值逻辑，发挥建立共识、弥合冲突的利益协调功能，促进政策终结的顺利开展。

第三，综合使用渐进型和爆发型终结方式。政策终结方式主要有渐进型和爆发型两种，但两种方式的适用情境不同。如狄龙认为渐进型终结比爆发型终结更容易获得成功，这是因为，分阶段、有步骤的政策缩减等能够给予利益相关群体缓冲期，弱化瞬间变革带来的激烈矛盾与冲突。但这不意味着爆发型终结的低效性，当终结容易达成共识，或者需要使反对群体没有时间来组织抵制对抗时，爆发型终结更能够实现政策目标。

第四节 公共政策稳定、变动与终结的中国实践

我国正处于社会变革、经济转型的加速期，公共政策产生与运行的基础环境发生了显著变化，也推动了公共政策稳定、变动与终结的实践。本节主要总结我国公共政策稳定、

变动与终结的实践特点，分析影响因素，为政策周期变动的认知与实践提供参考。

一、中国公共政策稳定、变动与终结的特点

当代中国公共政策稳定、变动与终结的特点，主要体现在以下几个方面。

（一）调适性稳定成为政策发展逻辑的主要特征

政策稳定与政策变动是公共政策的两种基本形态，在我国的政策实践中主要体现为政策维持、政策接续、政策调整、政策创新几种形式，其中政策维持、政策接续是实现政策稳定的途径，而政策调整和政策创新是实现政策变迁的途径。

解释性案例 7－3

我国个人所得税政策的接续与调整

随着我国个人所得税政策的不断发展和完善，个人所得税在财政收入和调节分配方面发挥着越来越重要的作用。1980 年，国家正式颁布了个人所得税相关政策，至今已经历了多次修改，具体如下：

1980 年 9 月，国家确定将于 1981 年开征个人所得税，同时规定了 800 元为个税起征点。

1993 年 10 月，第八届全国人民代表大会常务委员会第四次会议正式通过了《关于修改〈中华人民共和国个人所得税法〉的决定》，形成了新中国成立以后第一套比较完整、统一的个人所得税制度。

1999 年 11 月，国家对储蓄存款利息征收 20%的个人所得税。

2005 年 10 月，个税将工资、薪金所得项目的费用扣除标准由 800 元调整为 1 600 元。

2007 年 12 月，个税扣除标准由 1 600 元上调至 2 000 元。

2011 年 6 月，个税扣除标准由 2 000 元上调至 3 500 元。

2019 年 1 月 1 日起，国家将工资薪金所得、劳务报酬所得、稿酬、特许权使用费所得合并，个人所得税由代扣代缴为主转向代扣代缴和自行申报相结合的征管模式，将综合所得的基本减除费用标准由按月计算调整为按年计算，个税扣除标准调整至 5 000 元/月；同时，个税实施专项附加扣除政策，专项附加扣除包括子女教育、继续教育、大病医疗、住房贷款利息或者住房租金、赡养老人等支出。

2022 年 1 月 1 日起，国务院设立 3 岁以下婴幼儿照护个人所得税专项附加扣除，在计算缴纳个人所得税前，按照每个婴幼儿每月 1 000 元的标准定额扣除。自 2023 年 1 月 1 日起，3 岁以下婴幼儿照护专项附加扣除标准，由每个婴幼儿每月 1 000 元提高到 2 000 元。至此，个税专项附加扣除项目由 6 项增至 7 项，覆盖婴幼儿照护、子女教育、大病医疗、赡养老人等必要生活开支。

“摸着石头过河”是中国改革开放取得巨大成就的重要方法与经验，揭示了改革开放遵循渐进式发展的逻辑，有力保证了改革的稳定性、实效性和持续性。基于改革开放制度基础和实践背景形成的公共政策体系也具有渐进式的发展逻辑，即政策问题和政策环境塑造了从政策维持到政策创新转变的连续图谱。例如，城乡关系是中国最基本的社会关系之

一，21世纪以来，我国先后出台了新农村建设和新型城镇化建设的政策，政策着力点从布局农村生活现代化、农业产业现代化向非农村生活、非农产业就业转型，持续探索破解城乡二元结构失衡问题的方法。也就是说，政策稳定与变动的发展是政策系统对内部因素和外部环境的变化所做出的一种适应性变革，具有调适性稳定的特征，遵循任务的聚焦性与渐进性并进的原则。

（二）多元主体主导政策稳定、变动与终结过程

改革开放以前，由政府主导的"关门模式"是我国公共政策运行的主要模式，公共政策系统相对封闭。随着我国公共政策民主化、科学化进程的逐步推进，以及相关行为主体政策能力的提升，政策系统逐步开放，知识精英、社会组织、媒体、公众通过多种渠道参与政策过程已成为我国公共政策实践的常态。尤其是在互联网＋新媒体时代，政策主体获取政策信息更为便捷，利益表达空间更为多元，不同主体间信息交流与互动性也更强，政策系统的新变化也加速了政府对社会的回应，推动政策稳定、政策变动、政策终结等的发展。21世纪以来，多元政策主体参与和主导政策调整的案例已屡见不鲜，多元主体参与、主导政策过程变迁、实现多方政策利益共赢的格局已形成。

（三）政策终结流程更加规范化和制度化

长期以来，政策系统对政策终结的关注程度远不及政策过程的其他环节，往往是在新政策替代旧政策时，或者是在焦点事件的激烈触发中出现被动的、消极的政策终结实践，并具有运动式的特征。21世纪以来，由于加入WTO以及政策环境的变化，政策终结的频率有所提高。

十八大以来，我国公共政策终结进入常态化发展阶段。2011年，国务院对截至2009年底的691件行政法规进行了全面清理；2014年，党中央完成党内法规和规范性文件的集中清理任务，626件文件中有近四成被废止或宣布失效，并强调"要建立健全即时清理机制"；2016年，国务院印发《关于在市场体系建设中建立公平竞争审查制度的意见》，其中明确"对市场主体反映比较强烈、问题暴露比较集中、影响比较突出的规定和做法，要尽快废止"，如在"放管服"改革中，国务院对取消行政审批项目、中介服务事项、职业资格许可事项和企业投资项目核准前置审批改革涉及的行政法规，以及不利于稳增长、促改革、调结构、惠民生的行政法规进行了清理。

2018年国务院相继出台了《国务院办公厅关于加强行政规范性文件制定和监督管理工作的通知》和《国务院办公厅关于全面推行行政规范性文件合法性审核机制的指导意见》，明确指出应健全行政规范性文件动态清理工作机制，根据全面深化改革、全面依法治国要求和经济社会发展需要，以及上位法和上级文件制定、修改、废止情况，及时对行政规范性文件进行清理。随后，各省、自治区、直辖市相继出台了规范性文件动态清理的相关政策。这意味着公共政策终结实践已正式步入制度化发展轨道。

二、中国公共政策稳定、变动与终结的影响因素

（一）政策理念

政策理念是公共政策制定的出发点和基本依据，是公共政策要实现的战略蓝图、要遵循的行动原则，以及要实行的工作方式的意识形态、价值观念、指导思想等，塑造了决策

主体对政策问题的理解和认知，决定了政策取向和政策风格。新中国成立以来，我国确立并贯彻了“以人民为中心”的执政理念和公共政策价值取向，这种政策理念影响决策者对公共利益的理解和衡量，规范公共政策的目标与方向、政策方案与工具等，塑造了我国长期以来公共政策稳定与变动的动态平衡，在调适性稳定中更好地回应社会诉求和现实问题。2020 年以来，我国新冠疫情防控措施经历了从爆发初期的“战时管制”到常态化防控的“动态清零”，再到“保健康、防重症”“乙类乙管”的新阶段，“人民至上、生命至上”的公共价值追求和政策理念牵引着疫情防控措施的因时因势优化调整。

（二）利益格局

改革开放和市场经济的实践造就了多元化的利益主体，同时，社会团体、公众政策参与意识觉醒，利益表达与诉求的愿望日益强烈，各社会主体之间利益冲突的矛盾不断凸显，社会利益格局正面临深刻调整。

公共政策是对社会价值的权威性分配，利益博弈贯穿整个政策过程。利益相关者的利益表达、博弈与妥协可以成为推动政策变革的动力，但利益间的冲突如不能有效协调，也可能致使政策陷入被动稳定、政策僵化，而且可能引发社会矛盾甚至社会危机。公共政策制定的实际效果不仅仅取决于正式官僚体系的政治选择，还取决于各利益相关者在政策博弈过程中的行为选择。

解释性案例 7－4

新医改方案制定中的利益博弈

2006 年，为解决百姓看病难、看病贵、城乡医院之间的资源严重不均衡等问题，国家成立医改协调小组，启动医疗卫生体制改革。时任中共中央总书记胡锦涛同志在政治局第 35 次集体学习时专门强调医疗卫生事业要保持公益性，要求新医改要重新回归以人为本的公益性价值导向。医改政策制定随即进入备选方案的设计和选择阶段，各个政策主体包括国务院及其相关部委、学术研究机构、企业界、利益集团、公众、媒体在内的多元参与者都在政策过程的各个阶段围绕医改目标、医改方案等展开了激烈的博弈。

1.“市场主导”派与“政府主导”派的纷争与协调

由于受到经济领域民营化浪潮的影响，卫生部最初发布和讨论的《关于深化城市医疗体制改革试点指导意见》（2005 年 3 月 28 日内部稿），倾向于市场化改革思路。但在 7 月 13 日的第二稿中，政策基调陡然从市场化转向公益性，并指出“卫生事业是政府实行一定福利政策的社会公益事业”。当卫生部内部还在激烈争论之时，2005 年 7 月 29 日，国务院发展研究中心发布报告称，我国 20 世纪 90 年代以来以市场化为导向的医疗卫生体制改革“基本不成功”。此论如重磅炸弹，将医改方案推出了卫生部的院墙，更多相关政府部门和研究机构开始加入医改的政策讨论和制定之中。国务院发展研究中心、北京大学、复旦大学、世界银行、世界卫生组织、麦肯锡、北京师范大学、中国人民大学、清华大学、中国社会科学院等政策研究机构围绕到底应该“补供方”还是“补需方”，以及通过何种机制实现“补供方”和“补需方”等原则问题，进行了激烈辩论，基本形成了“政府主导”与“市场主导”两个派别。经过“市场主导”派与“政府主导”派之间的激烈博弈，催生出政府主导兼顾市场的改革思路，最终确定了医改“兼补供方和需方”的总方案。

2. 医改部门之间的博弈与妥协

政府主导的基调确定之后，政策方案（特别是政府的钱怎么用）又成为国务院各部门及其官员之间激烈博弈的主题。卫生部主张实行“英国模式”，关注基本医疗的提供，认为政府投入用于常见病和多发病；劳动和社会保障部主张实行“德国模式”，认为应该从大病着手，建立全民医保体系，将政府资金投到医疗保障中；财政部则认为，就当前的医疗体制，投多少钱也无法解决问题，因此对加大政府投入持保留态度。各个部门为了实现各自的政策目标，分别寻求相关的研究机构和利益相关者群体的联盟支持，后来“国务院医改领导协调小组的成立和国家领导的定调均未能消除各部委之间的意见分歧”。事实上，最终方案兼顾了此前各方主张，财政投入兼顾医保体系和公立医院双方利益，足以证明政策后台博弈对政策走向产生了深刻影响。

3. 利益相关者的利益表达与行动效果

在医改方案酝酿阶段，中国医药企业管理协会在国家发改委发出第 22 次药品降价方案的第二天就向国务院提交《关于改革“以药养医”机制的建议》，直指以药养医无底洞。在制定方案阶段，相关利益团体包括国内和国际医药产业的代表就开始找到方案负责人，寻求合作。当征求意见稿出台后，医药行业协会震惊于方案中规定的“定点”“统一定价”“全部使用基本药物”等规定，随即开会协商并联名向医改协调小组提交意见。此时，作为直接利益相关者的公众也积极参与政策方案制定过程。比如，在向群众征求意见（2008 年 10 月 14 日—2008 年 11 月 14 日）期间，医改协调小组就收到群众意见 35 929 件，其中网民意见 31 320 条，传真 584 份，信件 4 025 封。利益相关者对医改过程的积极参与，极大地影响了医改方案的最终制定。如在行业协会的积极斡旋下，医改方案征求意见稿中“直接配送、统一定价”等语句在定稿中被删除，代之以“基本药物实行公开招标采购，统一配送，减少中间环节”和“国家制定基本药物零售指导价格”。社会各界的积极参与对最终方案产生了较大影响，最后定稿与征求意见稿相比，共进行了 190 余处修改。

资料来源：钟裕民．双层互动决策模型：近十年来中国政策过程的一个解释框架．南京师大学报（社会科学版），2018（4）：58－59.

（三）政策主体

改革开放以来，我国不断加强公共政策系统的民主化、科学化、制度化建设，设立信息公开制度、决策咨询制度、听证会制度等，拓展政策参与渠道，政策系统从封闭逐步走向开放，政策主体从单一的政府向政府、政策专家与研究机构、社会组织、媒体、公众等多元主体转变。多元主体的政策能力成为我国公共政策维持、变动或终结的重要影响因素，其中政策企业家对政策走向的影响更为显著。

金登在其著作《议程、备选方案与公共政策》中系统阐述了政策企业家的基本内涵及作用，认为政策企业家是具有较强创新精神、创新动力，能通过组织、运用集体力量来改变现有公共资源分配方式的人，包括国家行动者（如公共部门中的官员、公务员）和社会行动者（如非政府组织、政策咨询者、利益集团活动家以及社会议题推动者等）。他们了解政策运行逻辑，具备专业知识、经验和策略，能够准确识别和界定政策问题，提出可行的解决方案和政策建议，愿意并能够承担风险责任，坚持不懈地推广政策方案并成功维持。

随着我国公共政策参与渠道的拓展，政策企业家是特定政策问题的推动者，他们不仅能识别政策系统外部的问题与环境变化，而且能运用自己的知识和技术专长以及多变的行为策略提出政策建议，成为众多经济、民生领域政策变动与终结的不可或缺的力量。他们或直接作为政府的战略咨询专家，或以公开演讲、发表文章、提交研究报告与政策建议等形式间接地对政策变革产生影响。当政策企业家对政策系统的影响受限或受阻时，他们往往向媒体和公众借力，通过公共舆论扩大政策理念的影响，在政策创新、变迁与终结中发挥耦合和推动作用。

（四）政策环境

政策环境即政策系统赖以存在和发展的外部条件的总和，是各种直接或间接地作用和影响政策系统的外部客观因素的总和，包括制度环境、社会环境和自然环境。政策环境具有多样性、复杂性和可变性的基本特征，政策环境的变化必然导致公共政策目标和内容的变化。

制度环境是一个国家和社会各种有形的和无形的制度集合体，是公共政策运行的制度基础。改革开放以来，我国逐步推进经济与政治体制改革，公共政策产生与运行的制度基础发生了显著的变化，也推动了公共政策稳定、变动与终结的发展。

社会环境是指人与人的活动所形成的并对公共政策系统直接或间接产生作用的各种社会因素的总和。我国正处于社会变革、经济转型的加速期，也衍生出许多新时期的社会发展问题。比如，“三孩”生育政策、延迟退休政策等成为应对人口老龄化政策环境的重要举措。此外，随着我国人民物质生活水平的不断提高，当前社会的主要矛盾已转变为人民日益增长的美好生活需要和不平衡不充分的发展之间的矛盾，人们对住房、交通、养老、医疗、生态环境等民生问题有了更多更高层次的诉求，已从“有没有”的问题转变成“好不好”的问题，政策目标和政策手段等也必须相应调整完善。

自然环境是指与公共政策系统发生密切联系和相互作用的自然条件。我国在经济快速发展初期形成了人与自然之间的张力，森林退化、生物多样性减少、水旱灾害频发、雾霾、沙尘暴等各种严重的生态环境问题接踵而来。党的十八大以来，尊重自然、顺应自然、保护自然的生态文明理念引领生态环境政策体系的变革与创新。另外，全球变暖导致更多极端天气的出现，诸如野火、风暴、干旱和洪水等。未来几年人类还会面临更多严峻的气候现象的挑战，这对公共政策的变革与创新提出了新的要求。

（五）焦点事件

焦点事件常常表现为某类政策实践中具有标志性的现象或事件，是各种因素激烈碰撞或政策长期累积效应的产物，成为政策运行过程中的关键节点，影响政策过程的发展方向。焦点事件因其具有较强的聚焦问题能力和“焦点聚集”效应，常常能够引发相关因素的连锁反应，焦点事件的激烈程度、发生方式以及公众和政府对事件的关注程度成为政策维持、变动或终结的触发机制。福喜过期肉事件对《食品安全法》修订的影响等揭示了焦点事件在我国公共政策变动与终结中的“催化剂”作用。

本章小结

本章介绍了公共政策稳定、变动与终结的基本内涵，公共政策变动与终结的影响因素。根据理论模型的科学性、普适性等标准重点介绍了常用政策变动的理论模型，包括倡议联盟框架和间断均衡理论；三个政策终结的理论模型，包括组织终结分析框架、公共产品终结的过程模型和政策终结两阶段决策模型。在对政策稳定、变动与终结的基本知识掌握的基础上，本章总结了我国政策稳定、变动与终结的特点，分析了我国公共政策呈现调适性稳定发展的原因，并系统探究了我国公共政策稳定、变动与终结的影响因素。政策稳定、变动与终结是政策过程的重要环节，本章为基于政策周期视角观察和探究政策发展规律提供参考，并有待研究者进一步去开拓。

思考与练习

1. 简述公共政策稳定与公共政策变动的区别。
2. 简述政策维持、政策接续、政策调整与政策创新之间的区别。
3. 简述影响政策变动的主要因素。
4. 结合政策终结的相关理论模型分析我国农业税政策终结的实践。

在线自测

扫一扫　练一练

第八章

定量公共政策分析的技术

学习目标

1. 掌握概率抽样和非概率抽样的方法。
2. 掌握描述性统计分析方法。
3. 了解中心极限定理及其用途。
4. 掌握回归分析、线性规划的方法的内涵及在公共政策分析中的应用。

本章提要

本章主要介绍常用的定量公共政策分析技术。数据分析能够发现蕴藏在表象下难以观察的政策事实和挖掘深层次规律，能够增强研究结果的可靠性和科学性，增强研究过程中论据的充分性，为研究结果的理论升华提供坚实的实证支撑。本章所介绍的方法主要包括数据收集的抽样调查方法、数据推断方法、描述性统计分析、一元回归分析和多元回归分析、线性规划方法、成本-收益分析和成本-效益分析等。

引导案例

关于菲利普斯曲线应用于中国实践的量化分析

1958 年，新西兰经济学家菲利普斯绘制了一条用以表示失业率和货币工资变动率之间交替关系的曲线。这条曲线是根据英国 1861—1957 年失业率和货币工资变动率的经验统计资料绘成的，对于西方国家相关政策制定过程影响较大，学界一般称为菲利普斯曲线。菲利普斯曲线表明：当失业率较低时，货币工资增长率较高；当失业率较高时，货币工资增长率较低，甚至会成为负值。

根据成本推动的通货膨胀理论，菲利普斯曲线表明了基于西方国家的一个经验事实：失业率和通货膨胀率之间存在着替代关系，即通过一定的数学关系，由失业率可以计算出通货膨胀率，反之亦然。由于该曲线能够直观反映失业率和通货膨胀率之间的关系，所以经常作为西方国家制定相关经济政策和社会政策的重要参考依据。

但基于西方国家实践所得出的菲利普斯曲线，其结论能否适用于中国，还需要结合中国的实践，通过一定的研究手段来证明。这个证明过程如果不用量化分析工具，仅仅从定性的角度讨论，很难讨论透彻，甚至可能众说纷纭。

我国学者根据 1998—2007 年的通货膨胀率和城镇登记失业率（见表 8-1），从定量的角度对该问题进行了讨论。

表 8-1　我国 1998—2007 年的通货膨胀率和城镇登记失业率

年份	通货膨胀率（%）	失业率（%）
1998	−0.84	3.1
1999	−1.41	3.1
2000	0.26	3.1
2001	0.46	3.6
2002	−0.77	4.0
2003	1.16	4.3
2004	3.89	4.2
2005	1.82	4.2
2006	1.46	4.1
2007	4.75	4.0

我国学者以失业率作为因变量，以通货膨胀率作为自变量，然后利用一元线性回归分析方法，借助计算机进行全面系统的计算。计算之后所获得的各项数据结果见表 8-2、表 8-3 和表 8-4。

表 8-2　模型汇总表

模型	R	R^2	调整 R^2	标准估计的误差
1	0.633[a]	0.401	0.326	0.409 6

a. 预测变量：(常量)，通货膨胀率。

表 8-3 方差分析表[b]

模型		平方和	*df*	均方	*F*	*Sig.*
1	回归	0.899	1	0.899	5.358	0.049[a]
	残差	1.342	8	0.168		
	总计	2.241	9			

a. 预测变量：（常量），通货膨胀率。
b. 因变量：失业率。

表 8-4 系数 *a*

模型		非标准化系数		标准系数	*t*	*Sig.*
		B	标准误差	Beta		
1	（常量）	3.601	0.149		24.205	0.000
	通货膨胀率	0.157	0.068	0.633	2.315	0.049

a. 因变量：失业率。

根据表 8-4 中的系数，可以写出失业率与通货膨胀率之间替代关系的模型：

$$R_{失业率}=3.601+0.157*I_{通货膨胀率}$$

如果假定菲利普斯曲线适合于中国的具体情况，上述模型就应该是 1998—2007 年这 10 年间菲利普斯曲线在中国的表达形式。那么，实际情况是不是这样呢？

表 8-3 中的数据表明，所构建的模型是显著的，显著性水平为 0.049，小于 0.05；表 8-4 中的数据表明，模型中常数项是 3.601，*t* 值是 24.205*，显著性是 0.000；通货膨胀率的系数是 0.157，*t* 值是 2.315，显著性是 0.049。所以，两个结果都是显著的。

但是，表 8-2 的数据却表明，模型的拟合优度不好，调整的 R^2 值仅为 0.326，所构建的模型对我国既有实践数据的解释能力不足。由此推断，所构建的模型对于解释我国 1998—2007 年失业率和通货膨胀率的关系没有太大意义，这就意味着，1998—2007 年，菲利普斯曲线所表达的通货膨胀率和失业率的替代关系在我国并不存在。

上述案例的定量分析所采用的方法是一元线性回归分析，其基本分析思路是利用反证法证明菲利普斯曲线的原理不适合于我国。基本推导路径是，先通过一元线性回归分析构建一个符合菲利普斯曲线内涵要求的模型，然后通过各项指标，证明这个模型不成立或者无价值，从而进一步得到分析结论：菲利普斯曲线的原理在前述特定的历史阶段不适用于我国，不能将其作为我国相关公共政策制定的参考理论依据。

* *t* 值是 *t* 检验的统计量值。*t* 检验是用 *t* 分布理论来推断差异发生的概率的方法。

资料来源：杨维忠，张甜，王国平 . SPSS 统计分析与行业应用案例详解［M］. 4 版 . 北京：清华大学出版社，2019：82. 有删改 .

案例思考：

1. 试分析量化分析方法在公共政策分析中的独特作用。
2. 试分析本案例中基本证明思路采用反证法的益处。

本章建议学时：8 学时

第一节　数据收集方法

公共政策分析是一门对于数据分析依赖性较强的学科。政策过程的各个阶段，几乎都能够利用数据分析来对政策现象进行深层次的规律挖掘，并发现蕴藏在表象下难以观察的政策事实。利用这些被挖掘出的深层次规律和事实，能够对政策现象进行科学的理论解释，增强研究结果的可靠性和科学性，增强研究过程中论据的充分性，为研究结果的理论升华提供坚实的支撑。如果缺乏定量决策与分析技术，公共政策分析这一学科将无法圆满解决相当多的公共政策问题。

公共政策分析的结果能否通过政策实践的检验，能否被学术界所接受，在很大程度上依赖于充分占有资料和选择适宜的分析方法。充分占有资料是促进公共政策分析深入进行的基本前提，选择适宜的分析方法则是提高分析效率、获得正确分析结论的重要工具和保障。政策实践是不断发展的，政策分析对象也在不断发生变化，随着公共政策分析对象不断地向广度和深度发展，政策分析学科的资料收集和分析方法也不断地被丰富和完善。一方面，社会科学研究方法依然在公共政策分析中发挥着巨大作用；另一方面，自然科学领域内的有关研究方法也逐渐被整合到政策分析领域中。两大类方法的交互作用，使得公共政策分析的数据收集方法呈现高度综合性的特征。虽然数据收集方法较多，但就目前而言，公共政策分析中应用较多的数据收集方法，依然是抽样调查方法。

抽样的概念

一、抽样的基本概念

（一）总体和样本

总体指的是所要调查对象的全体。样本是总体的一部分，它由从总体中按照一定程序和方法抽得的那部分个体或者抽样单元所组成。如果说总体是要研究的对象，样本就是所要观察的对象。样本是总体的代表，是用来反映总体的。样本有质量高低之分，好的样本能够较好地反映总体，质量低的样本就不能全面正确地反映总体。因此，根据总体的实际情况和调查的需要，如何尽可能地抽取一个好的样本，是抽样过程中的一个非常重要的问题。

（二）抽样框和抽样单元

为了方便抽样，在抽样之前，需要把抽样的总体转化成抽样框。抽样框指的是供抽样所用的所有调查单位的详细名单，是根据抽样单元所编制的名录。例如要从 5 000 名学生中抽取 400 名学生组成一个样本，则 5 000 名学生的名册就是抽样框。抽样框可以分为名单抽样框、区域抽样框和时间抽样框等。抽样单元是指为便于抽样，把总体分为有限个互不重叠又能够穷尽的部分，这些有限个部分中的每个部分就称为一个抽样单元。

（三）参数值和统计值

参数值也可称为总体值，是对总体中某一变量的综合描述。最常见的总体值是某一变量的各种平均值。统计值也叫样本值，是关于样本中某一变量的综合描述，反映的是样本中所有元素的某种特征的综合数量表现。抽样的目的之一就是通过这些样本值去估计和推断各种参数值。

（四）重复抽样和不重复抽样

重复抽样又称有放回抽样，是一种在总体中允许重复抽取样本单位的抽样方法。即从总体中随机抽出一个样本单位后，将它再放回去，使它仍有被选取的机会，在抽样过程中总体单位数始终相同。不重复抽样又称无放回抽样，即先被抽选的样本单位不再放回到总体中去，任何样本单位一经抽出，就不会再有第二次被抽取的可能。

（五）信度和效度

信度是指使用相同研究技术重复测量同一个对象时，得到相同研究结果的可能性，其实质上是指研究结果的可重复性。效度是指实证测量在多大程度上反映了概念的真实含义。如果测量结果能够较高程度地反映概念的真实含义，则称为效度高，反之则称为效度低。

公共政策分析中利用抽样调查方法收集数据的过程，是按照一定的程序从政策研究对象的全体（总体）中抽取一部分（样本）进行调查、观察或实验，并于后续的政策研究中，运用一定的定量处理方法，对政策研究对象（总体）的数量特征进行描述和推断。简单地说，抽样就是从较大的总体中选取一组单个观测值的过程。通过分析观测值，可以对总体的情况进行推断。抽样调查与全面调查相比，样本量大大减少，可以节省人力、物力和财力。根据是否利用概率原则划分，抽样调查方法可以分为概率抽样调查和非概率抽样调查两类方式。

二、概率抽样调查

概率抽样调查是公共政策研究获取第一手资料的重要方法之一。所谓概率抽样，就是按照概率原则，从总体中抽取一定数目的单位作为样本进行观察。总体中每个单位都有一定的概率被选入样本，这样可大大降低主观上的随意性，使样本更具有客观代表性。概率抽样又称为随机抽样，它可以分为两大类：等概率抽样和不等概率抽样。前者总体中的每一个个体被选中的机会相等，后者总体中的每一个个体被选中的机会不等。

（一）简单概率抽样

简单概率抽样又称为简单随机抽样，它是其他抽样方法的基础，最直观地体现了抽样的基本原理，其他概率抽样都可以看成由它派生而来。简单概率抽样是指按照相等的抽取概率从总体中选取任一观测值。简单概率抽样分为重复抽样和不重复抽样两类。根据抽样理论，重复抽样比较完善，但由于时间、物力、人力等成本的限制，在大规模的政策调查中通常使用不重复抽样。简单概率抽样对总体中所有个体按完全符合随机原则的方法抽取样本，即抽样时不进行任何分组、排列，使总体中任何个体都同样有被抽取的机会。为了保证总体中每一个个体进入样本的机会均等，首先要保证抽样框的充分性。

公共政策分析中，比较规范的概率抽样通常使用随机数字表进行。随机数字表无规律可循，因此又称为乱数表。该表由电子计算机用 0—9 的数字编制而成，表中的数码和排列都是随机形成的。

利用随机数字表进行抽样的具体步骤如下①：

---

① 袁方．社会研究方法教程［M］. 北京：北京大学出版社，1997：210.

（1）先取得一份总体所有元素的名单（即抽样框），然后将总体中所有元素按顺序逐一编号，获得总体的数字。

（2）按照总体的位数随机确定从表中抽取的行数或者列数。

（3）按照选中的行或者列的自然顺序挑选组成样本的个体。挑选的原则是：小于总体数字的样本个体留下，大于总体样本的数字舍弃，直到选够为止。

（4）如果在所选取的行或者列中找不够样本的个体，则从其他行或者列中继续寻找，直至找够。

（5）按照当初的编号，把随机数字表中选取的数字到抽样框中与样本个体一一对号，然后把对上号的样本个体一一选出，抽样即完成。

（二）系统抽样

系统抽样又称等距离抽样，它是把总体中的个体进行编号后，按照一定顺序规则排列起来，然后再按照一定的编号间隔，抽取代表个体的号码来组成样本的一种抽样方法。系统抽样需要有完整的抽样框，样本的抽取也是直接从总体中抽取个体。

系统抽样的具体步骤是：

（1）把总体中的每一个个体按顺序编号，目的是确定抽样框。

（2）计算抽样间距 K，即用总体中个体的数目除以样本中个体的数目。

（3）在最前面的 F 个个体中，采用简单随机抽样的方法抽取一个个体，记下这个个体的编号，以它作为随机抽样的起点。

（4）在所确定的抽样框中，自前述起点开始，每隔 F 个个体就抽取一个样本个体。

（5）抽取的全部个体样本就构成了该总体的一个样本。

系统抽样与简单概率抽样比较，可以使中选单位比较均匀地分布在总体中。当被研究对象的变异程度较大，而在实际工作中由于各种限制，无法抽取更多的样本单位时，这种方式更为有效。

（三）分层抽样

分层抽样又称类型抽样或层次抽样，它是先把总体中的所有单位按照某种特征和标志（如性别、年龄、职业或地域等）进行分类或者分层，然后在各个层次中采用简单随机抽样或者系统抽样的办法抽取一个子样本，最后将这些子样本联合起来构成总体的样本的抽样方法。也即，在一组明确划分后的子总体或层内随机抽取样本，保证每一层中的样本占抽中样本的比例与其占总体的比例相同。例如，假定某社区由高、低两类不同收入的人群构成，由于诉求不同，高收入阶层选民与低收入阶层选民的政策主张就未必相同。为了得到有关总体的政策主张的确切信息，应该从所有阶层中分别抽取选民。为此，把该社区的全部调查对象（总体）按照收入划分成高收入阶层和低收入阶层两层，然后从每层中按照一定比例抽取一个简单随机样本，这种抽样方法就称为分层抽样。利用分层抽样方法抽得的样本称为分层随机样本。

分层抽样的最大优点，在于把异质性较强的总体分成具体的同质性较强的子总体。利用这种办法，在不增加样本规模的前提下，降低抽样误差，提高数据质量。此外，分层抽样还有另外一个优势，即便于了解总体内不同层次的具体情况，便于对总体中不同的层次进行深入细致的独立研究。

分层抽样中有按照比例和不按照比例分层两种方法。按比例分层抽样的方法，是按照各种类型或层次中的单位数目同总体单位数目间的比例来抽取子样本，即分层后，从各层中抽取样本的数量，按照各层占总体的比例来确定。计算方法如下：

$$S_i = \frac{N_i}{N} \times S$$

式中，S_i 为第 i 层应抽取的样本数；N 为总体中含个体的总数；N_i 为第 i 层含个体的总数；S 为预定抽取的样本数。

采取按比例分层抽样的方法，可以确保得到一个与总体结构的内部各组比例完全一致的样本。但有时总体中某些类型或层次的单位数目太少，不能满足样本量的需要，这时可采取不按比例抽样的方法。但是在实际应用中，利用这些采取不按比例抽样的方法所得到的样本研究结果推断总体时，需要先对各层的数据进行加权处理，即通过加权系数，调整样本中各层的比例，使数据恢复到总体中各层的实际比例结构。因此，采取不按比例抽样的方法略显复杂。

分层抽样的特点是将科学的分层方法与抽样方法融为一体。分层有利于减小各抽样层异质性的影响，适宜的抽样则有利于使所抽取的样本具有高度的代表性。分层抽样方法适用于总体情况复杂、单位之间异质性较强、单位数目较多的情况。在概率抽样调查方式中，分层抽样调查是一种非常优秀的调查方式。

（四）整群抽样

整群抽样是采用简单概率抽样、系统抽样或分层抽样的方法，从总体中随机抽取一些小的群体，然后将所抽出的若干个小群体内的所有元素组成样本。例如，若调查某省的城市社区医院的运行状况，可以将总体分为众多类似或相同的群体，例如省辖市，然后从一个或几个随机选取的省辖市中抽取样本。与其他抽样方法不同的是，整群抽样的抽样单位不是单个的个体，而是成群的个体。

当待研究的总体是由若干个有着自然界限和区分的子群所组成的，并且不同子群之间异质性较强，而子群内部的异质性不强时，更适合使用前述分层抽样方法；反之，当不同子群之间异质性不强，而每个子群内部的异质性较强时，采用整群抽样的方法较合适。

整群抽样可以简化抽样过程，确定一个群就可以抽出许多个体进行观察。在简单概率抽样和系统抽样中，都要求有一份总体所有成员的名单，即抽样框。但在实际应用中，如果抽样范围较大，这样的抽样框往往难以获得，因此简单概率抽样和系统抽样的应用范围会受到一定限制，而整群抽样的方法恰恰弥补了这个不足。

（五）多段抽样

多段抽样又称多级抽样、多阶抽样或分段抽样。这种方法是把抽样过程分为几个阶段进行，分段的依据是待抽元素的隶属关系或层次关系。简而言之，按照一定的隶属关系或层次关系将抽样过程分阶段进行的抽样方法就称为多段抽样。例如，调查大学生网络消费状况，为相关教育政策制定提供参考，则可采用先抽学校，再抽系，然后抽班的多段抽样方法。在公共政策分析中，多段抽样适合总体规模特别大，或者总体的分布范围特别广的情况。其具体做法是：先从总体中随机抽取若干大群（组），然后从这几个大群（组）内抽取几个小群（组），依此类推，直至抽到所需要的元素。需要注意的是，抽样的每个阶段都要求采用简单概率抽样、等距抽样或分层抽样的方法。每个阶段所使用的抽样方法并不要求相同，在实践中往往根据需要采用不同的抽样方法。经常是将各种抽样方法在不同的抽样阶段分别应用，多段抽样过程往往是多种抽样方法结合使用的过程。

多段抽样与分层抽样的区别主要有两点：一是两种方法的适用范围不同，分层抽样要求各层之间的差异比较大，层内个体单元的差异小；多段抽样则是要求不同群集之间差异比较小，群集内部个体差异较大。二是操作方法不同，分层抽样是把总体中的每个一级样本群体都作为下一步待抽样的成员，即进行全面入样，然后再对所有的成员进行下一步的抽查；而多段抽样的第一段则把总体中所有的群体视为一阶单位，对这些一阶单位抽出一部分样本进行调查，而不是对所有一阶单位都进行调查，第二段将抽出的样本再次进行抽样。无论是第一段还是第二段，两段抽样都不进行全面的调查，下一阶段的操作也如此。

解释性案例 8－1

天然草原鼠害发生面积调查

草原鼠害是目前我国为害面积最大、影响最为广泛的草原生物灾害。掌握草原鼠害发生面积是评估其危害程度和制定防治鼠害政策的重要环节。目前采用的草原鼠害发生面积调查方法均存在效率低、准确性差的问题，难以满足草原鼠害精准管理的要求。因此甘肃农业大学的学者采用分层抽样方法，利用无人机低空遥感技术，以青藏高原优势害鼠高原鼠兔为测试对象，以甘肃玛曲县 4 个乡镇为测试区域展开天然草原鼠害发生面积调查。

本研究的调查分为四步：（1）确定被调查鼠种的一级调查区，即害鼠适生区；（2）将一级调查区全部依据不同栖息地类型进行分类，作为二级调查的样地，并划分为网格；（3）逐个在二级样地中随机抽样获得一定数量的样方，作为三级样方用于无人机调查；（4）依据多个样方平均鼠害发生面积统计出二级样地的草原鼠害发生面积，汇总各二级样地草原鼠害发生面积，获得调查区的草原鼠害发生总面积。

结果显示，本方法高效便捷、精度高，可为大尺度草原鼠害发生面积调查提供技术支持，从而为政府部门制定防治鼠害政策提供重要参考。

资料来源：花蕊，包达尔罕，董瑞，等．基于无人机遥感的天然草原鼠害发生面积调查方法研究[J]．草业学报，2023，32（5）：71－82．有删改．

三、非概率抽样调查

相对于概率抽样来说，还有一类非概率抽样。非概率抽样又称非随机抽样或不等概率抽样。这类抽样的最大特点是抽样时不遵循随机原则，而是按照政策研究人员的主观判断或仅仅按照方便原则抽选样本。与政策过程有关的非概率抽样经常被采用，通常是基于下述原因：受人力、财力、物力、时间等客观条件限制，难以进行概率抽样；调查对象不确定或无法确定，如对某一突发事件进行现场调查等；总体各单位间差别不大，且调查人员具有丰富的调查经验。非概率抽样技术主要包括以下几个方面。

（一）偶遇抽样

偶遇抽样又称方便抽样、便利抽样，是根据政策研究者的方便与否，选择偶然遇到的人作为调查对象，或者仅仅选择最容易找到的人作为调查对象，或者选择离得最近的人作为调查对象的一种抽样方法。如采取街头拦人法，即在街上或路口随机找某个行人作为被访者来进行调查，询问对某些公共政策或者公共政策问题等的看法，或者填写相关的问卷等。

偶遇抽样的理论依据是，被调查总体的每个单位都是无差别的，因此选择哪个单位作为调查对象，调查结果都是一样的。在这个理论指导下，偶遇抽样假设所遇到的每一个人都是一样的，但实际是有很大差别的，这就导致了偶遇抽样虽然能够及时取得所需要的信息，节约调查成本，但实际的抽样偏差较大，可信度和样本的代表性都有所降低。偶遇抽样一般用于非正式的探索性调查，只有在所调查的总体同质性较强时，抽取的样本才有较高的代表性。

（二）判断抽样

判断抽样又称主观抽样或者目的抽样，它是研究人员凭自己的主观愿望、经验和知识进行判断，从总体中选择具有典型性和代表性的样本作为调查对象的抽样方法。这种判断建立在研究者认为其选择的样本能够代表总体的基础上。因此，应用这种方法的前提是政策研究者必须对样本的有关特征以及总体的有关特征具有相当深刻的了解，否则将会使抽样失去意义或者出现样本与研究目标偏差较大的情况。

判断抽样一般按照两种类型来选取样本：一是选择最能代表普遍情况的调查对象；二是利用关于调查总体的全面统计资料，按照一定标准主观选取样本。选择最能代表普遍情况的调查对象时，常常以“平均型”或者“多数型”为标准。“平均型”是在所调查的总体中具有平均水平的样本，具有一定代表性；“多数型”则是在调查总体中占多数的样本，具有一定的普遍性。在少数情况下，也会选择“极端型”作为样本，其目的是研究造成异常政策现象的原因。例如，制定关于缓解西部一些地区水资源匮乏的公共政策，样本就比较适合在西部常年干旱的地区中选择，而不适合在水资源分布处于国内居中水平的地区中选择。

判断抽样方法具有一定的优越性，体现在样本量小及样本不易分门别类挑选时，能使抽样过程变得简单且迅速。缺点是其精确性过于依赖调查者的经验和主观判断，这样就难免出现一些科学依据不充分的现象。政策研究者对调查对象的了解程度、价值取向、政策水平、知识水平、判断能力、对结果解释的准确程度等都是影响判断抽样效果的重要因素。

（三）定额抽样

定额抽样又称为配额抽样，是非随机抽样中应用最广的一种。它类似于概率抽样中的分层抽样，也是把总体中的所有单位按照一定的标志分为若干类（组），然后在每个类（组）中用偶遇抽样或判断抽样方法选取样本单位。简言之，定额抽样是按照样本单位在总体中的比例抽取样本的一种抽样方式。定额抽样要求事先对总体中所有单位按其属性、特征分为若干类型，这些属性或者特征称为控制特征，如被调查者的姓名、年龄、收入、职业、文化程度等。确定这些特征后，再按照各个控制特征分配样本数额。这样可以使总体中的各个类别都能包含在所抽取的样本之中而不至于遗漏。因此，相比其他几种非随机抽样方法所得到的样本，定额抽样法抽取的样本更完善、更有代表性。

按照定额的要求不同，这一方法可以分为独立控制定额抽样和交叉控制定额抽样两种。独立控制定额抽样是根据调查总体的不同特征，对具有某个特征的调查样本分别规定单独分配数额，而不规定必须同时具有两种或两种以上特征的样本数额。例如，如果以收入、年龄、性别三个特征为分类标准来分别规定每一特征下的样本数额，仅仅需要考虑每一个单独的特征下所分配的抽样名额即可，而不必考虑这三个特征之间的样本数量关系，即没有规定三个特征之间所抽取样本个数的具体数量关系。这样可使调查者有较大的自由去选择总体中的样本。交叉控制定额抽样则是对调查对象的各个特征的样本数额进行交叉分配的方法。所谓交叉分配数额，是指既要考虑对总体进行分类时规定的特征标准，每一类特征之下都要进行抽样，同时又要根据研究需要，考虑分配每个特征之间所占名额的比例，按照这个比例来进行抽样。这种做法使得各个特征下的样本数量都同时得到了考虑和控制，克服了独立控制定额抽样方法不能考虑“左邻右舍”的缺点，提高了样本的代表性和全面性。

（四）雪球抽样

在抽样中经常遇到样本不好寻找的情况，例如酗酒者、吸毒者等。这时就需要利用雪球抽样的方法，来克服样本不容易寻找的困难。雪球抽样的基本步骤为：找出少数样本单位；利用这些样本单位熟悉情况的优势，了解更多的样本单位；再如法炮制，通过更多的样本单位去了解更多数量的样本单位。由于这种方法类似于滚雪球，所以称为雪球抽样。

例如，某政策研究部门需要了解家政服务员这一职业每周的工作天数，于是先访问了五名家政服务员，再请这五名家政服务员分别提供熟知的其他家政服务员名单和服务场所。以此种方法，逐步扩大调查面。利用雪球抽样方法，该政策研究部门得以对所在地区家政服务员每周的工作天数、节假日休息情况、经济收入状况等有了比较全面的了解，从而为制定相关政策奠定了基础。

第二节　描述性统计方法

收集完相关政策数据之后，就要进行数据分析，以从中获得更深入的政策结论。如果数据量很小，直接观察原始数据往往可以获得相关的结论。但当数据量很大、不适合直接观察时，就要借助各种描述指标来实现对数据的描述。其目的是用少量的描述指标来概括大量的原始数据，并借此得出进一步的结论。对数据展开描述的统计分析方法被称为描述性统计分析。集中趋势测定和离散趋势测定是最常用的描述性统计方法，在公共政策定量分析工具中占据非常重要的地位。

一、集中趋势测定

集中趋势代表了事物的一般水平和总体趋势。常用的描述集中趋势的指标有平均数、中位数和众数。

（一）平均数

平均数主要用于概括政策现象的一般水平，也经常用来比较分析所研究对象在不同时空和历史条件下的发展水平。公共政策分析中最常用的平均数是算数平均数。其计算公式如下：

$$\overline{x}=\frac{x_1+x_2+\cdots+x_n}{n}=\frac{1}{n}\sum_{i=1}^{n}x_i$$

式中，$\overline{x}$ 为算数平均数；x_i 为第 i 个观测值。

(二) 中位数

将一组数列按照由小到大的顺序排列起来，处于中间位置的那个数就称为中位数。中位数将数列分为两个部分，中位数总是位于中间，不受数列中极值的影响。与中位数不同，平均数总是受到极值变动的影响，这往往使得平均值的变动性增强。中位数可以表达政策现象集中趋势的一般水平。中位数的确定方式如下：

设 $x_1\leqslant x_2\leqslant x_3\leqslant\cdots\leqslant x_n$ 为按照从小到大的顺序排列的 n 个数构成的序列，此序列的中位数记为 $x_{中}$，则：

$$\begin{cases}x_{中}=x_{k+1} & n=2k+1(\text{奇数})\\ x_{中}=(x_k+x_{k+1})/2 & n=2k(\text{偶数})\end{cases}$$

中位数在公共政策分析中常用于衡量一大组测量值的中点。例如，农民工当年工资的中位数，当年参加医疗保险人员年龄的中位数，某乡镇当月所屠宰生猪的体重中位数，等等。有了这些中位数，可以对相关概念的发展变化情况做出概括和描述，如农民工工资升降情况、参加医疗保险人员年龄的变化等。在公共政策问题构建的意义上，中位数可以代表社会公众的一种带有居中特点的政策诉求。一般来说，中位数所在的数列常常采用从小到大的排列方式，于是，中位数左边的政策诉求数据小于中位数右边的政策诉求数据，且大于中位数。中位数的这些特点能够为相关政策的制定或调整提供依据。

解释性案例 8-2

北京活跃求职者的期望年薪中位数

相关调查机构发布的2023年北京春季招聘专场的市场行情月报显示，北京专场活跃求职者的平均期望年薪为35.5万元，期望年薪中位数为26.3万元。

与求职者期望薪资相对的是，招聘端提供的岗位薪资略有不同。猎聘大数据研究院提供的监测数据显示，春季招聘专场上线一个月，北京专场上线职位的平均招聘年薪为30.7万元，招聘年薪中位数为26.0万元。总体来看，北京专场活跃求职者期望薪资高于招聘薪资，说明求职者对就业市场看好，就业预期相对较高。

从活跃在北京专场求职者的行业分布情况来看，IT/互联网/游戏行业人才占比为23.41%，排名第一；房地产/建筑行业以11.74%的占比位居第二；金融、科研技术/商务服务、医疗健康位居第三至第五。

这些数据对于政府部门了解劳务市场供需双方的薪资期望，调整各个行业间的薪资水平差距以及发布最低工资标准等政策实践提供了有价值的参考。

(三) 众数

众数就是将一组数值按照大小顺序排列后，出现次数最多的那个数值。例如8个家庭的人口分别是7、6、5、3、3、3、2、2，显然，3是这组数值的众数。在公共政策分析中，众数也是经常用来度量集中趋势的量。它的一个重要优势在于，确定众数时只考虑总体中各个数值出现频率的多少，因此众数的大小不受极端数值的影响。

二、离散趋势测定

集中趋势及离散趋势

离散趋势又称为离中趋势，反映变量数列中各个值之间的差距和分散程度。与集中趋势反映事物发展的一般水平并不一样，离散趋势反映各个变量从数列的中央数值向两端分离或离散的程度，或者反映非众数与众数的偏离程度。表示离散趋势的量较多，比较常见的是极差、方差、标准差等。

(一) 极差

极差是指一组变量数列中最大值与最小值的差，记为 R，其计算公式为：

$$R=\max(x_i)-\min(x_i)$$

极差的意义在于，极差越大，离散趋势越大。极差常用来描述社会现象中的极端现象，如两极分化、贫富不均等。由于极差的大小只取决于数列中极大值和极小值这两个极端值的大小，而并未考虑其他数值，因此极差是一个比较粗糙的测量离散性的指标。

(二) 四分位差

四分位差（Q），又称为四分位数（Quartile）间距，是指四分之三分位数（Q_3）和四分之一分位数（Q_1）之间的差。将各个变量值按照大小顺序排列，然后用两个四分位数和中位数三个点将此数列按照项数分成四等份，三个点的位置分别计算如下：

$$Q_1=\frac{n+1}{4}$$

$$Me=\frac{n+1}{2}=\frac{2(n+1)}{4}\text{（中位数的位置）}$$

$$Q_3=\frac{3(n+1)}{4}$$

四分之一、四分之三位置上所对应的变量值分别称为下、上四分位数，分别记为 Q_1、Q_3。其中，Q_3 与 Q_1 的差就是四分位差，即：

$$Q=Q_3-Q_1$$

显然，Q 代表了 Q_3 与 Q_1 之间的距离。Me（中位数的位置）把这个距离分成两半，一半代表了 Q_1 与 Me 的距离，另一半代表了 Me 与 Q_3 的距离。

四分位差可以作为衡量中位数代表性优劣的一个重要指标。四分位差越大，中位数的代表性越差，反映带有居中特点的政策现象的能力越弱；反之，四分位差越小，中位数的代表性越好，反映带有居中特点的政策现象的能力越强。

计算四分位差，首先要求出 Q_3 和 Q_1 的位置，然后再计算两个四分位值的差。根据未分组的原始数据求四分位差的方法举例说明如下。

例：7 个家庭的人数分别是 2、3、3、3、5、6、7，

Q_1 的位置为：$\frac{7+1}{4}=2$，对应 Q_1 的四分位数是 3，

Q_3 的位置为：$\frac{3\times(7+1)}{4}=6$，对应 Q_3 的四分位数是 6，

所以四分位差：$Q=6-3=3$。

（三）标准差

标准差也称均方差。计算标准差是分析定距变量离散程度的常用方法，标准差越小，表明平均数代表性越好，变量数列的离中趋势越小；反之，离中趋势越大。由于资料的来源不同，计算标准差的方法也不尽相同。

根据未分组资料求标准差，其计算公式为：

$$\sigma=\sqrt{\frac{\sum_{i=1}^{n}(x_i-\overline{x})^2}{n}}$$

式中，σ 为标准差；$\overline{x}$ 为平均数；x_i 为变量值；n 为总体单位数。

例：某地有两种政策方案甲和乙，通过投票的方式征求公众意见。在 10 个具有投票资格的单位中所获得的赞成票数如表 8－5 所示。

表 8－5　两种政策方案所获得的赞成票数

政策方案	单位 1	单位 2	单位 3	单位 4	单位 5	单位 6	单位 7	单位 8	单位 9	单位 10	总票数	标准差
甲	20	25	28	35	50	70	75	87	90	120	600	33.55
乙	50	48	52	53	56	60	62	74	72	73	600	9.92

虽然两种政策方案所获得的总选票数都是 600 张，但甲政策方案所获票数的标准差为 33.55 张，乙政策方案所获票数的标准差为 9.92 张。标准差越大，说明具有投票资格的单位与单位之间赞成票数的离中趋势越大。甲政策方案在各单位所获得的赞成票数的标准差大于乙政策方案在各单位所获得的赞成票数的标准差，说明各单位之间对于甲政策方案的认识分歧较大。

（四）异众比率

异众比率是指当使用众数指标衡量集中性时，非众数值出现的次数在总次数中所占的比例。其计算公式为：

$$V_r=\frac{N-f_0}{N}$$

式中，V_r 为异众比率；N 为总次数；f_0 为众数次数。

作为描述总体中非众数次数与总体全部次数之比的异众比率，其意义是指众数不能代表的那一部分变量值在总体中的比例，该比例主要用于判断众数的代表性。在离散性的衡量上，异众比率具有自己的特点，主要用来描述各变量相对于众数的离散状态。计算所得的异众比率越大，则表明各变量值相对于众数越离散，众数的代表性就越弱；计算所得的异众比率越小，则表明各变量值相对于众数越集中，众数的代表性就越强。在应用范围上，虽然定序变量以及定距变量也可以使用异众比率来进行相关计算，但是异众比率更多

用于测量定类变量的离散程度。

例：某政策宣讲团培训班共有120名学员，按照生源地的统计结果是：来自省会城市的有20人，来自省辖市的有65人，来自县城的有14人，来自农村的有21人。显然，来自省辖市的65人为众数。

$$V_r=\frac{N-f_0}{N}=\frac{120-65}{120}\approx 0.46$$

由结果可知，异众比率为0.46，即在所给资料中，众数不能代表的比例约占总数的46%，说明该众数的代表性不是很强。

一般来说，根据指标间内在联系的不同，描述集中趋势和描述离散趋势的指标在使用上存在一种对应关系，这种对应关系见表8-6。

表8-6 集中趋势和离散趋势的指标在使用上的对应关系

集中趋势	平均数	中位数	众数
离散趋势	标准差	四分位差	异众比率

描述集中趋势的指标和描述离散趋势的指标都有各自的优势，也都存在各种不足。根据其内在联系，人们在使用这些指标时，为了减少混乱，常常按照惯例来分组使用。一般来说，如果描述集中趋势使用了平均数，则按照指标间的内在联系，描述离散趋势常用与平均数具有紧密内在联系的标准差；如果描述集中趋势使用了中位数，则按照指标间的内在联系，描述离散趋势常用与中位数具有内在密切联系的四分位差；如果描述集中趋势使用众数，则按照指标间的内在联系，描述离散趋势常用与众数具有内在密切联系的异众比率。在实践中前述情况并不绝对，未必严格遵守各个指标一一对应的关系，可以视情况酌情使用。

第三节 推断方法

抽得样本之后，对于样本进行研究，将会从样本中得出相关的公共政策结论。但公共政策分析所需要的并不是关于样本的结论，而是关于总体的结论。那么如何把关于样本的结论转化为关于总体的结论呢？这就需要从样本的结论中推断出总体的结论，即使用样本数据，以样本数据为基础进行推断。

一、样本均值及其相关概念

（一）样本均值

推断的过程涉及样本均值的概念，样本均值常用$\bar{x}$表示，它代表了任一观测值样本集的均值或平均数。尽管根据不同的随机样本所得到的样本均值可能会有不同，但任何总体的样本均值都围绕总体的实际均值呈近似正态分布（这与总体分布的形态无关）。

中心极限定理

（二）中心极限定理

如果从总体中抽取大量的随机样本，样本均值符合正态分布。样本量越大，样本均值的分布就越符合正态分布，这就是中心极限定理。

例如，在东部地区某省会城市随机抽取500名本科生，了解其在校期间的消费情况，为制定相关政策提供参考。假定获得本组的人均消费均值是900元，再换另外500名本科生了解，假定获得该组的人均消费均值是920元，以此类推，最后将得到一系列的样本均值，这些样本均值将围绕总体的实际均值呈近似正态分布，这个事实与总体分布的形态无关。

中心极限定理说明，样本均值将围绕总体均值呈对称分布，样本均值的平均数向总体均值收敛。虽然小部分样本均值可能会偏离真实的总体均值，但大部分样本均值都分布在真实的总体均值左右，这就为从样本的结论推断出总体的结论提供了依据。事实上，绝大多数统计推断正是根据中心极限定理而做出的。因此，这个定理为使抽样调查所得的政策结论从个别推广到一般奠定了科学的基础。

（三）标准误差

标准误差即样本均值的标准差，简称“标准误”，是描述样本均值分布的离散程度及衡量样本均值大小的指标。

对于均值为μ、标准差为σ的总体来说，可以按照下式求出样本均值的标准误差：

$$\text{样本均值的标准误差}=\frac{\sigma}{\sqrt{n}}$$

其中，n是样本中观测值的个数。一个显而易见的事实是，大容量样本不容易受到少数偏离均值较远的观测值的影响。总体的标准差是一定的，由此看出样本规模越大，样本均值的标准误差就越小；总体的标准差越小，样本均值的标准误差越小。样本均值的标准误差是计算总体的政策结论的置信区间时的重要参数。

（四）置信区间

所谓置信区间，是指在由样本政策结论的特征推断总体政策结论的特征时，在一定的置信度下，总体政策结论的特征数值所在的某个数值区间。例如，“我们有95%的置信度认为总体均值将在某某数值范围内”，这句话中的“某某数值范围内”指的就是置信区间。如果$\bar{x}$为样本均值，则有如下置信区间的计算式：

$$\text{总体均值的90\%置信区间为：}\bar{x}-1.645\frac{\sigma}{\sqrt{n}}\sim\bar{x}+1.645\frac{\sigma}{\sqrt{n}}$$

$$\text{总体均值的95\%置信区间为：}\bar{x}-1.96\frac{\sigma}{\sqrt{n}}\sim\bar{x}+1.96\frac{\sigma}{\sqrt{n}}$$

$$\text{总体均值的99\%置信区间为：}\bar{x}-2.58\frac{\sigma}{\sqrt{n}}\sim\bar{x}+2.58\frac{\sigma}{\sqrt{n}}$$

在由样本的政策结论（指标）推断总体的政策结论（指标）的各种方法中，区间估计是一种非常重要的方法。区间估计的基本思路是，根据样本的某个特征指标及抽样误差，以一定的概率推断总体相应特征指标的可能范围。这种推断的优势明显，既能够清楚地表明估计的准确程度，也能够清楚地给出可信程度，因而区间估计是总体参数估计的主要方法。通过区间估计所追求的结果，是能够得到具体的置信区间，而置信区间可能就是所要获得的关于总体的政策结论（指标）。需要指出，通过区间估计所得到的关于总体的政策结论（指标）的置信区间，只是一个可能的范围，这个可能性一般常用99%、95%或90%来表示，具体是三种可能性中的哪一种，由计算置信区间时所使用的数据来定。显然，置信区间不是一个绝对有把握的范围。换言之，根据区间估计所推断出的总体的政策结论（指标）所在的范围，并不是一个100%确定的结果，其可信度是有一定概率的。显然，扩大抽样误差的允许范围，无疑能够提高推断的可信度，缩小抽样误差的允许范围，则能够降低推断的可信度。

二、决策树

有效的数据和合理的统计分析是良好政策分析的关键所在。但是，无论何种类型的政府，面对的政策制定过程绝少是各种因素都确定的过程，在多数情况下掌握政策制定所需要的完全的政策信息是非常困难的，因此公共政策制定大多存在这样或那样的风险。而且在政策实践中，政策制定过程遇到的挑战越多，政策制定者掌握完全政策信息的概率就越小。更经常遇到的情形是，政府在采取政策制定行动之前不大可能获得完全信息，由此所带来的风险对于政策制定显然是一种不良因素。

进一步说，即使政策方案制定出来后，所制定的政策方案在政策执行过程中还可能遇到若干种不同的情况，这些情况称为自然状态，每种自然状态均有一定的出现可能性。其可能性大小是可以进行推断的，根据既有的相关资料可以推断出每种自然状态出现的概率。由于政策方案是在面临若干种不确定情况下所制定的，因此政策方案的制定必然具有一定的风险。在制定政策时，权衡各种可能发生情况的风险，选出收益较大的政策方案，要用到决策树法。

决策树法是面对不确定因素进行政策制定时的一种应对办法。在未来情况尚不确定的情况下，决策树法能够估计不同政策方案损益，并根据损益大小决定政策方案的取舍。作为一种风险型决策的评价方法，决策树主要用于预测政策方案及其面对的结果。在形象上，决策树用树形图来描述各方案的未来收益。

（一）决策树的基本图形

决策树的基本图形如图 8－1 所示。

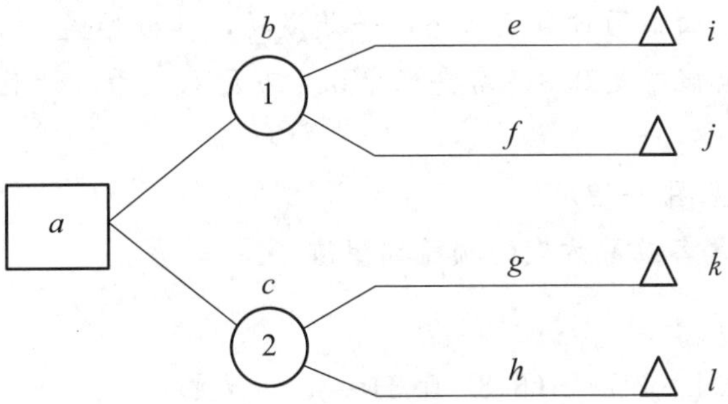

图 8－1 决策树的基本图形

（二）决策树中各种符号的意义

□：表示决策节点。该节点代表被分析的主要政策方案。从决策节点引出的分枝称为方案分枝，表示决策时可以选择的不同的政策方案。每条方案分枝代表一个政策方案，分枝的数目就是可能的政策方案的数目，有几个可能的政策方案就会有几个分枝。

○：表示政策方案节点。节点圆圈中的数字为节点号，节点上方的数据 b 和 c 是该政策方案的损益期望值。从政策方案节点出发引出的分枝叫作状态分枝，又称为概率分枝，表示方案在未来执行时可能遇到的几种不同自然状态，这些自然状态是不以政策制定者意志为转移的客观状态。有多少个自然状态就有多少个分枝。概率分枝上的数据 e、f、g、h 表示该自然状态出现的概率。

△：表示结果节点。节点旁的数据 i、j、k、l 为每一个政策方案在相应状态下的损益值。

（三）决策树的使用

使用决策树方法的主要过程是通过计算结果来进行损益比较，再通过损益比较结果来选择政策方案。用决策树方法比较和评价不同的政策方案时，需要进行以下几个步骤的工作。

1. 画出决策树

从左至右，由简到繁，根据可能存在的政策方案的数目和对未来情况的了解画出决策树。

2. 从右到左，计算各政策方案的损益期望值

（1）计算各状态分枝的损益期望值：用方案在各自然状态下的收益值分别乘以各自然状态出现的概率，将计算结果标在结果节点后面。

（2）将各状态分枝的损益期望值相加，并将数字记在相应的自然状态点上。

3. 决定方案取舍

将各种不同方案的损益期望值减去各自的成本后进行比较，决定方案取舍。

4. 确定方案

按照相关标准，去掉收益较小的政策方案的分枝，保留下来的收益最大的政策方案就是被选中的方案。

例：某海岛市政府决定兴建海水淡化市政工程。有两种政策方案可以决定其主要设备的来源：一种政策方案是进口成套设备，需要花费 4.5 万元人民币。另一种政策方案是自行研制，自行研制又将面临两种自然状态，一是成功，其概率是 0.7，需要花费 2.1 万元人民币；二是失败，其概率是 0.3，需要花费 6.3 万元人民币。请利用决策树分析应该采取哪一种政策方案。

1. 画出决策树（见图 8－2）

2. 从右到左，计算各政策方案的损益期望值

进口：4.5 万元

自行研制：$(2.1\times0.7)+(6.3\times0.3)=3.36$ 万元

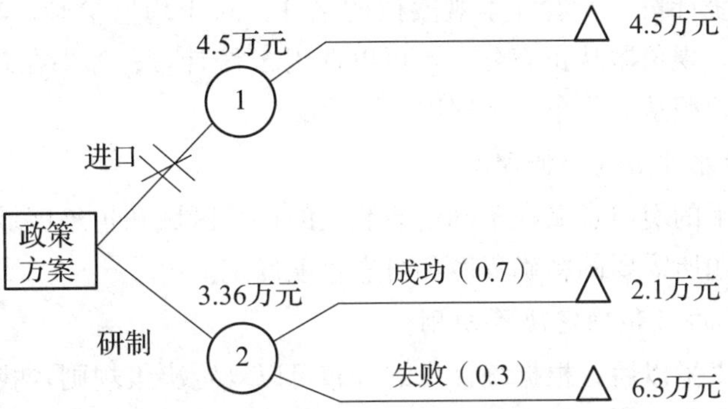

图 8-2　建设海水淡化市政工程的决策树

3. 将各种不同方案的损益期望值减去各自的成本后进行比较，决定方案取舍

由于自行研制这一政策方案的损益期望值为 3.36 万元，而进口的损益期望值是 4.5 万元，所以，根据效益最大化原则，政府应该选择自行研制这一政策方案。图 8-2 中"≠"号表示该分枝所代表的政策方案被舍弃。

三、假设检验

(一) 假设检验的基本思想

假设检验是统计推断的重要方法之一，是一种利用样本的相关数据对总体进行某种推断的方法，即根据所获得的样本，运用统计分析方法对关于总体的某种假设做出拒绝或接受的判断。具体来说，在假设检验中，首先要对总体参数的值提出一个假设，称为原假设，同时再提出一个备择假设。然后检验这个样本，观察样本信息是支持原假设，还是证明假设不太可能。如果证明假设情况是不太可能的，就拒绝这一假设，否则，接受这一假设。

简言之，假设检验的基本思想是检验对于总体的某种认识是否得到样本数据的支持。假设检验的基本思想建立在"小概率事件"原理的基础上，其统计推断方法（推理方法）类似于带有概率性质的反证法。小概率思想并不复杂，主要是指小概率事件在一次试验中不太可能会发生。或者说，发生概率很小的随机事件在一次试验中是几乎不可能发生的。假设检验所使用的反证法，其逻辑顺序是先提出检验假设，再根据样本数据，利用小概率事件原理判断假设是否成立。

一般地，在假设检验问题中，原假设是待检验的假设，又称为零假设或基本假设，原假设的本来意蕴是所关注的事件没有发生变化，记为 H_0；原假设的对立面称为备择假设或对立假设，又称为研究假设，备择假设的本来意蕴则是想要证明的结论，记为 H_1。

假设检验的步骤如下。

1. 构造原假设和备择假设

希望证明的假设一般作为备择假设，该假设是原假设的对立假设。例如，原假设如果是"变化"，则备择假设就是"不变化"；原假设如果是"等于"，则备择假设就是"不等于"。当原假设被否定时，自然就可以接受备择假设。

2. 确定统计量

计算样本的某种统计量，可以是 Z 统计量，也可以是 t 统计量，还可以是其他的统计量。具体采用哪种统计量，要看样本观察值的条件，对于均值检验，当总体方差已知时，或在大样本条件下，现象服从正态分布，可以选用 Z 统计量；如果在总体标准差未知，且小样本情况下，现象服从 t 分布，则选用 t 统计量。

3. 确定显著性水平 α（小概率）

确定显著性水平的引申意义在于确定原假设的接受区域和拒绝区域。显著性水平的大小可以根据研究问题所需要的精确程度和可靠程度确定。

4. 计算统计量的值和确定决策规则

确定了显著性水平以后，根据统计量的分布可以规定决策规则，找出接受区域和拒绝区域的临界。确定决策规则通常有两种方法：一种是临界值法，即统计量与临界值 Z 或 t 进行比较，通常对于双侧检验，统计量大于临界值便拒绝原假设，小于临界值便不能拒绝原假设。另一种是 P 值法，它将统计量所计算的 Z 值或 t 值转换成概率 P，然后与显著性水平 α 进行比较，当 $P<\alpha$ 时，拒绝接受原假设；当 $P>\alpha$ 时，不能拒绝原假设。

（二）假设检验的两类错误

运用样本来估计总体情况时，并不能 100%肯定它是准确地代表了总体的全部情况，这种估计总是存在一些不确定性。因此，用一个样本检验一个原假设，永远不能 100%肯定检验的结果。虽然由于某种概率过小而拒绝了原假设，但是这种过小的概率还是存在的，被否定的原假设还是会以过小的概率出现的。因此，假设检验有可能会拒绝一个完全符合实际的假设。一般而言，在假设检验中，有可能在两个类别上得出错误的结论。

第一类错误：可能拒绝一个实际上是真的原假设。

第二类错误：可能没有拒绝实际上是错的原假设。

两类错误在方向上是南辕北辙的。如果通过其他的调整减少第一类错误出现的概率，则一定会增加第二类错误出现的概率；如果减少第二类错误出现的概率，则一定会增加第一类错误出现的概率。在小样本的基础条件下，实现第一类和第二类错误发生的概率都接近于零的愿望是非常困难的，除非是在取得一个大样本的条件下。在样本规模难以达到一定水平时，常常在两类错误的取舍中做些折中处理。

（三）假设检验的显著性水平

显著性水平的含义是根据观察值说明样本是来自某一假设总体的最低可接受概率。通过显著性水平这一指标，可以将是否拒绝原假设的判别标准从人为的主观判断转变为客观的衡量标准。

在政策实践中，设定的显著性水平经常为 5%。取自某一总体的样本的观察值概率大于 5%，这种情况下不拒绝原假设；相反，取自总体的样本的观察值概率小于 5%，就拒绝原假设，而接受备择假设。

如果是一个 30 以上的大样本，待检验的特征值将服从正态分布。设定显著性水平为 5%，则样本取值位于总体均值 1.96 个标准差范围内，将不拒绝原假设；样本观测结果超出这一范围，就将拒绝原假设，见图 8-3。

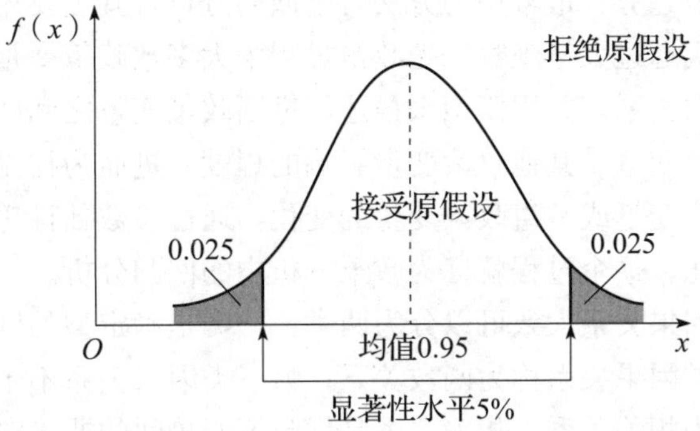

图 8-3　假设检验在 5%显著性水平下的接受与拒绝区域

图片来源：唐纳德·沃特斯．管理科学实务教程［M］．2 版．张志强，等译．北京：华夏出版社，2000：247.

在公共政策分析中，假设检验用途较多，例如可以用来判断某一事实是否仍然维持不变。如果事实有所变化，则根据变化后的情况进行政策调整或终止。

例： 教育行政部门对某市高中学生每月的校外学习用品消费支出做了一次调查。按照既往的统计资料，这一总体的费用均值为 160 元，标准差为 48.90 元。调查抽取 100 个高中生为样本，结果显示该群体每月校外学习用品消费支出的平均费用为 171.25 元。请用假设检验回答，原来既有统计资料中的校外学习用品消费均值是否仍然为 160 元？

原假设 H_0：每月校外学习用品消费的支出均值仍然为 160 元；

备选假设 H_1：每月校外学习用品消费的支出均值不是 160 元。

样本单位数为 100，

$$样本均值的标准误差=\frac{\sigma}{\sqrt{n}}=\frac{48.9}{\sqrt{100}}=4.89$$

则根据 Z 值公式：

$$Z=\frac{x-\mu}{\sigma}$$

x：某一特征值；μ：总体均值；σ：总体的标准差

可得，$Z=(171.25-160)/4.89\approx 2.3$。

查正态分布表可知，与 2.3 相对应的概率为 0.010 7，0.010 7 比设定的显著性水平 0.05 小，落在拒绝区域，因此拒绝原假设，即该市高中生每月校外学习用品消费的支出均值不是仍然为 160 元。

第四节　回归分析

在数量分析方法中，回归分析应用极为广泛。公共政策过程中有许多政策变量是相互联系、相互制约、相互影响的，一些政策变量发生变化以后，另一些政策变量也会随之发生变化。如何探究政策过程中某些变量发生变化时对其他政策变量的影响，并预测政策过程或者政策现象的发展趋势？最常用的方法就是回归分析，其主要用以分析政策变量之间的数量变化规律。人们通过大量观察，把政策过程中大多数政策变量所表现出的相互关联关系，抽象概括为函数关系，并用模型来描述与推断政策变量之间的具体变动情况，帮助人们准确把握一个政策变量受其他政策变量影响的程度，进而为控制和预测政策过程提供科学依据。用一个政策变量或一组政策变量的变化，通过参数估计等途径，来估计与推算另一些政策变量的变化，这个过程就称为政策分析中的回归分析。

政策变量之间的因果关系大致可以分为两类：一类是确定型的因果关系，可以精确地用函数进行表达，这类因果关系称为函数关系；另一类因果关系不十分精确，是不确定型关系，这类关系被称为相关关系。相关关系是指政策变量间的非确定性依存关系，即当一个或一组政策变量取一个值时，相应的另一个政策变量可能会有很多不同的值与之对应。政策分析中的回归分析，其主要用途就是描述政策过程中的这类不确定型关系，以找到不确定型关系的大致规律并用一定的统计学形式表示。确切地说，是找到政策变量之间呈现线性关系的大致规律。回归分析法的类型较多，有一元线性回归分析、多元回归分析以及其他种类的回归分析等。

一、回归分析的步骤

（一）确定回归方程中的解释变量和被解释变量

由于回归分析用于考察一个变量是如何随其他变量的变化而变化的，即考察一个变量对其他变量的影响，需要考虑变量之间的因果关系。因此首先要确定被解释变量 y 和解释变量 x，然后才能够建立 y 关于 x 的一元或多元或其他形式的回归方程，在建立方程的基础上，才能够利用解释变量 x 来预测被解释变量 y。

（二）确定回归模型

回归模型有两种类型：一种是线性的，另一种是非线性的。建立何种回归模型，要根据对散点图的观察来确定。如果观察结果是被解释变量和解释变量之间存在线性关系，则应构建线性模型；如果被解释变量和解释变量之间存在非线性关系，则应构建非线性回归模型。

（三）建立回归方程

根据收集到的样本数据，按照一定的统计学计算准则，计算出模型中的各个参数，将这些参数代入线性或非线性形式的模型，就成了确定的回归方程。

（四）对回归方程进行各种检验

所构建的回归方程是根据样本数据得到的，是否能够反映总体的统计关系、在多大程度上能够反映总体、能否用于预测等都需要进行检验。

（五）利用回归方程进行控制或预测

根据回归方程对研究对象的发展趋势进行控制和预测，是非常重要的一环。

一元线性回归分析

二、一元线性回归分析

一元线性回归分析，又称为简单线性回归分析，是找到只有一个自变量与一个因变量之间线性相关关系的回归方程，然后再做进一步分析的技术。

一元线性回归方程的基本公式为：

$$y = a + bx + \varepsilon$$

式中，y 为因变量；x 为自变量；a 为截距；b 为斜率；ε 为误差项。

求出 a 与 b 后，即可写出一元线性回归方程。在忽略 ε 时，a 与 b 可通过下式求得：

$$a = y - bx$$

$$b = \frac{\sum_{i=1}^{n} x_i y_i - n\overline{x}\,\overline{y}}{\sum_{i=1}^{n} n x_i^2 - n\overline{x}^2}$$

式中，$\overline{x}$ 和 $\overline{y}$ 分别是各期观测值 x_i 和 y_i 的平均值。

通过以上步骤就可以写出一元线性回归方程。

为了检验一元线性回归预测分析模型的拟合程度，还必须用相关系数 r 进行判断。拟合程度是指所建立的方程或者模型与实际情况相符合的程度。r 的计算公式如下：

$$r = \frac{\sum_{i=1}^{n}(x_i - \overline{x})(x_i - \overline{y})}{\sqrt{\sum_{i=1}^{n}(x_i - \overline{x})^2 \sum_{i=1}^{n}(y_i - \overline{y})^2}}$$

r 值的值域为 $-1 \leqslant r \leqslant 1$，当 $r < 0$ 时，y 值随 x 的增大而减小，此现象称为负相关关系；当 $r > 0$ 时，y 值随 x 的增大而增大，称为正相关关系；当 $r = 0$ 时，y 与 x 没有相关关系。r 的绝对值越大，所建立的方程与实际状况的拟合程度越高。

由于计算复杂，近年来对于斜率和相关系数的计算常利用计算软件进行。但前述的计算过程表达式对于理解一元线性回归方程的由来及基本原理依然不可或缺。回归方程建立之后，就可以描述政策变量的运动规律和预测政策变量的发展趋势等。在回答诸如“一个政策变量与另一个政策变量呈正相关关系还是负相关关系”这类问题时，简单线性回归方程具有无可替代的作用。

三、多元线性回归分析

多元线性回归分析也是描述政策变量之间关系的一种分析方法，是一元线性回归分析的扩展形式。其主要作用是对一个因变量与一个以上的自变量之间的线性关系进行量化描述。当一种政策现象受到多种政策变量的影响时，利用多元回归分析可以很好地分离出因变量和每个自变量之间的关系，建立政策变量之间的线性模型，并利用所建立的模型对相关政策现象做出评价和预测。这种方程的一般形式如下：

$$y = a + b_1 x_1 + b_2 x_2 + b_3 x_3 + \cdots + b_i x_i + \varepsilon$$

式中，y 为因变量；x 为自变量；a 为截距；b 为自变量的系数；ε 为误差项。

多元回归分析的价值在于其能够在保持所有其他变量不变的情况下，衡量每个自变量的影响。由于其计算过程复杂，计算时一般利用相关的计算软件来进行。

四、回归输出结果

如果用相关计算软件来求出回归方程进行回归分析，一般输出三类回归方程的指标，大致包括回归统计类、方差分析类及回归参数类等。回归统计类主要指标是调整的复测定系数，该指标说明自变量能够解释因变量的程度。方差分析类指标的目的是进行回归方程回归效果的检验，该检验结果用于判断回归方程效果的显著性水平。显著性水平是指根据观察值说明样本是取自某一假设总体的最低可接受概率。回归参数类指标主要用于回归系数的确定与检验。特别指出，对于简单线性回归来说，回归方程的检验和回归系数的检验是同一个环节，一个环节即可代表二者的检验结果，而在多元回归分析中则不同，需要检验回归方程之后再进行回归系数检验。

第五节　线性规划方法

一、线性规划的概念

在公共政策制定和执行的过程中，政府总是试图最好地利用有限的资源，实现政策效益的最大化，但却总会受到各种因素的限制而很难完全实现政策目标。如风景名胜所在地区打算尽可能地增加游客数量和延长游客逗留时间，但却总是受到环保指标、宾馆数量以及停车场数量等因素的限制；公共交通部门希望增加运营效率，但却总是受到堵车、交通事故增加的限制；政府规划的市政工程总想使项目成本最小化，但却总会受到项目完成工期的限制。在资源有限的条件下，公共政策过程必须考虑如何最好地利用有限的资源来使政策效益达到最大化。换言之，寻找在有限条件下需要付出的最低代价和能够达到的最佳政策效果之间的关系，以供政策制定、执行和评估过程参考，是政策制定无法回避的重要问题。

在所有这些问题中存在以下两类因素：

（1）目标，即公共政策所要达到的最优结果，例如最大或最小；

（2）约束条件，即对公共政策所能产生的结果的限制。

这类问题既存在最优的政策目标，又存在限制条件，因此被称为政策过程中有约束的最优化问题。在公共政策分析中，线性规划是在一定约束条件下实现最佳政策方案的常用方法。绝大多数以公共政策形式表现的资源配置问题，都要求政策制定者考虑各种类型的约束条件，例如资本、劳动、法律和行为方面的限制等。线性规划可以用来为设计带有约束条件的资源配置政策方案提供尽可能科学的解决方案。

二、线性规划的求解步骤

利用政策过程中的线性规划求解问题主要有三个步骤：

（1）建立模型，即用恰当的数学式子表示问题；

（2）问题求解，即求出问题的最优解；

（3）敏感性分析，即查验当条件有所变化时会发生什么情况。

其中，建立模型的步骤是比较复杂的一步，也是最关键的一步。问题的求解和敏感性分析可以通过计算机很方便地完成。这里仅介绍建立模型的一般方法。

建立模型的方法实际上是根据有关变量之间的关系，在考虑各种约束条件的基础上列出线性方程的过程。该数学模型的一般形式为：

$$\text{目标函数}\ \max(\min) z=c_1x_1+c_2x_2+\cdots+c_nx_n$$

$$\text{满足约束条件}\begin{cases}a_{11}x_1+a_{12}x_2+\cdots+a_{1n}x_n\leqslant(=,\geqslant)b_1\\a_{21}x_1+a_{22}x_2+\cdots+a_{2n}x_n\leqslant(=,\geqslant)b_2\\\cdots\cdots\\a_{m1}x_1+a_{m2}x_2+\cdots+a_{mn}x_n\leqslant(=,\geqslant)b_m\\x_1,x_2,\cdots,x_n\geqslant0\end{cases}$$

max 和 min 称为目标函数，大括号中需要满足的线性方程组称为约束条件。

数学模型建立之后，即可以求解这个模型。所得结果有两种情况：能够满足约束条件的解称为可行解；能够使目标函数达到最优的可行解称为最优解。一般情况下，最优解是所需要的结果。

例[①]：靠近某河流有两个化工厂（见图 8-4），流经第一化工厂的河流流量为每天 500 万立方米，在两个工厂之间有一条流量为每天 200 万立方米的支流。第一化工厂每天排放工业污水 2 万立方米，第二化工厂每天排放工业污水 1.4 万立方米。从第一化工厂排出的工业污水流到第二化工厂以前，有 20%可自然净化。

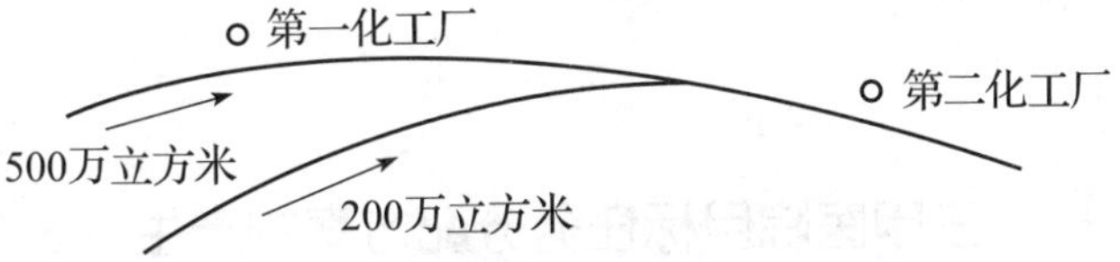

图 8-4　两个化工厂排放污水示意图

环保政策要求，河流中工业污水的含量应不大于 0.2%。为执行这项环保政策，这两个化工厂需各自处理一部分工业污水。第一化工厂处理工业污水的成本是 1 000 元/万立方米，第二化工厂处理工业污水的成本是 800 元/万立方米。请问在满足环保政策要求的条件下，每家化工厂各自应处理多少工业污水，才能使两家化工厂总的处理工业污水费用最小？

设第一化工厂每天处理工业污水量为 x_1 万立方米，第二化工厂每天处理工业污水量为 x_2 万立方米，从第一化工厂到第二化工厂之间，河流中工业污水含量要求不大于 0.2%，由此可得近似关系式：

$$(2-x_1)/500\leqslant 2/1\,000$$

即　　$x_1\geqslant 1$

流经第二化工厂后，河流中的工业污水量仍要不大于 0.2%，这时有近似关系式：

① 清华大学编写组．运筹学［M］．3 版．北京：清华大学出版社，2005：9．有删改．

$$[0.8\times(2-x_1)+(1.4-x_2)]/700\leqslant 2/1\,000$$

即

$$0.8x_1+x_2\geqslant 1.6$$

由于每个化工厂每天处理的工业污水量不会大于每天的排放量，故有：

$$x_1\leqslant 2;\quad x_2\leqslant 1.4$$

该问题的目标是要求两个化工厂用于处理工业污水的总费用最小，即实现下式所表达的目标：

$$\min z=1\,000x_1+800x_2$$

列出线性规划方程，这个政策成本最小化问题可用数学模型表示如下：

目标函数 $\min z=1\,000x_1+800x_2$

$$\begin{cases}x_1\geqslant 1\\0.8x_1+x_2\geqslant 1.6\\x_1\leqslant 2\\x_2\leqslant 1.4\\x_1,x_2\geqslant 0\end{cases}$$

求解该数学模型可以得到：变量 x_1 的最优解为 1.00，变量 x_2 的最优解为 0.80，目标函数的最优值为 1 640。即，第一化工厂每天处理工业污水量为 1 万立方米，第二化工厂每天处理工业污水量为 0.8 万立方米，可以在满足环保政策要求的条件下，使两家化工厂总的处理工业污水费用最小，即政策成本最小。

解释性案例 8-3

三甲医院目标任务分配方案的产生

随着城市人口剧增，医疗机构每天面临着成千上万的患者，统计数据显示某大型三甲医院近五年住院患者服务量呈逐年增长趋势，五年间增长 220%。快速增长的患者数量给医疗机构的运行带来了巨大负荷，患者“住院难”成为一个急需解决的问题。医院如何向科室合理分配患者数量，对于缓解“住院难”现象至关重要。某地卫生管理部门以 T 医院为试点，探索如何利用线性规划来缓解“住院难”现象。

在具体步骤上，以 2017 年为时间起点，统计分析 2017—2021 年住院患者数据。首先利用时间序列模型 ARMA（自回归滑动平均模型），来预测 2022 年该大型三甲医院住院患者的服务量，分析影响科室住院服务量的因素；其次以住院患者的服务量定义目标函数，寻找约束条件，通过线性规划方程进行计算求解，然后根据计算结果的提示向各科室分配 2022 年的目标任务；最后实行目标跟踪，向各科室提供完成目标任务的方向。这些措施缓解了该院的“住院难”现象，有力促进了医院在效率效益等方面的提升，也为当地其他医院提供了以缓解“住院难”为政策目标的政策方案制定的指导和借鉴。

资料来源：张玉勋，任俐，张北，等．基于线性规划的医疗机构目标任务分配与实践 [J]．智慧健康，2022，8 (28)：22-26.

第六节　成本-收益分析

在公共政策分析中，成本-收益分析是将政策的货币成本和总的货币收益进行量化评估并提出政策建议的一类方法。这类方法既可以建议采取何种政策方案，又可以评价政策过程。

成本-收益
分析的任务

一、成本-收益分析的任务

威廉·邓恩认为，成本-收益分析有十项任务，这十项任务实际上也代表了成本-收益分析的内容和程序，见表 8－7。

表 8－7　成本-收益分析的十项任务

任务	说明
问题构建	通过确定目的、目标、备选方案、标准、目标群体、成本和收益来阐述问题
明确目标	把一般目的（目标）转换为既具体又可衡量的目的（目标）
明确备选方案	从构建问题阶段确定的几个潜在方案中选出少量最重要的方案
信息的收集、分析和解释	找到、分析并解释所需信息以及预计具体方案的结果
明确目标群体和受益人	列出作为群体目标的所有群体（利益相关者）
估计成本和收益	估计备选方案中每一类成本和收益的货币价值
成本和收益折现	把货币成本收益根据具体折现率转换成目前的价值
估计风险和不确定性	使用敏感性分析等方法估计未来要发生的收益成本的概率
选择决策标准	在下面的标准中选择：帕累托改进、净效率改进、分配性改进、内部报酬率
建议	选择最合理的方案，考虑对立的道德或因果假设

作为一种政策分析工具，上述十项任务是政策分析中成本-收益分析的基本理论框架。成本-收益分析主要用于判断某一具体的公共支出计划是否可以实施。做出能否实施的判断必须有一个基本标准，即这项公共支出计划的收益是否大于其成本。作为一种分析工具，成本-收益分析除了运用于公共部门之外，也可以运用于私人部门，但由于公共部门和私人部门的社会角色存在着相当大的差异，这就决定了在成本-收益分析的结果上，公共部门也与私人部门具有显著的不同。这种不同主要体现在政策目标的确定和政策产出的衡量两个方面。在政策目标的确定上，公共部门政策制定的目标并不排斥追求经济效率的最大化，但效率优先的同时必须兼顾社会公平。运用成本-收益分析方法对公共支出计划是否可行的判断不得不考虑这些因素，但在技术上，却存在一些因项目的支出主体不同所带来的计算困难。例如，在产出的衡量方面，许多公共政策的投入和产出不能够直接用市场价格来估计，而私人部门的投入和产出绝大部分能够直接用市场价格来估计。例如，政府为维护生态平衡所开展的政策过程及产出就很难以市场价格来衡量，但私人部门为营造

防沙护林屏障所承接的工程就很容易用市场价格来计算成本和收益。因此，成本-收益分析方法只能是为政策制定提供重要参考的一种工具，其分析结果在很多情况下还不能成为制定政策的决定性因素。

二、成本-收益分析的类型

对公共政策进行评估所要考虑的成本与收益是多方面的。成本与收益可以按照不同的标准进行分类。就学界普遍接受的分类结果而言，归纳起来主要有下面一些类型。

（一）按照公共政策是否为社会创造实在价值的标准分类

按照公共政策是否为社会创造实在价值的标准，可以分为真实的成本-收益与货币的成本-收益两类。

1. 真实成本与真实收益

真实成本是公共政策所耗费资源的实际成本。真实收益是公共政策为公众带来的最后收益。确切地说，真实收益是社会福利的增加部分，是公共政策所导致的真正的净收入的增加值（总收益－总成本），是公共政策为社会创造的实实在在的价值。

2. 货币成本与货币收益

这是指受到市场上相对价格变化的影响所带来的成本与收益，是以一个公众群体的利益牺牲为代价向另一个群体以货币的形式转移收入的成本与收益，这种转移并不增加全社会的收益净值。例如，水泥价格的上涨可能使水泥生产方的收益增加，但却使水泥购买方的损失增加。在这个过程中，收益增加的部分称为货币收益，损失增加的部分称为货币成本。

（二）按照是否能够用货币来衡量的标准分类

按照是否能够用货币来衡量的标准，可以分为有形的成本-收益与无形的成本-收益。有形的成本-收益是那些能够以货币来度量的成本和收益；无形的成本-收益是不能用市场价格直接估价的成本和收益。

（三）按照是否属于公共政策直接施加作用的地区或系统发生的成本-收益分类

按照是否属于公共政策直接施加作用的地区或系统发生的成本-收益，可以分为内部成本-收益与外部成本-收益。内部成本和内部收益是指公共政策直接施加作用的地区或系统之内发生的成本和收益；外部成本与外部收益是指公共政策直接施加作用的地区或系统之外发生的成本和收益。

（四）按照是否属于一项公共政策过程中加入的其他政策所产生的成本-收益分类

按照是否属于一项公共政策过程中加入的其他政策所产生的成本-收益，可以分为中间成本-收益与最终成本-收益。中间收益是指政府在一个公共政策执行过程中，通过加入其他公共产品的生产来间接提供的收益；中间成本则是指在公共政策执行过程中，由于其他经济活动的加入所产生的一切成本，如修建一座大型水电工程，考虑到建成后游客旅游参观等的需要，进行了旅游设施的建设，为建设、管理和维护旅游设施所投入的人力、物力就是中间成本。由一项完整的公共政策所提供的最终产品所带来的收益为最终收益；最终成本则是指政府为完成这项最终产品所付出的成本。

（五）按照是否符合公共政策的主要目标分类

按照是否符合公共政策的主要目标，可以分为原始成本-收益与派生成本-收益。原始成本与原始收益也称直接成本和直接收益，是与公共政策的主要目标密切相关的成本和收益；派生成本与派生收益又称为间接成本与间接收益，这类成本与收益同公共政策的非主要目标有关。派生收益是属于公共政策的副产品。

三、净现值、收益成本比率及内部报酬率

净现值、收益成本比率及内部报酬率

成本-收益分析方法更适合于对涉及经济领域的各项政策进行分析，特别是在对政府投资项目进行可行性评估时，需要利用量化指标来进行判断。这些指标主要包括净现值、收益成本比率、内部报酬率等。

净现值是收益现值总额与成本现值总额之差。确切地说，是指未来资金流入现值与未来资金流出现值的差额。具体计算方法是把未来的资金流入与资金流出均按照预计的折现率计算为现值后，再确定其净现值。这种预计折现率是按资金持有者最低的投资收益率来确定的，是资金持有者进行投资可以接受的最低界限。净现值常用 *NPV* 来表示，即：

$$NPV=\text{收益现值总额}-\text{成本现值总额}$$

净现值是评价公共投资方案的一个指标，这种评价方法考虑了资金的时间价值，公共投资方案评价的主要依据就是净现值的大小。

净现值法的决策规则是：如果净现值为 0，说明收益现值总额恰好等于成本现值总额，该项公共投资的获利为 0，该公共投资方案是否采用，要看其他方面的价值如何。如果净现值大于 0，说明收益数额大于公共投资成本，从经济角度来看公共投资方案是可行的。若同时有多个可行的公共投资方案，则一般采纳净现值最大的公共投资方案。如果净现值小于 0，说明收回的资金数额不足以抵偿投资付出成本，经济上是不可行的。在不考虑其他方面的价值的情况下，此项公共投资方案不宜采纳。

为了考察资金的利用效率，也常常以收益成本比率来当作公共投资方案的评价标准，收益成本比率用 *BCR* 表示。

$$BCR=\text{收益现值总额}/\text{成本现值总额}$$

这一指标与 *NPV* 的不同在于，*NPV* 是收益现值总额与成本现值总额的差，是一种绝对差值的表示，而 *BCR* 是收益现值总额与成本现值总额的商，是一种相对大小的表示。在几个公共投资项目的初始投资额不相同的情况下，仅仅凭借 *NPV* 的绝对差值进行公共政策分析是不够的，还需要结合收益成本比率来进行分析和评估。

收益成本比率法的决策规则是：如果 *BCR* 大于或等于 1，公共投资项目是可采纳的，在几个公共投资项目的初始投资额不相同的情况下，*BCR* 越高，公共投资在经济方面获利越大；如果 *BCR* 小于 1，说明收益现值总额小于成本现值总额，从经济上考虑，该公共投资项目不可采纳。

内部报酬率常用 *IRR* 表示。贴现率指今后收到或支付的款项折算为现值的利率，是

指将未来支付的资金转换为现值所使用的利率。实际贴现率不是一成不变的，往往会因为通货膨胀、税收、机会成本、利率变化、汇率风险等各种不确定因素而高于银行贷款利率。贴现率的高低与公共政策方案的可行性程度呈现此长彼消的关系：随着实际贴现率的升高，政策方案的经济可行性下降，当实际贴现率升高到某一个临界值时，公共政策方案就失去了经济可行性，这个临界值就是内部报酬率。*IRR* 是使收益现值与成本现值相等时的贴现率，或者说是净现值为 0 时的贴现率。

内部报酬率的计算一般采用比较简单的绘图法，主要是绘制净现值与贴现率对照图，即根据相关数据作出一个直线图，净现值为 0 时的贴现率就是所要求的内部报酬率，其在图 8-5 中表现为净现值为 0 时直线与横轴的交叉点。图 8-5 的内容表示净现值为 153 万元时，内部报酬率为 13%。内部报酬率的计算也可以采用比较复杂的公式法或相关的财务软件进行。

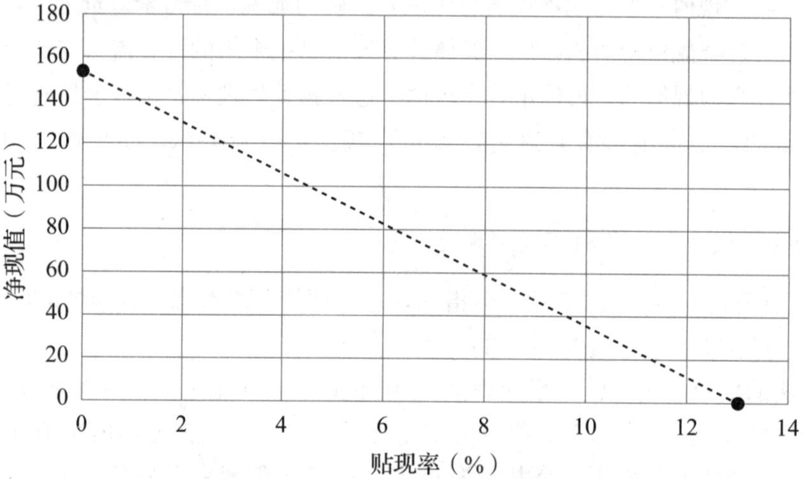

图 8-5　内部报酬率的计算示意图

内部报酬率法的决策规则是：对某个公共投资方案而言，若内部报酬率大于所选定的社会贴现率，该公共投资方案就有效益，即当其利率小于内部报酬率时，该公共投资方案可行。内部报酬率越高，反映公共投资方案的经济效益越高。如果有若干个可行的公共投资方案，在不考虑其他方面投资价值的情况下，只从经济方面考虑，则选择内部报酬率最高的公共投资方案。

解释性案例 8-4

基于成本-收益分析的政策节水研究

随着经济的快速发展，J 省平原水资源的需求量迅速增大，地下水严重超采，农业用水成本剧增，对经济发展和生态建设产生了巨大的负面影响，节约用水迫在眉睫。利用公共政策节水是成本较低、效果直接的有效手段之一。

当地政府通过深入系统研究节水政策在实际执行中遇到的各种问题，从政策规划开始，通过建立提价幅度、提价方式与节水效果模型等来估算节水政策的成本-收益，在此基础上研究政策的优化措施，提出了有效、公平、普适、可操作性兼顾的政策节水新模式。该模式可以有效促进水资源优化配置，为农业水价改革特别是地下水超采区的综合治理提供有益参考。

资料来源：李磊，李伟，任佳佳，等．基于成本收益分析“一提一补”节水政策实施问题与对策研究［J］．中国农村水利水电，2023（8）：180－184．

四、成本-效益分析

成本-效益分析是通过量化各种政策方案的总成本和总效果之后，对二者进行对比从而提出政策建议的方法。成本-效益分析与成本-收益分析的不同之处在于，成本-收益分析可以使用一个统一的价值单位来度量所有的因素，最常见的是使用货币形式来度量。成本-效益分析则使用两个不同的价值单位来度量，最常见的是成本使用货币的形式来度量，但效益则使用其他形式来度量。如对于政府免费为儿童分发防疫糖丸疫苗行为，只能够利用成本-效益分析。该分析过程中，疫苗的成本可以用货币来清楚地衡量，但效益却难以用货币来衡量，只能够用人民身体素质的提高以及对公共政策拥护程度的提高等来衡量。这种做法就是成本-效益分析的最大特点。这种分析方法比较适用于处理难以用市场价格来估计的公共政策的得失问题等。一般来说，公共物品和准公共物品、外部性问题和无形成本等问题在多数情况下难以用货币来度量，比较适合用成本-效益分析的方法进行考量。在政策实践中，这种政策分析方法在公共设施、公共卫生、国防工程、环境保护以及其他公共福利等方面应用较多。成本-效益分析最大的局限性在于不易与社会总体福利问题相联系。但当成本使用货币的形式来度量、效益使用其他的衡量形式来度量时，成本-效益分析就是一种很好的政策分析工具。在公共政策分析中，运用成本-效益分析方法的基本要求是，所有备选的政策方案都具有共同的目标。这样，在从经济角度进行政策选择时，只需考虑为达到不同政策方案实现既定政策目标所需付出的经济成本而不考虑其他因素。因为成本最小化的政策方案，往往意味着也是经济效益最大化的方案。

本章小结

公共政策分析是一门对数据分析依赖性较强的学科。政策过程的各个阶段，几乎都能够利用数据分析来对政策现象进行深层次的规律挖掘，并发现蕴藏在表象下难以观察的政策事实。

中心极限定理说明，样本均值将围绕总体均值呈对称分布；样本均值的平均数向总体均值收敛。该定理为使抽样调查所得的政策结论从个别推广到一般奠定了科学的基础。

对数据展开描述的统计分析方法称为描述性统计分析。集中趋势测定和离散趋势测定是最常用的描述性统计方法，在公共政策定量分析工具中占据非常重要的地位。

在公共政策分析中，线性规划是在一定约束条件下实现最佳政策方案的常用方法。绝大多数以公共政策形式表现的资源配置问题，都要求政策制定者考虑各种类型的约束条件。线性规划可以用来为设计带有约束条件的资源配置政策方案提供尽可能科学的解决方案。

在公共政策分析中，成本-收益分析是将政策的货币成本和总的货币收益进行量化评估并提出政策建议的一类方法。这类方法既可以建议采取何种政策方案，又可以评价政策过程。

思考与练习

1. 举例说明多段抽样与分层抽样的区别。
2. 试分析四分位差与中位数的关系。
3. 阐释线性规划的内涵及在公共政策分析中的应用。
4. 以实际政策为例辨析成本-效益分析。

在线自测

扫一扫　练一练

参考文献

[1] 查尔斯·林德布洛姆．决策过程［M］．竺乾威，胡君芳，译．上海：上海译文出版社，1988.

[2] 保罗·A萨巴蒂尔．政策过程理论［M］．彭宗超，译．上海：生活·读书·新知三联书店，2004.

[3] 博德拉·斯通．政策悖论：政治决策中的艺术［M］．顾建光，译．北京：中国人民大学出版社，2006.

[4] 陈庆云．公共政策分析［M］．2版．北京：北京大学出版社，2011.

[5] 陈振明．政策科学：公共政策分析导论［M］．2版．北京：中国人民大学出版社，2003.

[6] 戴维·L韦默，艾丹·R瓦伊宁．公共政策分析：理论和实践［M］．刘伟，译．4版．北京：中国人民大学出版社，2013.

[7] 傅广宛．公共政策制定与公民参与研究［M］．北京：中国社会科学出版社，2019.

[8] 傅广宛．中国海洋生态环境政策导向（2014—2017）［J］．中国社会科学，2020（9）：117－134，206－207.

[9] 弗兰克·费希尔．公共政策评估［M］．吴爱明，李平，等译．北京：中国人民大学出版社，2003.

[10] 关海庭．中国近现代政治发展史稿［M］．北京：北京大学出版社，2000.

[11] 赫伯特·西蒙．现代决策理论的基石［M］．杨砺，徐立，译．北京：北京经济学院出版社，1991.

[12] 加布里埃尔·A阿尔蒙德．比较政治学：体系、过程和政策［M］．曹沛霖，等译．北京：东方出版社，2007.

[13] 卡尔·帕顿，大卫·沙维奇．公共政策分析和规划的初步方法［M］．2版．孙兰芝，等译．北京：华夏出版社，2002.

[14] 迈克尔·豪利特，M拉米什．公共政策研究·政策循环与政策子系统［M］．庞诗，译．上海：生活·读书·新知三联书店，2006.

[15] 宁骚．公共政策学［M］．3版．北京：高等教育出版社，2018.

[16] 彭宗超，薛澜，阚珂．听证制度：透明决策与公共治理［M］．北京：清华大学出版社，2004.

[17] 托马斯·R戴伊．理解公共政策［M］．彭勃，等译．北京：华夏出版社，2004.

[18] 威廉·N邓恩．公共政策分析导论［M］．谢明，伏燕，朱雪宁，译．4版．北

京：中国人民大学出版社，2011.

[19] 王浦劬．国家治理现代化：理论与策论 [M]．北京：人民出版社，2016.

[20] 魏淑艳．转型时期中国公共政策转移研究 [M]. 北京：商务印书馆，2014.

[21] 习近平．习近平谈治国理政：第 4 卷 [M]. 北京：外文出版社，2022.

[22] 薛澜，张强，钟开斌．危机管理：转型期中国面临的挑战 [M]. 北京：清华大学出版社，2003.

[23] 詹姆斯·E 安德森．公共决策 [M]. 唐亮，译．北京：华夏出版社，1990.

[24] 张成福，党秀云．公共管理学 [M]. 3 版．北京：中国人民大学出版社，2020.

[25] 张金马．公共政策分析：概念·过程·方法 [M]. 北京：人民出版社，2004.

[26] Daniel Lerner，Harold D Lasswell. The policy sciences：recent developments in scope and method [M]. Stanford：Stanford University Press，1951.

[27] Larry N Gerston. Public policy making：process and principles [M]. 3rd ed. New York：Routledge，2010.

后　记

经全国高等教育自学考试指导委员会同意，由公共管理类专业委员会负责高等教育自学考试“公共政策分析”课程教材的审稿工作。

《公共政策分析》自学考试教材由傅广宛教授担任主编。全书由主编傅广宛教授统稿。参加本教材审稿讨论会并提出修改意见的专家有：主审复旦大学朱春奎教授，副审厦门大学于文轩教授和中山大学朱亚鹏教授。在此，对付出辛勤劳动的所有编审人员表示感谢。

公共管理类专业委员会最后审定通过了本教材。

全国高等教育自学考试指导委员会
公共管理类专业委员会
2023 年 5 月

图书在版编目（CIP）数据

公共政策分析 / 傅广宛主编. -- 北京 : 中国人民大学出版社，2023.12
全国高等教育自学考试指定教材
ISBN 978-7-300-32250-6

Ⅰ.①公… Ⅱ.①傅… Ⅲ.①公共政策－政策分析－高等教育－自学考试－教材 Ⅳ.①D035-01

中国国家版本馆 CIP 数据核字（2023）第 185015 号

全国高等教育自学考试指定教材
公共政策分析
（含：公共政策分析自学考试大纲）
（2023 年版）
全国高等教育自学考试指导委员会　组编
主　编　傅广宛
Gonggong Zhengce Fenxi

出版发行　中国人民大学出版社
社　　址　北京中关村大街 31 号　　**邮政编码**　100080
电　　话　010－62511242（总编室）　010－62511770（质管部）
010－82501766（邮购部）　010－62514148（门市部）
010－62515195（发行公司）　010－62515275（盗版举报）
网　　址　http://www.crup.com.cn
经　　销　新华书店
印　　刷　北京市鑫霸印务有限公司
开　　本　787 mm×1092 mm　1/16　　**版　　次**　2023 年 12 月第 1 版
印　　张　16.25 插页 1　　**印　　次**　2023 年 12 月第 1 次印刷
字　　数　378 000　　**定　　价**　49.00 元
